JUKKA SALMINEN

Kirjeitä Etelä-Amerikasta

BOD – BOOKS ON DEMAND, HELSINKI, SUOMI

FSC
www.fsc.org
MIX
Paperi vastuul -
lisista lähteistä
Paper from
responsible sources
FSC® C105338

Tätä matkatarinaa elävöittäviä valokuvia löytyy nettisivuiltani osoitteesta jukkasalminen.com.

Samasta paikasta voi ostaa tätä kirjaa ja ensimmäistä julkaistua teostani *Polkupyörällä maailman ympäri* (SKS 2013).

Kirjaa on kirjoitettu Suomen tietokirjailijoiden myöntämän apurahan tuella.

Kiitos kaikelle ja kaikille.
Jukka Salminen

jukka.z.salminen@gmail.com
040-5012929

ISBN 978-952-802-625-9
Valmistaja BoD – Books on Demand, Norderstedt, Saksa
Kustantaja: BoD - Books on Demand, Helsinki, Suomi

Kirjeet

Alkusanat

Elämän kirkkain viisaus ja loputtoman syvä kauneus on kirjailtu hetkeen: se on siinä, mikä on ja mitä tapahtuu. Tämä kirja on omakohtainen taiteellinen kuvaus nuorenmiehen elämästä puolentoista vuoden ajalta Etelä-Amerikassa. Kirjoitin nämä kertomukset tuoreeltaan matkatessani Etelä-Amerikassa. Pidin pyöräilyjaksojen päätteeksi tarpeen mukaan eri mittaisia lepojaksoja. Niiden päivien aikana kirjoittelin tien päällä heränneitä ajatuksia blogiini. Olen pitänyt tässä kirjassa nuo spontaanisti matkan aikana mieleeni nousseet ajatukset mahdollisimman autenttisina kuvaamaan sen hetkisiä tunnelmia niin hyvin kuin taidan. Rajallisuudessaan kertomus on kuitenkin tietyllä tapaa avuton – vain häivähdys kokemusrikkaan matkan annista.

Uusi matka alkamassa

Ajatus Etelä-Amerikan läpi kulkevasta pyörämatkasta tarvitsi ensimmäisenä ennen kaikkea aikaa. Jotta matkan idea sai tarpeeksi tilaa kypsyä ja kasvaa, minun piti unohtaa muut matkaamiseen liittyvät ajatukset ja kaikenlaiset pienimmätkin suunnitelmieni häivähdykset. Olin lopettanut kuuden vuoden mittaisen "Polkupyörällä maailman ympäri" -projektini vuonna 2011. Maailmanympärysmatkan jälkeisinä kuukausina mieleni kuitenkin jatkoi vaellustaan ja suunnittelin uusia matkoja. Ajattelin muun muassa käveleväni halki koko Himalajan ja Keski-Aasian vuoriston. Oli kuitenkin hyvä, että nämä ideat hiljalleen unohtuivat, sillä minun oli aika pitää taukoa kulkemisesta ja matkaamisesta.

Puolitoista vuotta ensimmäisen pitkän matkani päättymisen jälkeen, eräänä arkisena kesäpäivänä vuonna 2013, alkoi tuohon unohduksen puhtauteen hiljalleen piirtyä ajatus pyörämatkasta Etelä-Amerikassa. Se oli ainoa maanosa, jota en ollut kolunnut läpi edellisellä matkallani. Olin kovin iloinen, että ajatus pyörämatkasta oli tauon jälkeen palannut mieleeni. Aika tuntui nyt kypsältä. Lisäksi minulla oli yhä tallella sama vahva tahto tehdä matkaa omaa lihasvoimaani käyttäen ja kehoani kuunnellen, rauhalliseen tahtiin kulkien. Aloin heti tutkia Etelä-Amerikan karttoja. Löysin monia mieltä kutkuttavia pieniä teitä Andien vuoristosta. Palapelin palaset mielessäni alkoivat löytää toisiaan. Reitteihin, varusteisiin, vuodenaikoihin ja pyöräilyharjoitteluun liittyvät seikat täyttivät tajuntani virran. Keskellä seuraavaa yötä tämä ajatusvirta päässäni vaimeni ja pysähtyi. Lopulta tunsin hiljaisuuden pinnalla, että matkani Etelä-Amerikassa oli jo tavallaan alkanut. Koin tarvitsevani matkavalmisteluihin aikaa kolme viikkoa.

Haluni lähteä matkaan oli niin vahva, etten voinut muutakaan. Aamupalan jälkeen aloitin varsinaiset matkavalmistelut. Ensitöikseni varasin lennon Kolumbiaan kolmen viikon päähän. Tililleni jäi rahaa ainoastaan muutama sata euroa. Se ei kuitenkaan haitannut, sillä edellisen valvotun yön aikana olin ymmärtänyt, ettei raha voisi olla rajoittava tekijä tälläkään matkalla.

Minulla oli nimittäin vankka tunne siitä, etten tarvitsisi paljoakaan säästössä olevaa rahaa tehdäkseni jotakin. Ajattelin, että jos tekisin sitä mitä palavasti tahdon, auttaisi maailmankaikkeus matkaani tavalla tai toisella myös rahan muodossa. Otin hetimmiten yhteyttä edellisen matkani yhteistyökumppaneihin ja lehtiin, joihin olin kirjoittanut matkatarinoita. Kaikki tahot, joihin sain yhteyden, lähtivät ilomielin tukemaan matkaani. Iltapäivään mennessä olin saanut kasaan pienen budjetin kulukorvauksista ja mahdollisuuden kirjoittaa eri lehtiin. Ajattelin jo pelkästään näiden asioiden riittävän kustantamaan tämän telttailevan kulkurin välittömät tarpeet. Kenties saisin myytyä nettikaupassani jonkin verran pian julkaistavaa kirjaanikin (*Polkupyörällä maailman ympäri*, SKS 2013), ajattelin.

Matkasuunnitelmat jätin täysin avoimeksi. Suunnittelin ainoastaan, että Etelä-Amerikan retkeni alkaisi Kolumbiasta ja päättyisi mantereen eteläisimpään kaupunkiin Ushuaiaan. Reitilläni tulisin siten kokemaan hetkiä Kolumbiassa, Ecuadorissa, Perussa, Boliviassa, Argentiinassa ja Chilessä. Arvioin matkan olevan kokonaisuudessaan noin 15 000 kilometrin mittainen. Tämän suurempia suunnitelmia minulla ei ollut. En halunnut sotkea matkaa sen suuremmilla odotuksilla, unelmilla tai tavoitteilla. Tällä tavoin edessä oleva ihmeellinen mysteeri avautuisi minulle matkan edetessä puhtaimmillaan.

Kuin maan alla lepäävä geysir

Helsinki-Vantaa - Bogota - Zipaquira - Villa de Leyva

Matkani alkoi Naantalista. Isä oli tarjoutunut antamaan minulle kyydin, ja parin tunnin kuluttua lähdöstä pysäytimme auton Helsinki-Vantaan lähtöterminaalin eteen. En astunut autosta heti ulos. Olimme hetken aikaa aivan hiljaa ja sitten sanoin: "Hommat on hoidettu, jatkan nyt matkaa."

Autosta nousemisen jälkeen hiljaisuus seurasi minua terminaalin kynnykselle saakka. Sen ylitettyäni oloni ja tunnelma muuttui. Tunsin edessä olevan matkan suuruuden ja pitkän keston koko olemuksessani. Olin jopa hieman surumielinen siitä, että tuttu ympäristö jäisi pian taakseni. Kuitenkin hyvin pian naurahdin ajatuksilleni: eihän matkallani oikeastaan edes ole alkua. Kaikki on lopulta vain hetken kokemista, tapahtumien todistamista, ja lähtö on yksi niistä. Lähtöaula oli täynnä ihmisiä. En ollut koskaan aiemmin nähnyt yhtä pitkiä jonoja samassa tilassa. Ohitseni vipelsi suuri joukko lyhyitä ja kiireisen oloisia kiinalaisia turisteja, jotka käyttivät taidokkaasti kyynärpäitään päästäkseen jonon kärkeen. Itse en puolestani päässyt edes jonon perälle asti, sillä en mahtunut kulkemaan ruuhkassa leveän pyörälaatikkoni kanssa. Jäin paikoilleni odottamaan, että jono hiljalleen kulkisi ohitseni ja sen loppupää saapuisi kohdalleni. En kuitenkaan joutunut odottamaan pitkään. Pian virkailijanainen tuli kysymään, oliko pahvilaatikossani kenties polkupyörä. Vastaukseni jälkeen hän ohjasi minut suoraan tyhjälle Business-luokan tiskille, enkä siten joutunut taistelemaan jonopaikasta kiinalaisten kanssa. Pitkä lentomatka teki vuorokauden mittaisen pysähdyksen Madridissa ja sain siten ensimakua matkamiehen aistit uusille asioille avaavasta elämästä! Saavuin lähes kahden vuorokauden mittaisen matkan päätteeksi turvallisesti perille Bogotan lentokentälle.

Elämä Bogotassa alkoi tavattoman rauhallisesti. Polkupyörän kasaamista, varusteiden järjestämistä ja ruokakaupassa käyntejä lukuun ottamatta en tehnyt ensimmäisinä päivinä juuri mitään. Pelkästään kadunkulmissa seisoskelu ja ympäristön tarkkailu tarjosivat minulle niin paljon ihmeteltävää, etten muuta kaivannut!

Bogotassa kokemani rauhallisuus oli täysi ääripää koti-Suomen matkavalmisteluille ja kiireelle. Menneet viikot kotona olivat olleet minulle työntäyteisiä, kuten pitkää matkaa edeltävät viikot tapaavat olla. Niin yksinkertaiseen asiaan kuin pyörällä matkaamiseen liittyy nimittäin monia valmisteltavia asioita. Olin hankkinut tietoa tarvitsemistani varusteista ja miettinyt tarkasti, mitkä niistä olisivat mahdollisimman sopivat kaikkiin edessä oleviin olosuhteisiin. Lisäksi uusi pyörä oli pitänyt säätää omaan käteen sopivaksi ja nettisivut huoltaa käyttökuntoon. Kaikki oli pitänyt järjestää lisäksi siten, etten jätä taakseni hoitamattomia asioita.

Bogotassa huomasin, että matkavalmisteluiden aiheuttama hektisyyden tunne oli todella jäänyt taakse. Elämä sisälläni tuntui pysähtyneen. Ajatukseni virta oli vaimea kuin seisova joki kuivan kauden lopulla ja tahdoin vain kuunnella ja katsella ympäröivää elämää. Olin tässä omassa syvässä seisahtuneisuudessani ujo puhumaan ventovieraille ihmisille, mutta sisimmässäni kuitenkin aavistin, että tilanne tulisi pian muuttumaan.

Siinä hiljaisuuden vierellä tunsin jäsenissäni kiehumaisillaan olevaa energiaa, samankaltaista kuin maan alla lepäävissä geysireissä on. Kohta pyöräilisin taas innokkaana vehreiden laaksojen halki kohti vuorten korkeita, kylmiä solia.

Päivät kuluivat, ja olin levännyt riittävästi tarkkailijan roolissani ja sen tuomassa raikastavassa tyhjyydessä. Aloin varovasti nostaa päätäni hiljaisuudesta ja ihmetykseksení rupesin jäämään suustani kiinni kaikenlaisten ihmisten seuraan. Tapasin uusia ystäviä kuin tehtailija peltipurkkeja liukuhihnalla. Tunsin jo intoa lähteä kameran kanssa ulos kävelylle. Olin ollut niin kertakaikkisen hissukseen kuluneen viikon ajan, että tuntui kuin en olisi koskaan tehnyt yhtään mitään. Kaikki kokemani vaikutti uudelta. Kaupungille kamera taskussa lähteminen jännitti minua ja vaati melkoisen epämukavuuskynnyksen ylittämisen.

Hostellilta lähdön jälkeen olin kävellyt vasta puolisen tuntia mutta tavannut jo kaksi erilaista ihmiskohtaloa: ensin entisen merimiehen ja sitten runoilijan. Tämä entinen merimies oli nykyään kerjäläinen. Hän puhui englantia sujuvasti ja oli käynyt Suomessakin. Jutustelumme hiljennyttyä hän alkoi valittaa nälkäänsä ja pyysi rahaa. Tiesin, että minulla oli taskussani kaksi seteliä: yksi arvoltaan iso ja toinen arvoltaan pieni seteli. En oikein tiennyt, kuinka paljon rahaa haluaisin ojentaa miehelle, joten päätin, että vetäisin taskustani sokkona yhden setelin. Se edustaisikoon sitä arvoa, joka olisi oikea summa uuden tuttavuuteni vastaanotettavaksi. Sormeni vetivät taskunpohjalta suuremman setelin. Sen vastaanottaminen nosti miehen suun maireaan hymyyn.

Jatkoin matkaa Bolivar-aukiolle, jota reunustavat Kolumbian hallituksen rakennukset ja valtava kirkko. Aukiolla tapasin kirjoituksiaan kauppaavan runoilijan. Hän olisi tosin mieluummin halunnut olla sarjakuvapiirtäjä. Runoilija oli kuulemma tyytynyt osa-aikaisesti tähän mielestään huonompaan vaihtoehtoon, kun piirtäminen ei ollut tuottanut toivottua toimeentuloa.

Jatkoin matkaani runoilijan luota. Seuraavaksi huomasin kahden ihastuttavan oloisen tytön istuvan sylikkäin, toisiaan lämmittäen, suuren kirkon rappusilla. Eräs kaupustelija oli heidän kimpussaan, joten jäin odottamaan tilanteen rauhoittumista. Pian pyysin tytöiltä lupaa valokuvata heitä vasten valtavan kirkon majesteettista taustaa. He suostuivat siihen mielellään ja silminnähden iloitsivat mallin töistään.

Nyt tuntui, että kaikki ihmiset avasivat suunsa minulle. Myös kuvaamani tytöt, Paola ja Katheryn, esittivät minulle kysymyksiä, ja sanoja alkoi tipahdella suustani vuolaasti. Pystyimme kommunikoimaan siitä huolimatta, että minä puhuin espanjaa hyvin heikosti ja he puolestaan englantia hyvin heikosti. Vaikka puhuimme tällä tavoin yksinkertaisista asioista yksioikoisin sanoin, juttelussamme läsnä ollut ilo oli ilmeisesti molemminpuolista, sillä he kutsuivat minut mukaansa läheiseen kahvilaan.

Palasin kahvilasta hostellille mukanani mukava lämpö sydämessä – sellainen, jonka vain ihastuttavien tyttöjen kohtaaminen saattaa suoda. Rojahdin sängylleni. Päivän kohtaamisista muistoina mukanani kulkeneet valokuvat kertoivat minulle tyttöjen olleen hyvin kauniita.

Tapasimme Paolan kanssa muutaman kerran, istuimme kahvilla ja höpötimme niitä näitä. Opin espanjaa nopeasti. Minun paikkani ei kuitenkaan ollut asettautua kaupunkilaiseksi ihastuttavan tytön vierelle. Olin ollut Bogotassa jo yksitoista päivää, ja nyt minun oli viimein aika palata nomadiksi tien päälle.

Niinpä aloin polkea Bogotasta kohti Pohjois-Kolumbian vuoristoalueita. Siellä halusin tehdä kierroksen ennen kuin suuntaisin kohti mantereen eteläosia. Tunsin puhdasta intoa polkiessani eteenpäin tällä tuntemattomalla tiellä. Liikenne oli tukkoista. Pysähdyin, kun auto löi jarrut pohjaan edessäni, ja jatkoin matkaa, kun tie oli taas vapaa. Katselin suurkaupungin sekavia, sotkuisia ja ruuhkaisia tienvarsia. Haistoin raskaan, pakokaasuista kitkerän ilman. Olin usein jäädä liikenteen jalkoihin, mutta taas toisaalla jätin seisovat autojonot kauas taakseni. Kulkuani vauhditti tietynlainen tekemättä tekemisen tahdikkuus ja jalkani toimivat mallikkaasti polkimilla. Kevyt myötätuulen henkäys puhalsi minut nopeasti 55 kilometrin päähän Zipaquiraan.

Zipaquirassa vietin neljä yötä sohvasurffari Carloksen perheessä hänen äitinsä ja kolmen aikuisen sisaruksensa seurassa. Heidän perheensä oli tiivis ja lämminhenkinen. Oli antoisaa päästä näkemään ja elämään niin läheltä tuiki arkinen, töiden ja opiskelujen värittämä kolumbialaisen perheen viikko.

Carlos työskenteli Bogotassa ison kauppaketjun managerina.

Kun hänellä oli lomapäivä, ehdimme yhdessä käydä lähimaaseudulla sukuloimassa ja kiertämässä alueen upeimpia paikkoja. Carlos oli lopen uupunut pitkän työviikon jälkeen, ja polkiessamme ylös vuorenrinnettä huomasin hänen syvästä puuskutuksestaan, kuinka huonossa fyysisessä kunnossa hän olikaan. Hän kuitenkin unelmoi pitkästä pyörämatkasta ja oli otettu minun hänelle antamasta esimerkistä. (Jälkihuomautus: Muutamaa kuukautta myöhemmin Carlos jättikin työnsä ja alkoi opetella elämään yksinkertaisella tavalla ja hyvin pienellä rahamäärällä. Vuoden päästä siitä hän toteutti unelmansa ja lähti pitkälle pyörämatkalle, joka vei hänet ympäri koko Etelä-Amerikan mantereen. Brasiliasta hänen kainaloonsa tarttui tyttö, ja he polkivat yhdessä takaisin Kolumbiaan. Nyt he ovat asettuneet paikoilleen Bogotan lähistölle, silmät hurjan pyöräseikkailun avaamina! Carlos palasi sittemmin työelämään, tällä kertaa suomalaisen yrityksen, Wärtsilän palvelukseen.)

Carlosin perheenjäsenten kanssa vaihdetuissa sanoissa, ohitse liitäneissä eleissä ja jaetuissa hetkissä oli kaunista korutonta riemua. Se oli niin mukaansatempaavaa, että olisin halunnut säilyttää kaiken sen ihanuuden, ja ajattelin hetken, etten olisi halunnut lähteä ollenkaan. Kolmanteen iltaan mennessä olin kuitenkin tavannut jo monta uutta ystävää ja yrittänyt puhua espanjaa tiukasti keskittyen niin monta tuntia, että mieleni oli kovin väsynyt. Tunsin jaloissani taas tutun poltteen palata polkemaan yksinäisiä ja yksinkertaisia kilometrejä. Oli aika jatkaa matkaa. Minulle oli sydäntä raapaisevan kaunis kunnia olla Pinzonin perheessä hetken aikaa kuin oma poika. Ymmärsin, että tällaista matkamiehen elämäni oli ollut aiemminkin ja tulisi siten olemaan tälläkin matkalla.

Lähtiessäni Pinzonin perheen luota pyörämatkani alkoi isosta laaksosta. Ikivihreiden peltojen ja laidunmaiden tasaisuus antoivat matkani seuraavalle etapille lempeät ensitahdit, kun aloitin tanssini vuorinousun kanssa. Ilokseni olin yllättävän vahva. Ensimmäisen vuoren tarjoama periksi antamaton paine polkimissa välittyi happoina reisiini vain kaikkein jyrkimmissä kohdissa. Toki jouduin käyttämään pienimpiä vaihteita ja passaamaan vauhdin mahdollisimman hitaaksi myös loivemmissa kohdissa. Pääsin 3100 metriin kuitenkin suhteellisen vaivattomasti.

Kun tunsin uupumuksen hiipivän jalkoihini, pyysin leirivettä eräältä maatilalta. Tein pienen kävelyretken lähiympäristöön ja silmäilin samalla mukavaa telttapaikkaa. Löysin piikkipuskien kautta suojaisan nurmialueen, joka vaikutti oivalta paikalta levätä. Kävin hakemassa pyöräni tieltä, istahdin alas nurmelle ja hengähdin hetkisen pyörääni vasten nojaten. Siitä tarkastelin rauhassa uuden kotiympäristöni yksityiskohtia ja vasta myöhemmin pystytin leirini kukkien ja perhosten seuraan. Elin nyt elämää, jossa kämmenet ja kynnenaluset ovat maasta mustana.

Aamulla opiskelin älypuhelimeni kautta pitkään espanjan kieltä ja jatkoin päivääni pyöränsarvissa vasta myöhemmin. Pysähdyttyäni tienvarteen keskelle kaunista maaseutumaisemaa aistin tyyneyden. Hyvin hentoinen tuulen suhina siivitti levollisuutta, johon ääninä liittyi ainoastaan viereisen puun oksilla sirkuttavien lintujen laulu. Autoja en ollut nähnyt pitkään aikaan, vaikka ympäröivä maasto oli täysin tasaista ja tie asvalttia. Lehmät märehtivät piikkilanka-aidan takana korkeaa ja paksua ruohoa. Maatilojen monenmuotoiset katot piirtyivät vasten vuoria, jotka kohosivat laakson reunoilla. Ylhäällä pilvihattarat verhosivat vuorten korkeimmat huiput vaaleutensa syliin.

Päivä venyi lopulta pitkäksi ja kestävyyteni oli koetuksella kahdessa raskaassa vuorinousussa. Jaksoin yhä polkea, mutta jokainen poljettu kilometri lisäsi rasitusta nopeasti. Mieleni oli tyytyväinen saadessaan hetken tauon kaikesta kokemusten ilotulituksesta, mutta lihakseni olivat säikeiltään haavoittuneet. Sydämeni tahtoi lepoa hurjasta takomisesta. Päätin pysähtyä Villa de Leyvassa ja levätä sen aikaa, että järjestys laskeutuisi kehooni ja jaksaisin uudet edessä olevat rasitukset. Sain kaipaamani lepopaikan edullisen majatalon mukavasta sängystä.

Mukamas fiksuja valintoja tehnyt

Villa de Leyva - Sogamoso - Bogota

Seuraavana aamuna näin vessan peilistä väsyneen miehen. Poskeni olivat rasituksesta yhä punaiset ja jalkani jäykät. Olin uurastanut edellisinä päivinä, kokenut paljon ja suonissani poltti vieläkin tekemisen vimma. Väsymyksestäni huolimatta tahdoin yhä jatkaa tekemistä ja saada jotakin aikaiseksi. Uudessa paikassa olisi niin paljon nähtävää ja koettavaa!

Ajatukseni vilisivät. Raskaiden ajopäivien jälkeinen väsymys on sellaista, että se tarjoaa vilkkaalle mielelle mitä hienoimman mahdollisuuden laajentua. Niinpä minunkin mieleni alkoi laajeta oikeaksi ideoiden verkostoksi. Ajattelin kaikkia niitä mahdollisuuksia, joita voisin tehdä, jotta tuntisin oloni paremmaksi. Kiusaus tekemisen jatkamiseen oli suuri, mutta onneksi ymmärsin laskeutua lepoon, tuohon arvaamattomaan horrokseen, tyhjyyden kultakaivokseen.

Päätettyäni antaa keholleni aikaa palautua kävelin pääaukion laidalla olevaan pikkuruiseen kahvilaan. Istuin alas harmaantuneiden, urheilua televisiosta katsovien herrasmiesten seuraan. Kahvilan oviaukosta avautui näkymä Plaza de Armasille. Se oli satoja vuosia vanha, pyöreillä mukulakivillä päällystetty aukio. Tätä Kolumbian suurinta, valtavaa kaupunkiaukiota reunustivat valkoiset tiilikattoiset kivitalot ja sen keskellä oli vesilähde, niin kaukana, etten kuullut sen lorinaa. Kylän rakennukset olivat aistikkaan kauniita mutta rahvaanomaisen yksinkertaisia. Ilmapiiri oli helposti lähestyttävä. Oli sunnuntai ja viereisessä rakennuksessa käynnissä kirkonmenot. Seurassani istuva herrasmies alkoi jutella kanssani. Tämä arvokkaasti rypistynyt ryhdikäs eläkeläinen oli entinen lakimies läheisestä kaupungista Tunjasta. Hänellä oli toinen talo täällä Villa de Leyvassa, jossa hän pääsi nauttimaan pikkukylän rauhasta, raikkaasta ilmasta ja lämpimämmästä säästä. Mies ilahtui kuullessaan, että olen matkannut polkupyörällä yhteensä jo vuosikausia. Hän oli kuulemma aina halunnut tehdä samoin ja kehui, että olen tehnyt fiksuja valintoja jo nuorena.

Paikallaan oleminen ja lepo tekivät hyvää. Istuskellessani siinä kahvilassa ja tarkastellessani tämän kuvankauniin pikkukaupungin säkenöivää elämää, huomasin, miten energia alkoi vähitellen pulputa takaisin kehooni. Aamuinen jähmeys alkoi hiljalleen poistua ja kehoni lämmetä keveämpään notkeuteen. Täydellinen rentous valtasi minut. Katselin, miten turistien kevyt virta kulki tasaiseen tahtiin talojen rajaamilla sympaattisen kapeilla kujilla. Pilvet leijailivat taivaalla. Linnut visersivät keskipäivän kertosäkeitään.

Minne vain katsoinkin, huomasin, miten elämä oikein loimusi. Otin kiitollisena vastaan koko tämän seesteisen kylän viehättävän olemuksen.

Parin päivän kuluttua olin hyvin levännyt ja kolistelin Villa de Leyvan mukulakiviltä kohti pohjoista. Tuuli kantoi koskemattoman viidakon tuoksun nenääni. Uppouduin hetkeksi ihastelemaan maisemaa ja jatkoin sitten matkaa kohti seuraavan vuoritien mysteeriä. Jonkin ajan kuluttua saavuin suureen tasaiseen laaksoon ja pysähdyin pellon reunalle seuraamaan perheen työskentelyä. Perheen isoisä nojasi rennosti aidanseipääseen ja viittoili kädellään kohti ympäröivien vuorten kauneutta. Hän kertoi, että laaksossa oli ikuinen rauha ja että sen rehevillä mailla kasvoi mikä tahansa. Joessa virtasi kuulemma aina vettä ja lämpötila oli ihmiselolle täydellinen vuoden ympäri. Mikäs vanhan miehen olikaan nautiskella elämästään, kun kaikki, mitä hän sanoi, oli silminnähden totta. Työstäkään ei hänellä käynyt valitus, sillä ainakin tällä kertaa raskaan työn, lehmien siirtämisen aitauksesta toiseen, suorittivat hänen vaimonsa ja poikansa.

Laakson toisella laidalla saavuin pienen kylän raitille. Olutravintolan edustalla pyöri ihmisjoukko hoitamassa kahta hevosta. Saavuttuani paikalle he lopettivat oman touhunsa ja keskittyivät seuraamaan minun puuhiani. Ikkunasta kadunelämää tuijotti vanha nainen. Hänen kasvojensa rypyt olivat syvät, kuin taltalla kaiverretut, ja hänen käsivarsiensa iho uurteinen kuin vuorijono. Naisen vetiset silmät tarkkailivat kylän elämää lasittuneella katseella. Yhtä ainoaa tenavaa lukuun ottamatta kaikki paikalla olleet lapset tarkkailivat minua aikuisten selkien takaa ujosti kurkistellen. Tämä yksi poikkeus, ennakkoluuloton pikkupoika, kertoili minulle tauotta tarinoitaan. En ymmärtänyt mitä noin viisivuotias poika puhui, mutta hän oli rennolla olemuksellaan silta minun, muukalaisen, ja ihmisjoukon välillä. Poika sai jutuillaan kaikki naurusta kippuraan. Hän esiintyi kuin mikäkin kylän päällikkö!

Joukkion miehet auttoivat minua löytämään pikkuruisen ravintolan, joka sijaitsi erään perheen talossa. Söin siellä maittavan lounaan ja odotin äskettäin alkaneen rankkasateen taukoamista. Seurailin samalla perheen arkista elämää, joka jumiutui hetkeksi, kun kaikki pysähtyivät tuijottamaan iltapäivän saippuasarjan jännittäviä käänteitä. Kun sade taukosi, jatkoin matkaani.

Pian kylästä lähdön jälkeen saavuin pieneen havumetsään. Kannoin tavarani piikkilanka-aidan yli ja pystytin telttani paikan tasaisimmalle neulasvaipalle. Telttapaikka oli täydellinen, joskin siinä kohtaa leiriä, johon yleensä pystytän keittiön eli teltan oven edessä, oli nyt iso kasa hevosenlantaa. Etsin metsästä kaksi vahvaa oksaa ja kannoin lannat pois keittiöstäni. Oli jo niin hämärää, että vain 15 metrin päässä tiellä kävellyt mies ei huomannut minua. Hiljaisessa laaksossa hänen kännykkänsä musiikki kantautui telttalleni saakka ja aloin tanssia sen tahdissa. Muutaman kymmenen tanssiaskeleen jälkeen mies oli jo kaukana pellon laidalla. Kenties hänen kännykkänsä tahdissa tanssi silloin jo joku muu kuin minä. Hiljennyin teltan suojaan ihastelemaan puiden oksien välistä loimottavan kuun valoa. Tulikärpäset loistivat eloaan niin kirkkaasti, että näin niiden rytmikkään leikin telttakankaan lävitse.

Seuraavana aamuna pakatessani telttaa ohi kulkeneet ihmiset kysyivät, olinko pysynyt yöllä lämpimänä. Olinhan minä. Hypätessäni pyörän selkään aamupäivä oli kuitenkin viileä. Olin pyöräillyt noin kymmenen kilometriä, kun vastaan tullut iäkäs mies kutsui minut vierailemaan kotonaan. Hän esitteli ylpeänä käsitöitään ja teki minulle mehua happamasta oranssista hedelmästä, *lulosta*. Hän oli työskennellyt pitkän aikaa matkapuhelinvalmistaja Ericssonin insinöörinä, ja oli vasta eläkepäivillään rakentanut talonsa luonnonrauhaan.

Tämä 67-vuotias mies teki useimpina päivinä 15 kilometrin pituisia kävelylenkkejä läheisessä sademetsässä, asui yksin, eikä kaivannut kumppania vierelleen. Hänen tekemiään käsitöitä myytiin kaupungeissa. Mies oli energinen ja vankkarakenteinen ja kertoili mielellään itsestään ja elämästään. Hän tarinoi, miten oli nyt maaseutu-unelmaansa elämällä laajentanut tajuntaansa, sanojensa mukaan monin eri keinoin, mutta pääasiassa vanhojen kolumbialaisten intiaaniperinteiden kautta. Hän kysyi, pidinkö minä hengellisyydestä. Vastasin hänelle hyvin yksinkertaisesti, etten voi tietää, pidinkö hengellisyydestä vai en, sillä en osannut tunnistaa, mikä kokemani hetki elämässä oli hengellinen ja mikä ei. Intiaanisukuun kuuluva mies ei juurikaan noteerannut vastaustani, mutta sanoi tykkäävänsä hengellisyydestä. Hän täytti juomapulloni raikkaalla mehulla ja kätteli minulle jäähyväiset.

Saavuin viimein viidakkoon. Aiemmin se oli ollut vain kaukana näkökentässä levittäytyvä eloisa kuorrutus vuorenrinteillä, mutta nyt olin sen sydämessä. Vesiputoukset kohisivat vieressäni. Poljin ylös massiivista nousua, joka oli kertakaikkisen karkeapintaista. Matkanteko oli hidasta ja minulle alkoi tulla nälkä odottaessani saapumista seuraavaan kylään. Onnekseni rekkamiehet heiluttivat minulle tienpenkalta ja kutsuivat minut nurmelle ruokailemaan. Toinen miehistä ojensi minulle lounaansa, taputti isoa vatsaansa, naurahti ja sanoi minun tarvitsevan sitä takuuvarmasti häntä enemmän! Höpötimme niitä näitä pitkän tovin ajan. Miehet, pyöräilyfaneja hekin, sanoivat huipulle olevan matkaa vielä 17 kilometriä.

Tie jatkui todella kivisenä. Kivet olivat niin isoja, että jouduin nousemaan ylös satulasta. Kun pääsin 2800 metrin korkeudelle, jalkani alkoivat tuntua tahmeilta. Niissä ei ollut enää jousimaisen dynaamista herkkyyttä vastata kaikkiin tien jatkuvasti vaihteleviin pinnanmuotoihin. Ylöspäin kampeamiseni oli tasaista, puuduttavaa ja voimatonta pumppaamista.

Löysin jyrkkien rinteiden alueelta ruohon peittämän pienen tasanteen. Se sijaitsi suojaisan havumetsän takana. Rinteeltä avautui upea näkymä toisille vuorille, jotka kohosivat laakson kylkeä pitkin. Kun olin pystyttämässä telttaa, käveli pikkupoika koiransa kanssa nummen poikki. Tervehdin häntä, mutta hän ei vastannut.

Asetuin levolle telttaani. Alustani oli kertakaikkisen mukava, paksun nurmen pehmentämä. Pitkä raskas ajopäivä oli vaihtumassa levon raukeuteen, kun kuulin askelten töminää ja heinän havinaa. Askeleet lähestyivät telttaani, joten nousin ylös katsomaan, mitä ulkona oikein tapahtui. Iso miesjoukko käveli kohti telttaani puukepit käsissään. Pian kuulin rapinaa ja keppien kolinaa myös metsän suunnalta. Kaksi miesjoukkoa alkoi piirittää minua. Ymmärsin koiransa kanssa kävelleen pikkupojan kertoneen heille metsän reunassa telttailevasta muukalaisesta.

Metsän kiviä vihaisesti hakannut mies oli selvästikin joukon johtaja. Tervehdin häntä ja kysyin, sopiiko minun levätä paikassa yksi yö. Se ei sopinut hänelle. Miehet hyppäsivät piikkilanka-aidan yli ja tämä johtava mies (jo niin miehekkääseen ikään vanhentunut, että voisin sanoa häntä ahavoituneeksi) alkoi hakata telttaani pitkällä puukepillä. Miehet olivat pelokkaan oloisia – kaikkein vanhimmat kaikkein pelokkaimpia – ja olemukseltaan kertakaikkisen jäykkiä.

Sanoin pakkaavani tavarat ja jatkavani matkaa. Hämärä oli viileyden verhollaan jo laskeutumassa vuorenrinteelle, joten aloin purkaa leiriäni reippaaseen tahtiin, jotta ehtisin takaisin tien päälle vielä ennen pimeää. Aggressiiviset miehet alkoivat kuitenkin kysellä minulta erinäisiä asioita, joten lopetin pakkaushommat alkuunsa ja aloin vastailla heidän kysymyksiinsä: Mitä teet täällä? Mistä olet tulossa? Mikä on kotimaasi? Mistä saat rahaa?

Vastausteni lisäksi he halusivat nähdä myös passini. Ojensin passin vanhan johtajamiehen kiukkuiselle kätyrille, joka repäisi sen voimalla kädestäni, vilkaisi passin kuvaa pistävällä katseelle ja tarkisti polttavilla silmillään, olinko minä todella kuvassa oleva mies. Miehen huonoa näyttelijää muistuttava koominen olemus sai minut hymyilemään.

Kerroin miehille tarinan siitä mistä olen tulossa, mihin olen menossa ja kuinka saan rahaa kirjoittamalla matkatarinoita ja kerjäämällä apua ystäviltä ja sponsoreilta. Kerroin myös sen, ettei minulla ole kotia, jossa panna maaten päivän päätteeksi, enkä tänään, pitkän vuorinousun yllättämänä, ehtinyt kaupunkiin asti. Niinpä minun tuli leiriytyä tähän ensimmäiseen löytämääni suojaisaan paikkaan ennen pimeän tuloa.

Vastaillessani miesten kysymyksiin pahasti haparoivalla kielitaidollani en niinkään keskittynyt siihen mitä puhuin, vaan aistin tarkkaavaisesti ilmapiiriä ympärilläni. Puhuin erityisen hitaasti ja pysähdyin sanojen välissä pitkiksi toveiksi. Miehet ymmärsivät, mitä yritin kertoa ja kenties tila sanojeni välissä alkoi keventää seurueen tunnelmaa. Ensimmäiseksi nuorimmat miehet alkoivat nyökytellä ymmärtäväisesti, eikä kulunut aikaakaan, kun vanhemmatkin miehet rentoutuivat.

Lopulta miehet sanoivat, että voisin jäädä lepäämään pellolle yöksi. Nuorimmat miehet paiskasivat kättä kanssani ja toivottivat turvallista matkaa ja hyvää yötä. Joukon johtajan ja hänen kätyrinsä mielessä paloivat vielä pelon rippeet, mutta heidänkin aistittua teltan ympärillä jo leijuvan huolettoman ilmapiirin, eivät he voineet muuta kuin päästää irti epäilyistään, vapautua leveään hymyyn, paiskata kättä kanssani ja toivottaa hyvää matkaa. Toivotin heillekin kaikkea hyvää, pistin teltan päälliskankaan takaisin paikoilleen ja laskeuduin maanpinnalle lepäämään.

Päätin jatkaa matkaa jo aamun ensimmäisten valonsäteiden aikaan, sillä olinhan luvannut miehille poistuvani heidän mailtaan heti aamutuimaan. Muutaman sadan poljetun ylämäkimetrin jälkeen tienvieressä minulle hyvät huomenet toivotti maireasti hymyilevä ja iloisesti vilkuttava iäkäs, viiksekäs mies. Hän oli se sama mies, joka edellisenä iltana oli mahdottoman vihaisilla silmillään tarkistanut passini todenmukaisuuden. Kontrasti ei olisi voinut olla suurempi! Pysähdyin miehen viereen ja vastasin hänelle nukkuneeni hyvin ja pysyneeni lämpimänä laadukkaiden varusteiden ansiosta. Kiitin miestä ja jatkoin matkaa muistellen edellistä iltaa.

Saavutin jo aikaisin aamulla 3400 metrin korkeuteen kohoavan vuorenhuipun. Huipun takaisessa alamäessä vastaani polki vinttikoiramaisen hoikkia miehiä, kuin vuorikauriita, kevyillä maantiepyörillään ja hurjalla ylämäkivauhdilla. Olin saapunut Kolumbian pyöräilykulttuurin sydänmaille. Näiden miesten runttaavat ja riuhtovat ajotyylit olivat kuitenkin äärilaita verrattuna alueen suurimman sankarin Nairo Quintanan supertehokkaaseen ja eleettömän kevyeen polkemiseen. Nairo oli oikea pikkuruinen vuoristoraketti ja oli sijoittunut vuonna 2013 Ranskan ympäriajossa toiseksi. Edellisenä päivänä minulle lounaan tarjonneiden rekkamiesten mukaan Nairo oli kotoisin kylästä, joka sijaitsi vain kivenheiton päässä juuri ylittämäni vuoren takana.

Tie pysyi 30 kilometrin ajan tasaisena matkatessani Paipasta Sogamosoon. Vastaani polki tällä reitillä ainakin sata maantiepyöräilijää. Pyöräilijöistä nuorilla ja nopeilla miehillä vaikutti pääsääntöisesti olevan allaan edullinen alumiininen maantiepyörä, kun taas vatsakkaat keski-ikäiset miehet polkivat verkkaisempaa tahtia hiilikuituisilla ja tuhansien eurojen arvoisilla, alle seitsemän kilon painoisilla maantieunelmilla.

Sogamosossa päätin kysyä majapaikkaa kaupungin ulkopuolella sijaitsevalta tilalta. Laskeuduin jyrkkää mäkeä pitkin huolella hoidettuun puutarhaan ja istuin alas huvilan terassin sohvalle. Pian kaunis nuori nainen saapui luokseni kevyesti nurmikon yli tanssahdellen. Nainen oli brasilialainen vapaaehtoistyöntekijä ja hän toivotti minut tervetulleeksi Finca San Pedroon, joka toimi majatalon lisäksi joogakeskuksena. Vaikka jalkani olivat väsyneet, kuljin tämän vähäpukeisen naisen jäljessä mielelläni hieman pidempäänkin, kun hän esitteli minulle suurehkoa tilaa ja sen palveluja. Valitsin majoitusvaihtoehdoista edullisimman: telttailun omilla varusteilla tilan suuressa varastorakennuksessa.

Pian myös paikan puuhamies, tilan omistavan perheen poika Juan, esittäytyi minulle. Hän oli nelikymppinen komea latino, lyhyt ja tulisen tumma. Juan kertoi, kuinka he eivät majatalossa opeta mitään modernia joogaa tai tavallista venyttelyä, vaan todellista, syvälle joogan olemukseen tunkeutuvaa vanhaa perinnettä. Hän tiivisti asiansa sanomalla heidän opettavan joogaa, joka tarjoaa oppilaalle parhaan mahdollisen hyödyn. En luvannut osallistua minulle ilmaiseksi tarjotulle joogatunnille, vaan osoitin riippumaton suuntaan ja sanoin sen olevan todennäköisesti paikka, jossa väsyneet jalkani viihtyisivät kaikkein parhaiten.

Seuraavina päivinä vietinkin pitkiä toveja riippumatossa makoillen ja opiskellen espanjan kieltä. Sivusilmällä seurailin myös muutaman joogakoululaisen opintojen kulkua. Heillä oli monenlaisia rituaaleja. Aamuisin he oksensivat vatsansa tyhjäksi puhdistaakseen itsensä. Kerran tai kaksi viikossa he paastosivat eivätkä syöneet mitään. He joogasivat joka päivä neljä tuntia, paitsi sunnuntaina.

Kolmantena iltana minut kutsuttiin kuuntelemaan joogan harjoitukseen liittyvää luentoa. Himalajalla ja Thaimaassa hengellisyyttä vuosikausia opiskellut ranskalaismies istui ryhdikkäästi huoneen perällä ja toisti mantrojaan. Hän näytti kuulaan puhtaalta sileässä valkoisessa kaavussaan. Minä kasasin vilteistä mukavan leposijan lattialle. Salissa soi rauhallinen tiibetiläinen musiikki, kun neljä oppilasta kolistelivat ovesta sisään. Illan aihe oli karmajooga.

En pysty palauttamaan mieleeni sanatarkkoja yksityiskohtia gurun puheesta, mutta muistan opettajan käyttäneen paljon muiden gurujen ja uskontojen lainauksia. Jos ymmärsin oikein karmajoogan tarkoituksen, tulisi ihmisen tehdä hyviä tekoja niistä koituvan hyödyn tähden. Opettaja sanoi, että heti aamusta alkaen joogit pyhittävät kaikki omat tekonsa korkeammalle itselle (*higher-self*). Tämän korkeamman itsen tavoittaminen on koko joogaharjoituksen tavoite.

Luennon päätteeksi opettaja kysyi, oliko kenelläkään mitään kysyttävää. Minulla oli: "Kuulostaa hullunkuriselta, että henkilö pyhittäisi kaikki tekemisensä korkeammalle itselle, sillä sitä, joka on itse, voi olla vain yksi. Kuinka olisi siten mahdollista, että itse voi pyhittää teot korkeammalle itselleen?"

Opettaja antoi kuulijakunnalleen pitkän vastauksen, jonka voisin tiivistää seuraavasti: "Niin sanottua *korkeinta itseä* voi nimittää millä sanalla tahansa. Meidän ei kuitenkaan tulisi takertua asioiden nimiin tai filosofiseen keskusteluun. Joogaharjoituksen tavoite on aina korkeammalla kuin sanat tai filosofia, se on syvempää ymmärrystä." Opettaja sanoi vastauksensa lopuksi, että pitää vain harjoitella, jotta saa joogan tarjoaman hyödyn. Kysymykseni oli herättänyt muissa voimakkaita tunteita ja jotkin oppilaat katselivat minua vihoissaan.

Seuraavana päivänä jatkoin oman elämäni harjoitusta, pyöräilyä, aloittamalla matkan takaisin kohti Bogotaa. Ajoin kaksi pitkää päivää suurella päätiellä. Vietin yhden yön taas Pinzonien perheessä Zipaquirassa ja ajoin sitten pääkaupunkiin, jälleen läpi sen ruuhkaisten lähiöiden. Ruuhkassa minut ajoi kiinni neljän tunnin treenilenkillä ollut triathlonisti Sebastian, joka kutsui minut vieraakseen. Lupasin ottaa kutsun vastaan, kunhan olisin ensin vieraillut ystäväni Jannickin luona.

Suuren vuoren murtamaksi

Bogota-Murillo-Manizales-Salento-Ibague

Heräsin Bogotassa kaupunkiin saapumista seuraavana aamuna jo kello kuusi. Isäntäni, sveitsiläinen elokuvatuottaja Jannick, oli jo täydessä työn touhussa. Olin ystävystynyt hänen kanssaan hostellissa muutamaa viikkoa aiemmin. Jannick vietti kaikki aamupäivän tunnit tietokoneensa takana. Sveitsiläiseen tapaan kaikki tavarat hänen pienessä asunnossaan olivat huolellisesti omalla paikallaan ja huoneisto putipuhdas. Hänen päähänsä tulvi uusia ideoita ja hänen kätensä olivat aina täynnä töitä. Jannick oli aikanaan saanut tarpeekseen Kalifornian pinnallisesta elämästä ja freelance-tuottajan urastaan ja pyrki nyt tunkeutumaan syvemmälle filmiteollisuuteen rennommassa ja aidommassa Bogotassa. Hänellä oli Bogotassa odottamassa tärkeä ihmiskontakti, jonka varassa pitkälti oli, saisiko hän kaupungista heti töitä omalta alaltaan. Päivät kuluivat hänen odottaessa tämän tuttavan soittoa. Jannick mietti välillä, mitä voisi tapahtua, jos puhelu tulisi, ja toisena hetkenä hän jo rakensi varasuunnitelmaa, jos kaikki murenisikin pettymykseen. Huolilta vapaina hetkinä hän opiskeli uusia taitoja parantaakseen omia mahdollisuuksiaan pysyä rakastamallaan alalla. Kilpailu filmiteollisuudessa oli kuulemma kovaa.

Oli melkoinen muutos tunnelmassa siirtyä asumaan Jannickin lattialta Sebastianin luo. Nuorimies oli aloittanut triathlonin vakavan harrastamisen kaksi vuotta aiemmin, mutta oli jo nyt Kolumbian parhaimpia triathlonisteja puolimatkalla. Hänen päivänsä rakentuivat harjoitusten ympärille ja niistä kasautunut rasitus tahditti kaikkia muitakin vuorokauden tunteja. Kun Sebastianin päivän harjoitukset oli tehty, saattoi hän vain levätä ja syödä palautuakseen mahdollisimman hyvin taas seuraavan päivän harjoituksiin. Kävi hän toki kouluakin, mutta sanoi ottavansa sen rennosti, jotta hänelle jäisi tilaa treenaamiseen. Koska olin itsekin polkemisen väsyttämä, sopi Sebastianin elämänrytmi minulle mainiosti!

Olin nyt siis toistamiseen Bogotassa ja tällä kertaa suuntaisin sieltä kohti itää ja Los Nevadosin ylängön hurjan korkeita vuoria. Aamulla lähdin ensin Sebastianin kanssa kauppaan hakemaan matkaeväitä. Muutaman korttelin päässä keski-ikäinen herrasmies avasi pähkinäputiikkiinsa oven juuri sopivasti meidän saavuttua paikalle. Latasin laukut täyteen ravitsevaa energiaa. Siinä laukkuja pakatessani eräs isokorvainen, puhelias ja eloisasti liikehtivä mies tervehti minua innolla, vaikka näyttikin silmäkulmistaan hieman surulliselta. Carlos oli myös innostunut pyöräilemään ja oli aloittanut matkan Bogotasta aina Etelä-Amerikan kärkeen asti, aivan kuten minä suunnittelen tekeväni, mutta oli jättänyt matkansa kesken Perussa. Carlos kutsui meidät kahville omaan kahvilaansa.

Vaihdoimme kuulumiset ja juttelimme pitkään. Sitten Sebastian palasi kotiin tekemään päivän juoksulenkkinsä ja minä suuntasin Carloksen kanssa ulos Bogotasta. Laskettelin pyörälläni rauhallisesti eteenpäin, täysin huoletta ja vailla mietteitä tienmutkista: Carlos osoitti kädellään kaikki tiellä olevat kuopat ja töyssyt. Jos jouduimme koukkaamaan autotielle, hän neuvoi minua usein siirtymään sormensa osoittamaan suuntaan, jotta pääsisin mahdollisimman pehmeästi takaisin pyörätielle. Kohdallemme osuneille huolimattomille autoilijoille hän pui nyrkkiä. Poljettuamme yhdessä Carlos selvästikin tunsi vetoa palata matkaamaan polkupyörällä. Hän kuitenkin virkkoi elämän tien päällä olleen todella raskasta ja yksinäistä. Jokapäiväiset 85 kilometriä olivat vieneet häneltä aina kaiken energian. Väsymyksestä johtuen pyörämatkan tarjoamista uusista kokemuksista, ihmisistä ja asioista oli kuulemma ollut vaikea iloita. Hän sanoi, että kaipasi matkoille ystävää, jonka kanssa puhua, ja ylisti vahvuuttani, kun pystyin silminnähden mukavasti matkustamaan yksin.

Suuren betonisen sillan juurella hän sanoi edessäni olevan nyt vain suoraa tietä. Carloksen ansiosta olin selvittänyt miljoonakaupungin mutkat ja kuopat vaivattomammin kuin koskaan aiemmin. Jatkoin yksinäistä matkaani ja sosiaalinen Carlos puolestaan polki takaisin kahvilaansa, jossa olisi tarjolla juttuseuraa päivästä toiseen!

Parin päivän kuluttua olin laskeutunut vuorilta alas 300 metrin korkeuteen, Rio Magdalenan kuumaan jokilaaksoon. Laakson ilma oli periksi antamattoman kosteaa ja paksua kuin voi. Tunkkainen, hiostava tuuli puhalsi vasten kasvojani. Niin pitkälle kuin joki oli levittänyt vettä, olivat ihmiset kylväneet maan pelloiksi. Pellot olivat laajuudeltaan valtavia, kenties suurten yritysten tuottavia rahasampoja. Vastaani jyrähteli massiivinen puimuri. Alueen maatilojen suuret portit ja aidat saivat aikaan karun ahneuden tunnelman. Ajattelin, että maiden omistajat saattoivat olla aivan yhtä vieraantuneita siitä, miltä oma maa tuntui kynsien alla kuin mitä peltoa viljelevät työläiset olivat siitä tunteesta, että taskussa oli rahaa säästössä.

Lämpöä ei ollut kuin 35 astetta ja tietäkin varjosti kaunis puiden muodostama tunneli, mutta siitä huolimatta hiki virtasi käsivarsillani. Trooppinen kostea kuumuus aiheutti stressiä kehooni. Pysähdyin syömään tienristeyksen kuppilaan. Ihmiset istuivat siellä laiskanpulleina tuoleissaan, pelasivat uhkapelejä ja polttivat tupakkaa. Täytin vesisäiliöni ja jatkoin eteenpäin kapealla tiellä kohti vuoria.

Kohta näin puiden takana aukion ja vuosien varrella kehittynyt vaistoni otaksui, että siellä voisi olla mainio paikka teltalleni. Vaistoni osui oikeaan. Kun aloin luomaan leiripaikkaani, pyöri ympärilläni jonkinlaisia pieniä itikoita, joita ei illan hämärässä pystynyt havaitsemaan. Ne pistivät minua huomaamattomasti lukemattomia kertoja ja myöhemmin teltassa vointini oli myrkytetyn rauhaton. Pyöriskelin hikoillen patjallani ja ajatukseni taajuus lenteli unimaailmoissa. Kehoni oli täynnä satoja näkyviä paukamia. Kutina kuitenkin hellitti ja yöilma toi mukanaan ihanan viileyden. Myös kehoni stressi rauhoittui, sillä aamulla heräsin katkottomasti nukutun yön päätteeksi jo kello 5.30. Välttämättömimmät aamutoimeni hoidin nopeasti, sillä aamun sarastavassa valossa näin itikat, jotka tulivat taas tervehtimään minua. Tielle päästyäni saatoin hengähtää helpotuksesta, kun hyttyset jäivät taakse. Pesin sitten hampaani kaikessa rauhassa ja levitin aurinkovoidetta iholleni, joka oli itikoiden jäljiltä punaisten pattien värittämä.

Leiripaikalta lähdettyäni tie lähti heti nousuun. Tiesin sen olevan loputtaman tuntuinen taival, koska nousua olisi 300 metristä 4750 metrin korkeuteen ja tie noin 6 prosenttia jyrkkyydeltään. Idästä nouseva aurinko paahtoi aamuisen länsirinteen tulikuumaksi. Pyrin ajolinjoillani hakemaan suojaa puiden varjosta aina kun se oli mahdollista. Tässä nousussa minulla oli kuitenkin sellainen lataus jaloissani, ettei se sallinut pysähtyä huilaamaan puiden alle lintuja kuuntelemaan ja pilviä katselemaan.

Maisemat vaihtelivat paljon. Paikoin tietä reunusti avarasti kumpuileva maaseutumaisema ja toisaalla ajoin halki tiheästi kaiken peittävän metsän. Silloin saatoin aistia vuoren olemassa olon ainoastaan siitä jatkuvasti kasvavasta paineesta, joka työtä tekevissä jaloissani tuntui. Yhdessä kohtaa kumpuilevien vuorten taustalta avautui näkymä alas laaksoon, josta olin aamulla lähtenyt. Olin jo 2000 metriä telttapaikkaani korkeammalla ja näkymä laaksoon oli niin kaukainen, että tunsin kehoni olevan oikea lokomotiivinen ihme.

Kun olin polkenut ylämäkeä kuusi tuntia, ajattelin voivani jo levähtää. Ajoin kuitenkin vielä puolitoista tuntia ja vasta illansuussa saavuin hiljaiselle kylänraitille. Kylän pienissä ja pimeissä kaupoissa yksinäiset kauppiaat odottivat illan viimeisiä asiakkaita. Elämää Murillon kaduille toivat muutama leikkivä lapsiporukka ja kirkon edustan betonikentällä meneillään ollut jalkapallopeli.

Löysin muutamalla eurolla hyvän syyn olla telttailematta tihkusateisessa viileydessä. Talutin pyöräni majataloon, otin jääkylmän suihkun ja lepäsin hetken ajan. Päivän viimeiset tunnit käytin pikkukaupoissa etsien matkaevästä, sillä seuraavien kolmen päivän aikana tien varrella ei olisi yhtään kylää. Olin nyt 2700 metriä korkeammalla kuin mitä aamulla, kun olin herännyt hyttysiä huitelemaan. Illan lähes 20 astetta viileämpi sää piti huolen siitä, että käteni saivat nyt huitomisen sijaan keskittyä raapimaan edellisen päivän matkamuistoja ihollani.

Päällystetty tie loppui Murillon kylän laidalle ja siitä eteenpäin kolistelin kivisellä koettelemuksella. Tällaista tie olisi huipulle, 4750 metriin asti. Metsäiseltä taipaleelta pujahdin loivasti kumpuilevien rinteiden avoimuuteen. Rinteet olivat mitä kauneimpia. Perunaviljelmät loistivat täydessä kukassa ja mutkittelivat mäenmuotoja myötäillen alas kapean jokilaakson pohjalle saakka. Alkoi sataa. Söin evääni suuren havupuun alla, jonne ei pisaroita vielä pudonnut. Ruoka ei kuitenkaan maistunut, vaan lähinnä ällötti minua. Huomasin heittäväni leivän alas vuorenrinteeltä. Teko oli täysin spontaani reaktio etovan tuntemuksen päätteeksi. Mikään muukaan ruoka ei minulle maistunut.

Yhtäkkiä vierelleni laukkasi ja pysähtyi yltä päältä hiessä oleva hevonen ratsastajineen. Vaihdoin ratsastajan kanssa kuulumiset, ja sitten hän käskytti hevosensa nousemaan ylös vuorenrinnettä käsittämättömän kovaa vauhtia. Olin ihmetyksestä ymmällä ja tuijotin hevosen kaunista laukkaa. Katselin, kuinka ratsastaja katosi vuoren rinteellä olevan pilven siimekseen, ja jäin vielä hetkeksi kuuntelemaan hevosen loittonevaa kavioiden kopinaa. Jatkaessani matkaa saavutin kohta saman pilven mutta palelin niin, että jatkoin mielelläni pyörän kampeamista lämmetäkseni.

Saavutettuani 3700 metrin korkeuden maisema muuttui kuin veitsellä leikaten: metsäinen vihreys vaaleni tundramaiseen kasvillisuuteen. Jatkoin matkaa kivisellä tiellä. Energiatasoni eivät olleet aivan kohdillaan, mutta saatoin kuitenkin iloita häkellyttävän kauniista näkymästä vuorijärvelle. Tyynen järven pintaan heijastui satoja *frailejonales*-kasveja, kuin kaktuksen ja palmun risteytyksiä. Kyseiset kasvit ovat oikeita korkean ilmaston sotureita: varsi on puinen ja paksu, kaulassa tuuheaa karvaa ja terävä tukka törröttää villisti joka suuntaan.

Olin saapunut Kolumbian paramolle, ainutlaatuiseen trooppisen tundran ekosysteemiin. Sadeilman harmaudessakin luonto hohkasi haalein värein ihmeellisyyttään. Ajoin valtavan rotkon poikki ja saatoin nähdä laaksoon, joka sijaitsi satoja, jopa tuhansia metrejä alempana. Tämä valtava arpi vuoressa oli muodostunut tulivuorenpurkauksessa vuonna 1985. Silloin suuri laavapurkaus oli sulattanut Los Nevadosin jäätiköitä ja saanut aikaan massiivisen maanvyörymän, joka tuhosi kaiken edestään. Maanvyörymä tappoi silloin matkallaan kohti Magdalena-joen tasankoa yli 22 000 tuhatta yllätettyä kolumbialaista. Heistä suurin osa oli Armeron kaupungin asukkaita: 29 000 asukkaasta jopa 20 000 sai surmansa.

Pyöräilin yhä ylemmäs. 4000 metrissä luulin kärsiväni vuoristotaudin oireista. Voin heikosti, minua huimasi ja hengitykseni oli tiheää. En jaksanut polkea edes loivassa nousussa. Asetuin voipuneena makaamaan selälleni maahan. Paksun pilvimassan tummuus pyöri silmissäni. Täysin tyynessä säässä kuulin vain puron kevyen lotinan ja höyhenmäisten sadepisaroiden herkän rapinan. Siinä maatessani tutkailin, mitä kehossani ja sen ympärillä tapahtui. ”Vai niin, kaikkea sitä ihmisen pitääkin elämässään kokea”, ajattelin. Huipulle oli vielä kilometrien matka ja tuntui kertakaikkisen kummalta, että happivelka imi minusta voimat näin matalassa ilmanalassa.

Nautin raukeudessani hetken ajan sadepisaroiden antamasta kasvohieronnasta, mutta ne pirulaiset olivat niin kylmiä, etten voinut jäädä selälleni maahan makaamaan. Lämpöäkin oli enää vain viisi astetta. Talutin pyörääni ja vähän väliä lepäsin ohjaustankoa vasten nojaten. Ajoittain minua huimasi niin, että vajosin pakosta takaisin makuulle. Maanpinnalla tunsin, kuinka kivun väristykset piiskasivat kehoani. Kun lopulta aloin kuorruttaa tienpintaa oksennuksella, ymmärsin, ettei kyse ollut suinkaan happivajeesta, vaan kärsin ruokamyrkytyksestä. Oksentelusta huolimatta olin iloinen: tällä pyörämatkalla ei olisi ollut mitään pohjaa, jos elimistöni olisi alkanut reistailemaan happivelasta jo neljässä tonnissa. Edessäni oli nimittäin Andien vielä paljon korkeampia teitä. Viimeiseen viiteen kilometriin käytin aikaa tuntikausia ja huipulla tuntemukseni olivat sangen tyhjät. Aamupalankin olin oksentanut ulos, eli mikään sinä päivänä syömäni ei ollut imeytynyt energiaksi keholleni. Kokonaan olin päivän aikana polkenut viisi tuntia kivisiä teitä 3000–4200 metrin korkeudessa.

Ylhäällä vuorella minulla oli valittavana kaksi vaihtoehtoa siitä, kuinka edetä: jatkaa ylemmäs 4750 metriin pienellä kivisellä tiellä tai laskea 40 kilometrin pituinen mäki vuoren toiselle puolelle alas Manizalezin kaupunkiin. Molemmat vaihtoehdot kuulostivat siinä hetkessä mahdottomilta toteuttaa, joten aloin etsiä telttapaikkaa. Halusin ainoastaan päästä nopeasti makuulle sateensuojaan. Löysin syrjäisestä kolkasta kauan sitten hylätyn ravintolan rippeet ja pystytin telttani tähän avoimeen rakennukseen. Ylängön kaikki purot olivat vellimäisen mutaisia, joten minulla ei ollut riittävästi vettä. Onnekseni satoi ja sain vettä kattilaani rakennuksen katolta alas liruvasta norosta. En saanut vieläkään syödyksi, mutta keitin maitojauheesta, suolasta ja hunajasta vahvan liuoksen juotavakseni. Siitä huolimatta olin täysin voimaton eikä minulla ollut yhtään energiaa jäljellä. Ei edes sen vertaa, että olisin jaksanut nousta vaihtamaan kalsarit, kun huomasin ripulipierun mukana vapautuneen paljon muutakin kuin vain ilmaa... En pystynyt muuta tekemään kuin makaaman voimattomana siinä kosteassa kylmyydessä, joka tunkeutui luihin ja ytimiin asti.

Vietin pakkasyön kuumeen kourissa, lämmön ja kylmyyden aalloissa vuoroin täristen. Aamulla astuin ulos rähjäisestä talostani. Hengitykseni huurusi ja minua tervehti lumihuippuinen vuori ja aamun hiljainen seesteisyys. Vuorenhuippu oli seepramaisen kaunis. Sen juovaisuus kallionkielekkeineen ja lumivaippoineen houkutteli minua kohoamaan ylös aina 4750 metriin asti ja ajamaan läpi koko Los Nevadosin luonnonpuiston. En kuitenkaan lähtenyt yrittämään nousua. Sen sijaan päätin pakata varusteeni, söin hieman löysää kaurapuuroa, vaihdoin ne kalsarit, puin untuvatakkia myöden kaikki vaatteet päälleni ja lähdin viisaasti laskemaan alas kohti Manizalezia. Jo reilun kahden tunnin kuluttua olin hostellissa puhtaiden valkoisten lakanoiden välissä toipumassa ruokamyrkytyksestä. Parantuminen kesti minulta yhteensä neljä yötä. Vasta niiden tarjoaman levon myötä olin saanut syötyä siten, että minulla oli halu jatkaa matkaa.

Valitsemani helpotus, 40 kilometrin alamäki, tarkoitti myös 70 kilometrin kiertotietä Salentoon, jonne olin alunperin ajatellut kulkea kansallispuiston kautta. Nyt ajoin sen sijaan Kolumbian kahvialueella. Tie oli asvaltoitu ja reitti varsin hiljainen ja kaunis. Tien varren kojuista myyty kahvi oli marjaisempaa ja vahva-aromisempaa kuin mikään aiemmin maistamani. Myös naisten rakkaudella leipomat piirakat solahtivat kahvin kyytipoikina alas vatsaani ja sulivat energiaksi keholleni, joka pitkästä aikaa pystyi taas nauttimaan ruuasta. Olin hoikistunut muutamassa päivässä silminnähden.

Saavuin Salenton keskusaukiolle erittäin jyrkkää mäkeä pitkin ihmisjoukon pitäessä minulle peukkuja pystyssä. Yksi joukossa olleista naisista oli kuulemma aiemmin päivällä ajanut autolla ohitseni, eikä voinut uskoa, että saavuin näin pian Salentoon, yli kaikkien vaativien nousujen! Hän tarjosi minulle valtavan tuorepuristetun appelsiinimehun, antoi minulle yhteystietonsa ja sanoi auttavansa minua kaikessa, jos koskaan saapuisin Armeron kaupunkiin. Kohtaamani vilpitön ystävällisyys ilahdutti minua valtavasti. Hengähdin raskaan päivän jälkeen penkille huilaamaan ja ihastelin kylän koristeellisia kirkkaanvärisiä taloja, jotka olivat söpöydessään kuin kuvaus jonkin fantasiasarjakuvan paratiisista.

Salentossa parantelin vointiani vielä muutaman päivän ajan syömällä hyvin. Telttailin mäenharjanteelle rakennetun hostellin pihalla, josta avautui 270 asteen panoraama ympäröiville jylhille vuorille. Kun lepäilin riippumatossa, saatoin nähdä vuorenhuippua ympäröivät pilvet ja tropiikin samettisella vihreydellä verhotut vuorenrinteet. Vieressäni niitty kaarsi alas kohti virtaavaa puroa ja tarjosi matkallaan ravintoa muutamille lehmille ja kahdelle hevoselle. Hevoset tulivat vierelleni silloin tällöin, sillä ne tykkäsivät, kun niitä taputti turvasta. Vietin rauhallisia päiviä keskellä luonnonhelmaa. En pitänyt lähtöaamunakaan kiirettä, vaan annoin läpimärän teltan kuivua rauhassa ja hoidin muut lähtöön liittyvät asiat verkkaiseen tahtiin. Touhujeni lomassa jätin jäähyväisiä uusille ystävilleni. Jatkaessani matkaa olin kiitollinen siitä, että olin saanut kokea tämänkin jylhän ja kauniin kolkan annin kaikessa rauhassa.

Edellisinä päivinä olin pystynyt kävelemään ja pyöräilemään Salenton kaduilla muiden turistien joukossa sen enempää huomiota herättämättä. Kuitenkin heti, kun pyöräni oli taas lastattu täyteen laukkuja, minusta tuntui, että kaikkien ihmisten päät kääntyivät puoleeni. Matkani jatkui kohti laidunmaita kapealla tiellä, joka kulki koko ajan tiheässä metsässä asumattomalla alueella. Ilma oli sumuinen, enkä nähnyt lainkaan maisemia. Tien laskettua jonkin matkaa huipulta, sumuverho antoi tilaa henkeäsalpaavalle näytelmälle. Kaikkialla vuorenrinteillä kohosi tuhansia langanlaihoja, maailman korkeimpia palmupuita.

Laskeuduin pyörälläni alueen alhaisimpaan kohtaan, jossa virtasi joki. Sieltä kosken viereltä löysin teltalleni tasaisen ruohomaan. Ihmisiä ei ollut tässä paikassa mailla eikä halmeilla. Istahdin keskellä koskea sijaitsevalle suurelle kivelle. Vaikka joen vesi matkallaan kivien ylitse ja ohitse ei minua kastellutkaan, oli kuin virtaus olisi puhdistanut minut kaikista pahoista ajatuksista. Illan kevyt viima oli kuin rakastajan hellä silitys kosketusta kaipaavalla ihollani. Hengittämäni ilma oli äärettömän puhdasta ja se rauhallaan rikastutti ja viisastutti jokaisen osasen kehossani. Voisin verrata oloani edessäni tanssineen hiljaisen ballerinan, perhosen, herkkään lentoon. Joki säteili läpikuultavaa kirkkauttaan. Tästäkin paikasta huokui puhdas totuus.

Korkokenkien kopina pysäytti matkamiehen

Ibague – Desierto de Tatacoa - Neiva – Ipiales - San Agustin

Ajoin seuraavanakin päivänä viiden tunnin mittaisen hengästyttävän polkaisun. En pystynyt vieläkään syömään kunnolla ja olin kumman hyytynyt saapuessani Ibagueen. Minulla oli kuitenkin mukavaa odottamista – olin sopinut sinä päivänä näkeväni Bogotassa tapaamani Katherynen, toisen niistä tytöistä, joita olin kuvannut kirkon portailla. Menin keskuspuiston penkeille odottamaan Katherynen saapumista. Väsyneenä pistin suosiolla pitkäkseni betoniselle penkille (joskin myönnän kyllä laskeutuvani levolle melko herkästi silloinkin, kun en ole niin pirun väsynyt kuin tuolloin). Lepäilin penkillä aikani, kunnes lähestyvien korkokenkien kopina sai minut nousemaan ylös.

Vierailuni Ibaguessa venähti pidemmäksi kuin olin ajatellut.

Päivät alkoivat venyä viikoiksi, eivätkä ainoastaan Los Nevadosin kansallispuistossa alkaneen ja pitkäksi venyneen vatsavaivan johdosta... Kun olin ollut Ibaguessa muutaman päivän, päätimme tehdä Katherynen ja kahden muun ystävän kanssa yhden yön mittaisen patikkamatkan vuorten kuumille lähteille.

Katheryn kellui taidokkaasti kuuman lähteen pinnalla silmät kiinni rentoutuen. Hän oli tavattoman viehättävä. Tummat luonnonkiharat hiukset levittyivät aaltomaiseksi taustaksi hänen kauniille kasvoilleen. Hänen rintansa lepäsivät vapaina koko leveydellään ja pienet nännit kohosivat juuri ja juuri vesirajan yläpuolelle kohti kuun loistetta, joka valaisi hänen vatsansa vaaleaksi yön tummassa vedessä. Pakarat olivat vetäneet hänen napansa pinnan alle. Olisin mielelläni tarttunut tuon pehmeän pepun muotoihin nostaakseni lantionkin haukkaamaan raitista ilmaa, mutta annoin katseeni valua kohti siroja polvia. Olin hivuttautunut Katherynen vierelle hiljaisesti. Katseeni oli jo pysähtynyt viileää vuori-ilmaa haukkaaviin varpaisiin, kun hän vihdoin huomasi minut ja säpsähti, peitti rintansa käsillään, mutta ymmärsi pian, ettei ele peittelisi enää mitään.

Minulla oli halu olla Katherynen lähellä, ja spontaanit leikit ja tunnustelevat suudelmat lähensivät meitä. Vaikutti, että Katherynen mielessä oli vielä kysymysmerkkejä minun suhteen ja kuljimme kuin heikoilla jäillä hiipien. Pulahduksen jälkeen jäimme lepäämään kuumimman lähteen kivetykselle, jonka ylitse vesi virtasi. Vuoret kohosivat ympärillämme kuin hornankattila, öiset pilvet lipuivat täysikuun valossa vuorten taa ja niiden nopean liidon välistä paljastui tähtitaivaan tuikkivia palasia. Makoilimme kiviä vasten ja katselimme toisiamme. Pian nousimme kuivalle maalle ja viileässä mökissä Katheryn pyysi minut yllätyksekseni nukkumaan vierelleen. Sydän sopua sykkivänä käperryin hänen ympärilleen, lämmöksi vasten kylmää ja kosteaa vuori-ilmaa.

Myöhemmin Ibaguessa löysimme Katherynen tuttavan kautta minulle mitä mukavimman majapaikan läheltä keskustaa ja Katherynen toimistoa. Talon emännällä oli tarjota minulle poikaystävänsä huone. Hän olikin oikein tyytyväinen tilanteesta, koska sai samalla kertaa sekä ylimääräistä rahaa vuokrastani että poikaystävänsä joka yö takuuvarmasti omaan petiinsä!

Asettauduin taas uudenlaiseen arkeen. Eipä ollut pyörämatkaajan arkeni ennen tytön vuoksi pysähtynytkään! Minua hymyilytti. Päiväni olivat nyt ajankäytöllisesti täysin vapaita. Ympärilläni kohosi huimia vuoriteitä pyöräretkiä varten, alueen ilmasto oli niin sopuisa ihmiselolle kuin ajatella saattoi ja asuin minulle loisteliaassa huoneessa hyvin edullisesti. Mikä parasta, iloitsin joka päivä mitä sievimmän tytön ihanasta seurasta. Nautimme yhdessä yksinkertaisista asioista, joihin meillä oli samankaltainen mieltymys. Olimme hellästi yhdessä, kuuntelimme musiikkia, kävelimme puutarhoissa ja katsoimme elokuvia. Ilmassa leijui kuitenkin tieto siitä, että pian jatkaisin matkaa, emmekä pystyneet siten lopulta lähentymään syvemmin. Se ei vain yksinkertaisesti onnistunut.

Tilanne oli minulle uusi, mutta sopeuduin yllättävän nopeasti parisuhteen pyörteisiin. Yhtäkkiä minä, yksin kulkemaan tottunut nomadi, en enää ajatellut olevani täysin kyvytön elämään tytön vierellä. Olin myös saanut Katherynen sekaisin. Hän nautti olla varauksettomasti kanssani, mutta oli vaikeassa tilanteessa tietäessään, että hänen perheelleen minä olisin suurin mahdollinen uhka. Katherynen vanhemmat pyrkivät ohjailemaan miltei tyrannimaisella otteella tytärtään tämän elämänvalinnoissa. Minä edustin täydellistä vastakohtaa sille turvalliselle, menestyvälle ja tavanomaiselle elämäntavalle, mihin he yrittivät rakasta, yhä kotonaan asuvaa tytärtään alituisesti painostaa. Katheryn oli jo asianajaja ja hänellä oli oma toimisto kaupungin keskustassa, mutta silti hänen isänsä vaati häntä opiskelemaan yhä pidemmälle. Mikään muu ei saanut Katheryneä voimaan yhtä pahoin kuin ajatus siitä, että hän viettäisi seuraavat 40 vuotta betonisen kaupungin toimistossa papereita pyörittäen.

Kuuden viikon yhdessäolon jälkeen asiat välillämme muuttuivat. Näin Katheryneä kasvotusten yhä harvemmin, ja sanallinen kommunikointi oli hoidettava hänen suosimallaan tavalla, pikaviesteillä. En saanut lainkaan vastauksia minua askarruttaneisiin kysymyksiin ja Katheryn vaikutti pakenevan asioita. Pieninkin asia oli yhtäkkiä kovin hankala. Viestejä kirjoittaessani tunsin, että kovin rajatut sanat ilman läsnäolon syvyyttä olivat polttoainetta tulevalle ihmissuhdedraamalle. Sitä Katheryn halusi, ja koska minäkin jatkoin viestien kirjoittamista, oli sama päämäärä kaikessa hulluudessa minunkin tahtoni: nähdä ja kokea tuo ihmismielen helvetillinen draaman halu. Jostain syystä minun piti kuitenkin saada tuntea omissa soluissani sen luonne.

Draama näyttäytyi heti alkuunsa sellaisena, johon ei olisi ratkaisua. Niinä hetkinä, kun tunsin draamankäänteiden täyttävän ajatukseni, istuin alas puistonpenkille kuuntelemaan ja katselemaan. Mieleni sai vaeltaa, annoin sen elää rauhassa draaman käänteet niiden elämänkaaren loppuun asti. Minun ei tarvinnut ottaa ajatuksia vakavasti. Palattuani takaisin majapaikkaani, askelissani oli taas herkempi tuntuma ja ruumiini liikkeissä keveyttä.

Saatoin jälleen keskittyä omiin kiinnostuksen kohteisiini ja ajatella selkeämmin.

Viikkojen jälkeen olin saanut pikaviesteistä ja kaartelusta tarpeekseni. Sanoin Katherynelle jatkavani matkaa. Seuraavana päivänä hukuin katumuksen aaltoihin. Olinko kuitenkin ollut liian kärsimätön? Pitäisikö minun odottaa? Lähtöni venyi, koska sain silmätulehduksen, mutta kommunikoimme Katherynen kanssa edelleen vain viesteillä. Viimeisenä päivänä kaupungissa itkin syvää ja pitkää itkua. Itkussa oli kuitenkin läsnä kohteeton puhdas lämpö. Irti päästämisen luoman surun keskelläkin se tuntui sanoinkuvaamattoman hyvältä.

Lähtöaamunani halusin nähdä Katherynen vielä kerran kasvokkain ja niinpä suuntasin toimistolle hyvästelemään hänet. Poljin ohi saman puiston, jossa olimme kymmenen viikkoa sitten uudelleen tavanneet. Silloin hänen iloinen, utelias ja huomioiva olemuksensa oli alkanut tanssittaa suloista leikkiä välillämme. Toimistolla Katheryn sanoi vielä rakastavansa minua ja vastasi myöntävästi kysymykseeni siitä, haluaisiko hän yhä tulevaisuudessa matkustaa kanssani. Yhteinen matka oli ollut suunnitelmamme hänen tulevalle lomalleen. Sulopuheisista lauseista huolimatta hänen olemuksestaan ei huokunut laisinkaan sitä hellyyttä ja vakavuutta, mitä suuret sanat olisivat vierelleen kaivanneet. Katherynen hentoinen halaus saatteli minut matkaan.

Pyöräilin vastavirtaan tutun yhdensuuntaisen kadun liikennettä, kuten olin tehnyt menneinä viikkoina jo kymmeniä kertoja. Tällä kertaa reissuni veisi minut kuitenkin kauas, enkä enää palaisi tottumaani huoneeseen ja jo rutiiniksi muodostuneisiin elämän ympyröihin. Käännyin alamäkeen ja tunsin ihollani etenemisen viiman. Tiedostin taas eläväni elämää, jossa yöt nukutaan uusissa ja tuntemattomissa paikoissa. Pysähdyin ruokakaupalle. Enää en voinut ostaa ruokaa jääkaappiin varastoon. Olin väsynyt. Mielessäni oli kahtena viime päivänä ollut kovin paljon asioita, enkä nyt kyennyt hahmottamaan, mitä ruokaa olisi parasta ostaa evääksi. Ostin vain helppoa syötävää, kuten valmispatongin, maksoi mitä maksoi.

Laskin läpi ruman ja betonisen kaupungin. Pian näin sivutien varressa vihreän nurmen kaistaleen, jossa päätin syödä evääni. Toimintani oli rauhatonta ja hätäistä. Join jogurtin, heitin suuhuni valmispatongin ja jonkun hedelmänkin nopeasti popsin. Sitten jatkoin heti matkaa. Ajatukseni haikaili taaksepäin enemmän kuin koskaan aiemmin. Huomasin, että aistini olivat turtuneet enkä pystynyt kokemaan sitä ihmeellistä rikkautta, jota vastaani tulevat asiat minulle tarjosivat. Jalkani pyörivät kuin koneella, vailla tuntemusta siitä mitä ne tekivät.

Kaupungin ulkopuolella maisema levittäytyi eteeni kuin laakea vihreä meri. Katselin horisonttia nautiskellen, sillä olin viettänyt edelliset viikot vuorten kapeissa laaksoissa ja kanjoneissa, joissa silmä ei saanut levätä maiseman kaukaisuudessa. Nyt horisontti peittyi kuitenkin tarinaan Katherynestä ja tapahtumista välillämme.

Yhtäkkiä 50 kilometrin polkemisen jälkeen, peltojen laidalla ja suurten varjostavien puiden alla, ajatukseni selkeytyivät. Samalla tunsin, että jalkani eivät voineet enää polkea. Minulla ei ollut enää lainkaan halua edetä. Niinpä käänsin pyöräni ympäri ja palasin kohti Ibaguea.

Tiesin, että paluuni ei ratkaisisi mitään, mutta pystyisin ainakin antamaan asioille sen tilan ja ajan, jonka ne tarvitsisivat selkiytyäkseen. Päätin ajaa Ibaguen lähellä sijaitsevaan vaatimattomaan Juntasin vuoristohostelliin ja viipyä siellä niin pitkään, ettei muistojen taakka enää musertaisi minua tien päällä. Poljin vielä puolitoista tuntia takaisin kohti Ibaguea. Alangon kuuma aurinko ja vuorille takaisin nouseva mäki väsyttivät minua, ja tunsin, etten ollut hyvässä ajokunnossa. Majoittauduin jo seuraavaan tien varrella sijaitsevaan hotelliin.

Seuraavana aamuna poljin kaupunkiin ja lähetin Katherynille viestin, jossa kerroin, etten voinut edetä matkallani, vaan että olin polkenut takaisin kaupunkiin ja tulisin asumaan Juntasissa. Toivotin hänet tervetulleeksi sinne ja kerroin, että lähtisin mielelläni yhdessä reissuun, kun hänen lomansa alkaa.

Juntasin vuoristohotelli sijaitsi jyrkänteen päällä ja se oli rakennettu puutolppien varaan. Olin aluksi viileässä ja pikkuruisessa hostellissa yksin, sillä edes henkilökuntaa ei ollut paikalla. Ainoa ystäväni oli yksinäinen koira, joka lähti aina perääni, kun lähdin kävelylle. Poljin neljänä päivänä peräkkäin 3,5 tunnin mittaisen vuoritreenin ja niiden päätteeksi vain lepäilin ja opiskelin espanjaa. Huomasin, kuinka tarina Katherynestä ja minusta ja halu ratkaista asiat välillämme hiljeni hiljenemistään. Viikonloppuna sain hostellille seuraa ja nautin muutamien sadepäivän patikoijien sekä nuoren hostellia hoitavan pariskunnan ja heidän vauvansa seurasta. Katherynestä en ollut kuullut mitään.

Uudenvuoden juhla läheni. Valmistin ystävien kanssa illallista, mutta sen tekeminen venyi kovin myöhälle, sillä keittiöstämme oli kaasu loppu. Meidän piti etsiä polttopuita ja kokata avotulella. Söimme illallisen ja nautimme kuohuviiniä yhdessä. Puitteet olivat hienot, sillä hostellin ravintola oli rakennettu kanjonin päälle ja kaikkia ääniä taustoitti jylhä kosken kohina. Yhtäkkiä puiselle lautalattialle kolisteli tuntematon kiukkuinen pikkupoika kyyneleet kasvoillaan. Hän tömisteli vauhdilla kohti keittiötä, mutta hostellin omistajan Claun ohitettuaan hänen vauhtinsa alkoi hiipua. Claun lämmin katse kohtasi pojan ja kuin magneetti hänen hellyytensä veti poikaa puoleensa. Pian hän silitti pojan tukkaa, joka siinä samalla istahti pikkuruisen Claun syliin. Claun jokainen ele oli kuin äidillistä untuvaa, jonka pehmeään turvaan poika saattoi omista huolistaan irtautua. Clau otti tämän tuntemattoman pojan halaukseensa ja suuteli häntä ohimolle. Luottamus heidän välillään oli välitön ja aluksi kovakuorisen oloinen poika alkoi oma-aloitteisesti puhua siitä mitä hänelle oli tapahtunut. Poika sanoi, että äiti oli kiusannut häntä juhlissa. Olin tukehtua iloon nähtyäni Claun hellyyden, joka vastaanotti varauksettomasti tämän pienen pojan ahdistuksen, kiukun, uhman ja pelon ja sulatti ne rakkauteen.

Myöhemmin pojan rauhoituttua Clau lähti yhdessä pojan kanssa etsimään tämän vanhempia. Olin itse jo menossa nukkumaan, mutta pistin hammasharjan taskuuni ja liityin heidän seuraansa. Kävellessämme kylän ainoalla, vuorenrinteellä olevalla hiekkaisella kadulla, minäkin otin poikaa kädestä kiinni, mutta hellyyteni sai vastineeksi käden pois vedon, kiukkuisen mulkaisun ja sylkäisyn. Kun vain myhäilin pojan kovalle pinnalle, avautui hän pian leikkiin minunkin kanssani.

Kylän uudenvuodenjuhlissa oli mukana lähes koko kylä. Jopa kylän raihnaisin mies tanssi naisten kanssa. Tiukkakatseinen kauppiasnainen tarkasteli tanssimista tuiman vakavasti pöydässään yksin istuen: aivan kuin hänelläkin olisi ollut salattu halu tarttua jotakin miestä kädestä kiinni ja avautua tanssin rytmiin heiluttamaan lannetta. Vaikutti kuitenkin siltä, ettei hän uskaltaisi kenties enää koskaan rikkoa jöröä, sisäänpäin kääntynyttä imagoaan, josta kaikki hänet tunsivat. Pöydät olivat täynnä tyhjiä olut- ja viinapulloja. Monet lapsista olivat jo väsyneitä. Rattaissa olevat vauvat nukkuivat sikeästi, vaikka perinteinen kolumbialainen uudenvuoden musiikki pauhasi ja ihmiset keskustelivat huutamalla sen päälle.

Pojan vanhemmat olivat kovin kiitollisia meidän pidettyä hänestä huolta. He tarjosivat meille olutta ja pyysivät istumaan. Kylän suurin ravintola oli niin täynnä, että pöydät ja tuolit olivat levittäytyneet kadulle asti ja kylän liikenne oli siten poikki. Siitä ei tosin ollut haittaa, sillä keskimääräisenä yönä näillä tunneilla ei kylän halki ajanut yksikään auto. Ainoat tiellä matkaajat, ankat, siat ja koirat, mahtuivat kulkemaan pöytien alta tai kauempaa rauhallisen ylärinteen kautta kiertäen.

Istuimme Claun kanssa peput vierekkäin ainoalle vapaalle tuolille, mikä oli tietysti, illan oltua viileä ja Claun ollessa varsin viehättävä nuorehko nainen, minulle mitä mieluisin asetelma. En tuntenut aluksi minkäänlaista halua juoda eteemme kannettuja alkoholijuomia, mutta ajattelin, että kaipa ihmiset tietävät, mitä minä tarvitsen, ja aloin tyhjentää eteeni tuotuja pikkuruisia laseja. Olin ajatellut jatkaa matkaani aamulla, mutta nyt tiesin, että vähänkin alkoholia nauttineena ja pitkään valvoneena en tulisi tien päälle vielä huomenna palaamaan. Niinpä jatkoin juhlimista, vaikka toki myönnän, että vieressäni istunut pikkuruinen nainen veteli snapsilaseja tyhjäksi huomattavasti minua vauhdikkaammin. Lisäksi minä taisin siirtää enemmistön omista laseistani salavihkaisesti toisten ihmisten eteen…

Leikimme vieressämme istuneen pojan kanssa ja olimme Claun kanssa hänelle yhden yön ajan kuin äiti ja isä. Clau pyysi minua tanssimaan. Kolumbialaisilla on tanssi veressä ja minulle on sanottu, ettei tämän maan nainen kelpuuta miestä, joka ei osaa tanssia. Minulta oli tähän mennessä kysytty Kolumbiassa jo kymmeniä kertoa, osaanko tanssia. Olin aina vastannut "kyllä", mutta lisännyt, että tosin vain polkupyöräni kanssa. Vastaukseni oli saanut ihmiset nauramaan. Aluksi polkimien liikeradoille tottuneet jalkani eivät tahtoneet tehdä muuta kuin niille tuttua liikettä tanssilattialla, eli pyöriä. Kuitenkin hetken kuluttua, kun lantioni oli lämmennyt, löysivät jalkanikin uusia liikeratoja ja niin aloin pyöritellä tanssilattialla Clauta, joka kömpelyyteni ihmettelemisen sijaan alkoi myhäillä vaikutuksesta. Olin varsin otettu, kun teini-ikäinen, komea, sliipattu, hyvin pukeutunut ja ilmeikäs, kylän todellinen Elvis, katseli tanssiani, nosti peukun pystyyn ja nyökkäsi hyväksyvästi rytmilleni. Tanssimme vielä monta tanssia.

Yhtäkkiä Clau sanoi: "Lähdetäänkö?" Se sopi minulle mainiosti. Otimme pojan matkaamme, sillä hänen vanhempansa jatkoivat vielä juhlia. Hostellille saavuimme varhain aamulla juuri ennen neljää. Poika oli vielä täynnä virtaa eikä halunnut nukkua Hän kertoili vielä monia tarinoita. Totesin ohuen lautaseinän takaa, jo omalla sängyllä maatessani, etten minäkään malta nukkua pojan tarinoiden ollessa niin mielenkiintoisia! Pikkuhiljaa poika kuitenkin tyyntyi ja malttoi käpertyä lepäämään lattialle levitetylle patjalle Claun sylin turvaan.

Seuraava päivä alkoi verkkaisesti ja rauhallisesti. Yhtäkkiä Katheryn käveli hostellin suttuiseen ulkoilmakeittiöön. Säpsähdin ja sydämeni löi tyhjää. Katherynelle ei vieläkään maistunut minun keitokseni, mutta ihastuttava hän yhä oli. Kun aamupuuroni oli valmis, etsin Katherynen ja istahdin talon seinustalle. Katheryn nojaili lähettyvilläni autoon ja esitteli minulle vieressään seisovan miehen. Olin yhdessäolomme aikana oppinut tuntemaan hänen elkeensä hyvin, ja niinpä tiesin hänen tulleen esittelemään minulle miehensä.

Sydämeni oli hiljainen ja ilo virtasi suonissani, kun Katheryn ja Juan Carlos lähtivät kävelylle pimeään. Oli kaunista, että Katheryn oli tullut katsomaan minua viimeisen kerran. Aluksi hän oli etäinen ja pälyilevä, mutta pian välillemme syttyi tuttu, rento ja mutkaton hauskuttelu. Kun he olivat lähdössä, koin luonnolliseksi jättää Katherynelle jäähyväiset, mutta sitä ei tapahtunut, sillä hän sanoi, että miksipä emme näkisi vielä tulevana aamuna, kun joka tapauksessa polkisin Ibaguen halki. Hän pyysi minua soittamaan. Huokaisin, että tällä samalla tavalla hän oli siirtänyt jokaisen yksinkertaisen asian hoitamisen tulevaisuuteen.

Soitinhan minä hänelle matkallani kaupungin halki, mutta niin siinä kävi, ettei hän ollut tavattavissa. Matkani jatkui kohti etelää.

Minulla ei ollut syliä, jonka turvaan käpertyä. Elämä tien päällä on kosketuksesta kylmä ja heilan hellyydestä haalea. Viettämäni rauhallinen aika hostellissa oli kuitenkin tehnyt tehtävänsä, eivätkä ajatukseni tällä kertaa harhailleet menneisiin. Oli siis väistämätön aika jatkaa matkaa. Uudenvuodenjuhlinta painoi vielä muistona kehossani, joten ajoin vain lyhyen matkan alamäessä. Majoittauduin siihen samaan hotelliin, johon olin häntä koipien välissä mennyt, kun olin edelliseltä matkaltani kääntynyt takaisin ollakseni lähempänä Katheryneä.

Seuraavana päivänä tie jatkoi kulkuaan alavalla maalla, syvän vihreiden peltojen vierellä ja tienvarrelle istutettujen suurten, kuumuutta varjostavien puiden alla. Vastaani polki kaksi ranskalaista miestä, Ludo ja Ben. Sain taidokkailla mainospuheillani heidät kääntymään ympäri ja polkemaan samaa matkaa kanssani kohti Ecuadoria. Niin jatkoimme matkaa yhdessä. Ludo oli aiemminkin lyhyitä pyörämatkoja tehnyt kolmekymppinen mies. Hän oli olemukseltaan tempoileva kuin kolibrin lento ja ulkoiselta habitukseltaan tietokoneen takana päivänsä viettävä pulleahko insinööri. Hänellä oli painolastina mukana huomattavan paljon matkatavaraa. Hän polki pyöräänsä lantio keinuen, polvet vääntyen, hartiat huojuen ja pää puolelta toiselle nykien. Hän oli hiestä märkä ja hengitti raskaasti jo hitaassa vauhdissa. Päivittelin mielessäni, miten hän selviäisi edessämme olevista vuorista.

Ben puolestaan ei ollut koskaan ennen pyörämatkannut, eikä hän ollut aiemmin edes omistanut fillaria. Hän oli vasta muutamaa päivää aiemmin ostanut polkupyörän Bogotasta. Ben oli olemukseltaan ja luonteeltaan Ludon vastakohta: rauhallinen ja sitkeänlainen 34-vuotias mies, rakenteeltaan hoikka ja kiinteä kuin huippupyöräilijä. Hän näytti olevan tien päällä kuin kotonaan ja hänen olemuksestaan huokui lahjakkuus polkea. Täysin kokemattomanakin hän oli Ludoa huomattavasti vahvemman oloinen polkija.

Etsiessämme ruokaa jostakin pikkukaupungista törmäsimme kadunkulmassa amerikkalaiseen pyöräilijään Maximoon. Heti ensisilmäykseltä ymmärsin hänen olevan showmies ja jätkä täynnä dynamiittia. Hänellä oli vaatimaton pyörä, jonka perässä hän veti sekasotkuista peräkärryä, josta suurimman tilan vei hänen kitaransa. Komea mohikaanitukkainen paidaton nuorimies oli hoikka mutta jäntevän lihaksikas. Hän oli mitä ilmeisemmin rattoisan elämän seurauksena rapautunut ikäistään vanhemman näköiseksi, vaikka oli vasta 24-vuotias.

Ihastuin mieheen heti, hän oli kaikkea sitä, mille minä voisin olla kateellinen. Maximo oli pyörämatkannut kuukauden ajan kolumbialaisen miehen kanssa, mutta kun he olivat päässeet yhteiseen määränpäähän, oli tämä ystävä varastanut hänen laadukkaan polkupyöränsä ja jättänyt sen paikalle suuren terrierinsä. Siellä hän oli sitten jossakin keskellä syrjäistä Kolumbiaa terrierinsä kanssa, ja ilman polkupyörää. No, Maximo löysi koiralle lopulta hoitopaikan ja itselleen uuden polkupyörän, joten matka jatkui. Maximon nimi kertoi hänestä kaiken: hän oli räjähtävän avoin, maksimi-äijä vailla vertaa! Välillämme rokkasi heti ja vaikka jatkoimme ruokailun jälkeen matkaa neljän hengen porukassamme, kuljimme kahdessa ryhmässä, sillä olimme Maximon kanssa ranskalaisia kovin paljon vikkelämpiä ja meillä juttu luisti polkiessakin.

Pitkän ja katkonaisen päivän päätteeksi saimme telttapaikan neljälle teltallemme suuren perheen pihapiiristä. Itse pystytin teltan nopeasti ja vetäydyin syömisen jälkeen levolle. Ranskalaiset viihtyivät kahdestaan aluksi etäämmällä. Myöhemmin Maximo otti luonnolliseen tapaansa roolinsa puhetta pulppuavana esiintyjänä, jonka ympärille perhe kokoontui kuulemaan värikkäitä matkatarinoita.

Parinkymmenen päätiellä poljetun kilometrin jälkeen käännyimme Tatacoa-aavikolle johtavalle kapealle hiekkatielle. Aurinko oli jo korkealla, eikä tienvarressa ollut enää istutettua puuristöä antamassa varjoa. Olimme vain 400 metrin korkeudessa ja lämpötila oli yli 30 astetta. Eteneminen oli rikkonaista, koska jouduimme Maximon kanssa usein odottelemaan ranskalaisia, jotka olivat reitillä hankaluuksissa ja joutuivat korjailemaan pyöriään tai halusivat haukata välipalaa omaan tahtiinsa. Pysähdyimme kahdesti uimaan Magdalena-jokeen ja jälkimmäisessä paikassa otimme Maximon kanssa uintikisan leveän joen yli. Minä ajauduin lyhyemmän matkan alavirtaan ja olin siten voittaja. Kisan jälkeen kävelimme pitkälle yläjuoksun suuntaan ja pulahdimme uudestaan jokeen. Sieltä kelluimme virran mukana rennosti takaisin uimapaikalle ihastellen samalla kaikkialla ympärillämme kohoavia vihreitä vuoria. Uimisen jälkeen jatkoimme edelleen polkemista kahdessa ryhmässä, minä ja Maximo edellä, ja saavuimme pieneen kylään.

Ostin hurmaavan nuoren neidin kaupasta evästä ja sitten istahdin kuuman kylän raitille syömään. Olisipa ollut jäätelöä! Ihmettelin, kuinka täydellisesti paikka muistutti Etelä-Ugandassa läpi polkemaani aluetta. Näkymä oli minulle kuin *deja vu* kolmen vuoden takaa: samat tienvierustalla istuvat harvat miehet, varjoa antavat lehtipuut, paksuseinäiset savitalot, olutbaarista kuuluva musiikki, kylän hiekkainen aukio ja kuumudessa laiskasti tallustavat kotieläimet. Heräsin muistoni haaveista, kun eräs mies pysähtyi moottoripyörällä eteeni ja kauppasi kylmälaatikosta kaipaamaani jäätelöä. Mikä onnekas tilanne! Olin syönyt jäätelöitä jo kaksi, kun ranskalaiset vihdoin saapuivat paikalle. Benin kokemattomuus ja vauhdinpito olivat kuulemma kostautuneet ja hän oli väsähtänyt kuumuuteen.

Tie jatkoi kulkuaan röykyttävänä rouheutena. Piikkipuskien keskellä tie nousi ja laski pieninä mäkinä ylös ja alas. Saavuimme Maximon kanssa mäen harjalle ihastelemaan valtavan laajaa, kuivaa ja rikkonaista aavikkomaisemaa. Pysähdyimme odottamaan, mutta emme nähneet missään ranskalaisia ystäviämme. Ajattelimme heidän jo väsähtäneen ja kenties majoittuneen jonnekin tien varren taloon. Siten kadotimme ystävämme ja päätimme jatkaa matkaa kahdestaan vielä niin pitkään, että näkemämme suuret kaktukset eivät enää piirtyisi maisemaan.

Saavuimme Tatacoa-aavikon turistialueelle juuri ennen pimeää. Aavikko tarjosi meille huikean maiseman. Hiekka aaltoili pehmeästi ja eteni kierrellen punertavan kanjonin syleilyssä. Pystytimme leirimme kuivahtaneen puron varteen ja aamuauringolta suojaavien puiden alle. Illalla keräsimme puita, teimme leiritulen ja kokkasimme maukkaan aterian sekoittamalla kaikkea sitä mitä minä olin ostanut ruokakaupasta ja jota Maximolle oli annettu matkaevääksi niistä perheistä, joissa hän oli yöpynyt tai pysähtynyt juttelemaan. Hänellä oli peräkärryssään muun muassa kaksi kiloa sitruunoja ja kahdeksan kiloa mangoja! Laskeuduin lepäämään kuumaan aavikon yöhön Maximon soitellessa kitaraansa.

Vietimme seuraavan päivän pikkuruisella keskellä aavikkoa sijaitsevalla uima-altaalla, jossa oli ruuhkaista ja meluisaa. Minä rentouduin lepäämällä ja Maximo juomalla kaljaa. Uima-altaalta mukaamme liittyi neljä muutakin matkaajaa ja vietimme tulevan yön samassa paikassa kuivan puron varrella. Yöni oli rauhaton ja kävin kertaalleen oksentamassa. Aamulla olinkin sairas ja huonosti nukkunut. Paikoilleen ei kuitenkaan voinut jäädä. Päästäkseni kunnolla huilaamaan minun piti polkea aavikon kuumudesta seuraavaan kaupunkiin. En saanut aamulla syödyksi kuin muutaman rusinan ja oloni oli jo matkan alkaessa varsin kamala. Tien päällä Maximo kikatti sydämensä pohjasta, kun minä oksentelin maahan suoraan pyörän päältä ja naureskellen sanoin, ettei minulla ollut aikaa pysähdellä!

Nautimme tauosta Villa de Viejan pienessä ja hiljaisessa kylässä. Nettikahvilan nainen käynnisti meille, aamun ensimmäisille asiakkaille, tietokoneet. En ollut käynyt internetissä sitten Ibaguen. Tarkastin viestit ja selasin Facebookin ja kävin sitten pahoinvoivana pitkäkseni nettikahvilan pölyiselle lattialle. Olin elänyt muutenkin kolme päivää maanpinnalla, joten en tietystikään piitannut pienistä lisätuhruista. Maximo istui vierelleni ja aloitti omat hommansa tietokoneella. Mumisin hänelle sairaan miehen voimattomalla äänellä lattian tasosta: ”Heti ensimmäisenä kuvana Facebook-seinälläni oli Katheryn pussaamassa poikaystäväänsä Salenton turistikadulla. Juuri näinä päivinähän minun piti matkustaa hänen kanssaan!”

Maximo ymmärsi tilanteen ironisuuden heti, koska oli menneinä päivinä elänyt kanssani yksinkertaisen karua elämää ja nähnyt, kuinka olin oksennellut koko aamun ajan. Hän kuuli äänensävyssäni sen, miten minuakin hymyilytti, ja pian me molemmat nauroimme jälleen kerran niin että vatsanpohjistamme riipaisi.

Levättyäni hetken jatkoimme matkaa kuumalla, mäkisellä ja vastatuulisella taipaleella kohti Neivaa. Matkaa perille kaupunkiin oli enää 30 kilometriä, mutta pirulliselta seikalta sekin tuntui, kun sitä harhauduin ajattelemaan. Pysähdyimme jäähdyttelemään kirkasvetiseen jokeen, joka oli täynnä lomapäivänä uimaan saapuneita paikallisia. Söin kaksi jäätelöä ja ostin kaksi litraa limonadia. Ruokaa en saanut syötyä. Maximo osoitti hymyillen joenpenkalla grillattavien kyljysten suuntaan ja lupasi kyllä tarjota sellaisen, jos se vain maistuisi minulle. Hän sai haluamansa ilon, kun vatsani alkoi väristä pelkästä ajatuksesta. Sitten nauroimme taas yhteen ääneen.

Jatkoimme eteenpäin rennosti polkien. Pienillä ja tiheillä sokeriannoksilla ja runsaalla vedellä sain pidettyä vointini kohtuullisena. Jos olisin seurannut pihiä Maximoa majapaikan haussa, olisimme varmasti päätyneet johonkin paloaseman likaiseen ja meluisaan nurkkaan huilaamaan, mutta tiesin tarvitsevani nyt parasta mahdollista lepoa. Pysyin järkähtämättömänä sille seikalle, että ottaisimme ensimmäisen hyvän ja ilmastoidun hotellin ilman minkäänlaista sähläystä majoituksen haussa. Heti ensimmäisen tarkastamani hotellin upouusi huone oli juuri sellainen kuin kaipasin: hiljainen, steriili, kylmän valkoinen ja putipuhdas huone hyvällä ilmastoinnilla ja loistavalla sängyllä. Toki se oli olemukseltaan tylsä kuin mikä ja meille molemmille matkojemme tähän asti kallein majoitus 12 euron henkilöhinnalla, mutta olin silti suu maireana kun voin sairastaa puhtaassa viileydessä, eikä Maximollakaan ollut enää myöhemmin valittamista satelliittitelevision antiin uppoutuneena.

Kolmen päivän kuluttua voin jo paremmin ja jatkoimme kaupungista takaisin luonnonhelmaan. Yövyimme pienen kirkkaasti virtaavan joen varrella. Seuraavana aamuna ensimmäisen mäen päältä avautui vaikuttava näkymä vuorille ja alas Magdalena-joen laaksoon. Kolumbialaiset sanovat maataan kauniiden naisten tehtaaksi, mutta kyllä maa osaa aina vain yllättää myös luontonsa kauneudella. Olen lukenut Kolumbiassa olevan pinta-alaansa suhteutettuna monivivahteisin luonto kaikista maailman maista.

Minä ihastelin Maximon tapaa kulkea. Vaikka hänen ulkoinen huolettomuutensa oli päivien hiljaisina hetkinä myös murheiden sävyttämä, ei sydämeni voinut olla tuntematta lämpöä siitä valloittavasta tavasta, jolla hän otti matkansa tarjoamat kokemukset vastaan avosylin. Olemuksiemme erilaisuus ja yhteinen säveleemme saivat huumorin kukkimaan ja tapaamamme ihmisetkin vaikuttivat nauttivan seurastamme.

Kolumbia yllätti meidät jälleen kerran monipuolisuudellaan, kun saavuimme yhtenä iltapäivänä viininviljelyalueelle. Telttailimme yhden yön pienellä viinitilalla. Tilasta piti huolta vanha pariskunta, joka ei saanut kahvin halvan maailmanmarkkinahinnan johdosta riittävästi tuloja omalta pelloltaan. Sen takia heidän piti etsiä lisätöitä muiden maanomistajien tiloilta, ja niinpä he pussittivat rypälemehua pitkälle iltaan. Pihapiiri oli täynnä äänekkäitä kukkoja, kanoja ja koiria, joten jatkoimme aamulla matkaa sangen katkonaisen unen jälkeen. Saimme matkaevääksi kolme litraa tuoretta rypälemehua.

Etenimme isolla päätiellä Pitaliton kaupunkiin asti. Kehoni tyhjentäneestä ripulista huolimatta ajoin yllättävän sitkeästi. Olin kuitenkin erittäin tyytyväinen kun viimeiset 20 kilometriä tiestä olivat vihdoinkin tasaista maata.

Maximo oli hommannut minullekin majottumispaikan sohvasurffaaja Cesarin luota. Cesar se vasta oli levoton mies! Heti saavuttuamme perille hänen kotiinsa, väsyneinä pitkän päivän päätteksi, Cesar huudahti, että lähtisimme San Agustiniin. Makuupussit mukaan, lähdemme matkalle! Spontaani Maximo tietysti juoksi heti makuupussillensa, kun ymmärsi, että tarjolla olisi varmasti seikkailuja, alkoholia ja huumeita ja hyvällä tuurilla myös naisia. Minä sanoin jääväni hoitamaan vatsatautiani. Maximon into ja energia huvitti minua. Hän oli jo alkanut hyytyä ajopäivän päätteeksi ja sanonut olevansa rättiväsynyt, mutta herranjumala, oli hän totta tosiaan aikamoinen Maksimi-Äijä: siitä vain hän hyppäsi heti auton kyytiin ja lähti juhlimaan lepäämättä ja syömättä!

Seuraavan päivän iltana pojat tulivat kotiin rähjäisen ja apean oloisina. Tulevana aamuna heillä oli kuitenkin taas mielessään uudet seikkailut, tällä kertaa moottoripyörällä. Tiemme erosivat ja poljin itse 30 kilometrin päähän San Agustinin kauniiseen vuoristokylään. Minun oli aika hiljentyä sulattelemaan menneiden kuukausien kokemuksiani ja kirjoittaa niitä matkatarinan muotoon. Lisäksi minun piti huilata sairauteni vihdoin pois. Sairaalan laboratorio löysi syyn enemmän tai vähemmän jo kolme kuukautta jatkuneille, Los Nevadosin vuorella alkaneille vatsavaivoilleni. Vatsassani oli parasiitteja ja ameeba, joten olin lääkekuurin tarpeessa. Kolumbia näytti todella rakastavan minua, eikä tahtonut päästää minua syleilystään niin vain!

Muorin ja vaarin sydäntä lämmittävä kattaus

San Agustin – Lago Agrio - Quito

Viimeiseksi pyyhin aurinkolasieni linssit puhtaaksi. Nyt olin vatsastani terve ja valmis lähtemään. Olin jo rasvannut ketjut, pistänyt laukut paikoilleen, asetellut tavarat siten, että ne olivat järjestyksessä ja käden ulottuvilla, pessyt vaatteet ja ostanut laukkuun ruokaa. Olin flunssan, ripulin ja antibioottien heikentämä mutta sydämessäni tunsin vahvan keskittymisen ja tiesin, että jaksaisin ajaa pitkiä kilometrejä hieman huonokuntoisempanakin. Olisin nyt yksin, sillä Maximo oli jatkanut matkaansa jo viikkoa aiemmin.

Olin levännyt mäenrinteellä olevassa kotoisassa, ystävällisen perheen pitämässä hostellissa jo kaksi ja puoli viikkoa. Ilmeisesti hekin olivat tunteneet lämpöä niissä hiljaisissa hymyissä, joita olimme vaihtaneet keskellä arjen askareitamme, sillä he olivat ripustaneet pyörääni lahjaksi käsityön. Puusta ja narusta askarreltu mies antaisi minulle seuraa tien päällä.

Lähdin liikkeelle vasta kello yhden maissa iltapäivällä, mutta olin ennen pimeää ajanut jo melko pitkälle ja kohonnut niin korkealle, että aloin palella. Poljin valtavan ravintolan viereen ja pysähdyin katselemaan. Näin kuistilla muutaman teltan ja päätin kysyä, voisinko minäkin telttailla siellä. Tunnistin ihmisjoukosta helposti ravintolan omistajan, sillä suurikokoisen naisen olemus säkenöi vieraanvaraisuutta. Hän kysyi, kuinka voin ja haluaisinko kahvia vai mehua. Otin mehua ja sain luonnollisesti myös luvan pystyttää telttani alakerran mukavalle kaakelipintaiselle kuistille. Sieltä avautui näkymä alas ravintolan kalankasvattamolle ja ympäröiville vuorille.

Yön jälkeen join ravintolan pitäjäpariskunnan kanssa aamukahvit ja juttelimme arkisista asioista. Perheen mies sanoi heidän ravintolansa olevan aina kiireinen ja siten erinomainen bisnes. He paistoivat päivittäin niin paljon ruokaa nälkäisille, ettei heidän oma suurehko kalankasvattamonsa yksin pystynyt tuottamaan tarpeeksi kalaa ravintolaan. Syöjiä tosiaan riitti, ja salissa taisi olla lähemmäs kaksisataa tuolia. Ravintola voi siis hyvin, mutta rahaa toki menikin. Pariskunnan kolme lasta opiskelivat nimittäin kaikki Yhdysvalloissa kalliissa yliopistoissa, ja lukukausimaksut pitivät kuulemma rahahuolet vanhempien ajatuksissa joka päivä.

Aamukahvien jälkeen lähdin matkaan. Tulevan päivän ajo olisi erittäin mäkinen, mutta onneksi laskuvoittoinen, koska nyt laskisin vuorilta alas. Lasketeltuani pyörällä tuhannen metrin korkeuteen maisemat muuttuivat ja olin sademetsän ja vesiputousten sydämessä. Olin saapunut Amazonin altaan ja Andien vuoriston rajamaille.

Siellä etelässä, jo lähellä Ecuadorin rajaa, seutu oli silminnähden taloudellisesti köyhempää kuin muut tuntemani alueet Kolumbiassa. Ihmisiä istui toimettomana laudasta kyhättyjen yksinkertaisten talojen edustoilla ja pihat olivat täynnä kotieläimiä. Suuri osa ihmisistä oli syvän tummia, afrikkalaisperäisiä. Olin nyt sillä vaarallisella alueella, josta minua oli aiemmin varoitettu. Sissiryhmät ja huumeviljelijät pitivät joidenkin ihmisten mukaan alueella valtaa, mutta paikan päällä kukaan ei puhunut siitä mitään.

Sateen jälkeen päivä kuumeni hikiseksi ja pysähdyin tien varren pikkuruiselle kaupalle hörppäämään elektrolyyttijuomaa. Huomasin, että kaupan omistavalla perheellä oli suuri takapiha, ja koska iltapäivä oli jo pitkällä, päätin kysyä, voisinko telttailla paikassa yhden yön.

Pystytettyäni teltan sateensuojaan puisen mökin terassille, kävelin mutaista polkua pitkin pesulle. Suihku oli kapeassa, viidakkomaisen kasvillisuuden peittämässä rotkossa, jossa yhdestä putkesta lorisi vesi. Takaisin talolle palattuani kysyin perheen isältä, oliko heillä jokin toinenkin bisnes kuin tämä kauppa. ”Ei ole. Ei ole rahaa”, vastasi mies, joka oli myöhemmin selvästikin otettu siitä, kun ihastelin ja koetin hänen suurta hauistaan. Se oli kasvanut veden kantamisesta, sillä joka päivä käyttövesi piti hakea samasta vaikeasti käveltävästä rotkosta, jossa olin aiemmin käynyt suihkussa. Ujo ja hiljainen mies oli nyt 40-vuotias ja asunut tämän vuoroin mutaisen, vuoroin pölyisen tien varrella jo 25 vuotta. Vain 17-vuotiaana hän oli tullut isäksi ja nyt hänellä ja hänen vaimollaan oli lapsia jo neljä. Heistä nuorin oli 3-vuotias ja vanhin esikoinen oli ehtinyt 16 vuoden ikään. Kun kysyin pojalta, opiskeliko tämä, hän vastasi kieltävästi. Huoneeseen laskeutunut hiljaisuus viesti minulle tiedon siitä, ettei perheellä ollut siihen taloudellisesti varaa.

Aamulla jatkettuani matkaa kohti uutta maata perheen isä jäi istumaan verannalle. Siellä ikuisen kuumuuden keskellä ja ikivihreiden puiden vierellä hän odotti päivän harvoja asiakkaita, aivan kuten hän oli tehnyt jo vuosien ajan. Perheen poika puolestaan istui heti aamutuimaan katsomaan televisiota. Kenties sieltä nähdyt Amerikan ihmeet elivät haaveina pojan mielessä vielä pitkään television sammuttamisen jälkeenkin. Kontrasti rikkaan mediateollisuuden suoltaman aivopesun ja sademetsän ryteikköjen yksinkertaisuuden välillä oli valtava.

Illan suussa pitkän 110 kilometrisen ajopäivän päätteeksi saavuin ensimmäiseen Ecuadorin puoleiseen kaupunkiin. Ehdin hengähtämään vain tovin hotellihuoneessani, sillä minun piti kiiruhtaa rahanvaihtoon ja ruuanostoon. Trooppisten metsien läheisyydessä sijaitseva Lago Agrio oli karmivan harmaa keskikokoinen rajakaupunki, kauppapaikka, jonka ruutukaavamaisia katuja reunustivat tuhannet tavarantäyteiset liikkeet. Vaihdoin Kolumbian pesoni paikalliseksi valuutaksi, Amerikan dollareiksi ja ostin ruuat.

Jo aamulla tunsin tahmeutta olemuksessani. Niinpä ajattelin, että polkisin vain puolikkaan päivän suhteellisen tasaisella tiellä. Haaveilin riippumatosta vihreässä puutarhassa, mutta aavistelin sen jäävän vain toiveeksi. 54 kilometrin jälkeen saavuin Lumbaquin pikkuruiseen kylään. Yllätyksekseni näin kyltin, joka ohjasi paikkaan nimeltä Shamaanin hostelli. Suuntasin sinne ja hymyilin iloisesti tullessani vihreään puutarhaan. Toiveeni oli toteutunut: puumökkien kuisteilla riippui kutsuvan näköisiä riippumattoja!

Kun kysyin tietoa majoituksesta, ohjattiin minut puutarhan

perällä olevaan mökkiin, jossa voodoo-nuket, rummut, valokuvat ja käsityöt koristivat korkean huoneen tummia lautaseiniä. Huoneessa istui paikan pitäjä, shamaani, joka katseli televisiota. Hänen olemuksestaan huokui luotaantyöntävä, hänet muista ihmisistä aitaava mukavuudenhalu. Shamaani sanoi, ettei minun tarvitse pelätä ja pyysi istumaan. Harmaantunut mies oli niin lihava, ettei hän päässyt kulkemaan, vaan käskytti henkilökuntaansa erikoisleveään tuoliinsa vangittuna. Istuin alas. Hän kehui ensimmäiseksi, kuinka komea olen ja kysyi myöhemmin, olenko kiinnostunut miehistä.

Kuulemma sen vuoksi, että hän nautti minun katselemisesta, sain helposti läpi ehdottamani alennuksen huoneen kahden yön hinnasta. Kannoin laukut huoneeseeni. Avasin pimeän huoneen puisen ikkunaluukun ja näin suoraan toisesta ikkunasta sisään viereiseen mökkiin, jossa paikallisiin missikisoihin valmistautuvat tytöt vaihtoivat vaatteita. ”Ei perhana, nyt en kyllä mene mitään missejä vikittelemään”, ajattelin. Tirkistelin näkymiä hetken ajan ja löin sitten ikkunan kiinni. Onneksi tytöt huudettiin pian bussiin ja sain siten itse laskeutua päiväunille kiusauksilta rauhassa.

Ajatukseni kuitenkin vilisivät, joten en saanutkaan rauhallista lepoaikaa. Ajattelin kaikkia tulevia kilometrejä. Tästä eteenpäin edessäni olisi tuhansien kilometrien verran teitä, jotka kuuluivat maailman korkeimpien teiden joukkoon. En tiennyt, kestäisinkö niiden vaatimaa rasitusta. Tämä pohdinta ja yksinäisten kilometrien ajattelu veti minut hiljaiseksi ja vakavaksi. Tai kenties kaipasin vain Kolumbiaa, koska samalla mietin, milloin voisin taas palata tuohon ihastuttavaan maahan. Kuuntelin pedilläni näitä edestakaisin rullaavia ajatuksiani yömyöhään, mutta kokemuksesta tiesin, että huolet kyllä huolehtisivat itsestään. Niinpä soin huolille työrauhan: risteilkööt rauhassa mielessäni. Aamulla olin huonosti nukkunut mutta huolista vapaana valmis kohoamaan kohti seuraavia korkeuksia. Jäin kuitenkin odottamaan, että myös jalkoihini syttyisi valmius, polttava hinku kohti vuorinousua.

Jalkani roihahtivat intoon puolen päivän jälkeen ja voi kuinka kevyesti pyörä kulkikaan yhden lepopäivän jälkeen! Ajoin erityisen maltillisesti ylös sumuista vuorta, jota vihreä tihkusade hiveli ropinallaan. Ilokseni pääsin sadetta pakoon erään perheen pieneen majataloon.

Tulevana aamuna olin jo syönyt, pakannut, vaihtanut vaatteet ja valmiina lähtöön mutta palasin vielä takaisin kolmen paksun viltin alle lämmittelemään. Avasin silmäni ja vilkaisin ulos vesisateeseen, joka tuntui yltyneen. Koin paremmaksi painaa hetkeksi pään takaisin tyynyyn. Kuuntelin musiikkia puhelimeltani, ja vasten aamun hiljaista raukeutta kaikki laulut ja melodiat kuulostivat mitä kauneimmilta. Euforinen hyvän olon tunne levisi kehoni jokaiseen sopukkaan. Noin kymmenennen kappaleen ja muutaman hitaan ulos vilkaisun jälkeen siirsin peitot lopulta pois päältäni, haukottelin syvästi, pistin jääkylmät ja valmiiksi märät kengät jalkaan ja lähdin polkemaan viileään vesisateeseen.

Muutaman polkaisun otettuani vastaani käveli ryppyinen, kyttyräselkäinen ja hengästynyt nainen kahdella kävelykepillään itseään alamäen kaltevuuteen tukien. Pysähdyin katsomaan hänen vaivalloista kulkuaan ja sitten vilkaisin vuorten korkeuksiin. Ymmärsin, että tulisin tänäkin päivänä kohoamaan kymmenien kilometrien aikana tuhansia metrejä ylöspäin painavan pyöräni selässä. Vilkaisin jo takanani aamusumussa laahustavaan hahmoon ja ymmärsin, että minunkin nyt kevyesti polkevalle keholleni nämä massiiviset vuorinousut olisivat jonakin päivänä ylitsepääsemättömiä. Iloitsin siitä ihmeestä, että saatoin nyt nauttia tällaisesta ohitse lentävästä voimasta, kokea sen, että pystyin polkemaan ylös suuria vuoria omilla jaloillani vailla sen suurempia tuskia.

3000 metrin korkeudessa oli jo varsin kylmä. Poljin t-paitaisillani, mutta en huolinut lainkaan mahdollisesta vilusta, sillä tiesin Papallactan kylässä olevan kuumia lähteitä. Ajoin 33 kilometriä ylämäkeä. Otin huoneen vanhan pariskunnan majatalosta ja sitten suuntasin kuumille lähteille, pihinä miehenä tietysti halvimmille mahdollisille. Autoilla paikalle saapuneet ecuadorilaiset turistit olivat tyytyväisen oloisia noin 30 asteisissa lähteissä, mutta minä, kolme tuntia sateessa pyöräilleenä en niissä, arvatenkin kylän kylmimmissä kuumissa lähteissä, lämmennyt. Päätin pitää taas lepoa ja seuraavana päivänä nautin kalliimpien, mutta kuumempien lähteiden lihaksia palauttavasta hellyydestä.

Kuumien kylpyjen jälkeen majatalon muori kattoi minulle lounaan paikan kylmään ja kolkkoon ravintolaan. En tuntenut olevani oikeassa paikassa, joten kävelin takaisin keittiöön lautaset kädessäni ja kysyin, voisinko syödä muorin ja vaarin seurassa lämpöisessä huoneessa. Siitä lähtien pariskunta otti minut kuin omaksi pojakseen ja jatkossa minut kutsuttiin syömään aina yhdessä heidän kanssaan. Majataloon vieraaksi saapunut ukrainalaistyttö, jolle toimin espanjan kielen tulkkina vanhusten välillä, luuli, että olen ollut paikassa jo pitkään, kun vanhukset näyttivät niin rakastavan minua. Olin kuitenkin ollut heidän luonaan vasta yhden päivän ajan, mutta totesin tytölle, ettei rakkaudellamme ollut rajoja.

Seuraavaksi matkani jatkui kohti Ecuadorin pääkaupunkia Quitoa. Quiton esikaupunkialueet olivat kuin kopioita Yhdysvalloista: katuja reunustivat amerikkalaiset pikaruokalat ja liikekeskukset olivat samoja. Ainoastaan rakennetun ympäristön linjoista ja olemuksesta uupui, jollakin sanoinkuvaamattomalla, häviävän pienellä eroavaisuudella, länsimainen steriili selkeälinjaisuus. Poljin vuorta pitkin ylös Quitoa kohti suuntaavassa sankassa liikenteessä. Betoniaidat muodostivat karun rännin liikenteen sekamelskalle. Viimeinen koettelemukseni oli parin kilometrin mittainen ylämäkeen kulkeva tunneli. Melu oli korvia huumaava ja poljin kahden kaistan välissä kulkevalla turva-alueella. Tunnelin saasteista putkahdin lopulta mitä kauneimpaan kaupunkiin. Olin saapunut Quitoon, maailman ensimmäiseen Unescon maailmanperintökohteeseen. Kaupunkia ympäröivät massiiviset tulivuoret – toiset hiljaisuudessaan jo suojelevia, toiset unessaan yhä kyteviä.

Olin siis vihdoin saavuttanut reittini määränpään. Ihmeellisesti koko 600 kilometrisen matkan vahvin ajopäivä oli ollut tämä viimeinen! Olin hyvissä voimissani ja tunnelin jälkeen jatkoin matkaa pyörätiellä, joka kulki vihreiden puistojen läpi siistissä kaupunkiympäristössä. Puikkelehdin vanhojen värikkäiden kivitalojen labyrintissä ja ohitin niin monta kaunista kirkkoa, että jos olisin ollut seurakuntaani etsimässä, olisin tullut valinnanvaikeudessani yhtä hulluksi kuin lukiessani Andien vuoriston maantiekarttoja.

Löysin Quiton historiallisesta kaupunginosasta taiteellisen kauniin putiikkihostellin ja teltalleni paikan sen puutarhasta. Siellä minulla oli ystävinäni kaksi kania. Reitin määränpäähän saapuminen ja hostelli tarjosivat kaivattua pidempää hengähdystaukoa. Oli jälleen aika pysähtyä, levätä ja kirjoitella matkakertomusta talteen.

Hulivilipoikien huulenheittoa

Quito – Banos de Agua Santa – Riobamba – Alausi - Cuenca

Annoin viiden päivän ajan kehoni levätä ja vanhojen rasitusten kadota. Sitten naksautin kenkäni lukkopolkimiin ja jatkoin taas matkaa kohti uutta arvaamatonta. Tällä kertaa en kuitenkaan matkannut yksin. Matkakumppanini oli juuri kaupunkiin saapunut ranskalainen Ben, sama mies, jonka olin Maximon kanssa kadottanut 900 kilometriä aiemmin Tatacoa-aavikolle.

Poljimme kohti etelää Quiton vilkkaalla päätiellä, joka halkaisi kaupungin kahtia. Kun pysähdyimme kymmenen kilometrin päässä syömään, olimme vielä vilkkaalla laitakaupunkialueella. Istuin ravintolan tuolilla odottamassa tilamaani annosta (riisiä, papuja ja salaattia) vain kahden metrin päässä nelikaistaisesta autotiestä. Päivittelin, kuinka ravintolan työntekijät viettivät suurimman osan elämästään kovassa melussa, pakokaasussa, pölyssä ja kaikkialle tunkeutuvassa betonisessa harmaudessa.

Kun kaupunkialue lopulta päättyi ja tie kasvoi leveäksi turva-alueeksi, vaikutti eteneminenkin rauhoittuvan. Meillä ei enää ollut tarvetta jatkuvaan kuoppien ja liikenteen tarkkailuun, mutkitteluun ja pään kääntelyyn. Huipulta laskimme alas tiellä, joka saattoi olla elämäni nopein lasku. Kuinkas muutenkaan, sitten lähdimmekin taas kohoamaan seuraavan vuoritien huipulle. 3500 metrin korkeudessa olimme aivan aktiivisen tulivuoren, Cotopaxin, vieressä. Tulivuori oli miltei kuusi kilometriä korkea! En kuitenkaan hahmottanut vuorta koko komeudessaan, koska näkemäni harvat ääriviivat olivat lumen peittämiä ja peittyivät ylhäällä vielä vaaleiden pilvien sotkuun. Pysähdyimme kahville sateisen solan huipulle ja iloitsimme kahvilan kaasukeittimen pienoisesta lämmittävästä ja kuivattavasta vaikutuksesta. Puimme sadetakkiemme alle kaksi kerrosta lämpimiä vaatteita ja lähdimme seuraavaan laskuun. Kovassa vauhdissa vinkkasin Benille, että tien vieressä olisi täydellinen metsä telttailuun. Meiltä kuitenkin puuttui leiriytymiseen tarvittavat ruoka ja vesi. Niinpä pelkällä katseella viestimme yhteisymmärrystä siitä, että ajaisimme mieluummin seuraavan hotellin kuumalle suihkulle saakka. Pienestä kylästä löysimmekin viihtyisän, Cotopaxille kiipeävistä turisteista huolta pitävän hostellin, jonka kuuma suihku oli tähänastisen Etelä-Amerikan matkani lämpimin ja tehokkain. Pian suonissamme virtasi taas lämmön ihana kutkutus.

Aamulla matkamme jatkui yllättäen tasaisella tiellä! Massiivisen leveän moottoritien varrella ei juuri ollut ihmisiä. Vuoretkin levittäytyivät niin kaukana horisontissa, ettei silmä saanut niihin läheisyyttä. Tietyömiehet olivat räjäyttäneet tien edeltä pienimmätkin mäet tasaiseksi ja saatoin pyörittää kampiani samalla vaihteella pitkiä toveja. Nautin etenemisen yksinkertaisuudesta: tällä sumuisella ja karulla moottoritiellä ainoastaan pyöräily kaipasi huomiotani.

Matkasimme kohti reittimme seuraavaa etappia, Banosia. Saavutimme nopeasti kohdan, josta aiemmin kartasta löytämäni pieni tie kääntyisi vasemmalle. Ehdotin Benille, että kääntyisimme tälle pienelle tielle kohti seikkailua. Ben vilkaisi leveää moottoritietä allaan ja sanoi sen olevan nopeampi tie. Pidin kuitenkin pääni ja niin valitsimme arvaamattoman tien.

Vain kilometrin päässä olimme jo hiljaisessa jokikanjonissa. Sieltä tie lähti jyrkkään nousuun. Ajoin ihmeellisen kevyesti. Monesti katsoin mittaristani tien kaltevuutta, enkä ollut uskoa rinteen olevan kahdeksan prosenttia jyrkkä. Poljin pehmeästi korkeuksiin tiellä, jossa luonto oli taas välittömässä läheisyydessä. Ylängöllä kuoppainen ja hidas tie mutkitteli kylästä kylään. Peltojen reunoilla olevat ihmiset olivat hiljaisia, eikä juuri kukaan heistä tervehtinyt minua, ellen itse heilauttanut kämmentäni ensin.

Pysähdyimme haukkamaan pikkupurtavaa kaupan edustalle ja yhtä ihmistä lukuun ottamatta kukaan ei ottanut meihin kontaktia. Tämä meille puhunut hymyilevä rouva ilahtui tavattomasti siitä, että kehuin hänen kultaisia hampaitaan kultaisen kauniiksi! Koulubussi pysähtyi eteemme, mutta yksikään kymmenistä lapsista ei tervehtinyt meitä. Omiin tervehdyksiini vastattiin varovaisesti miettien. Jaoimme Benin kanssa muistojamme siitä, kuinka eri tavalla ulospäin suuntautuvat kolumbialaiset olivat lähestyneet meitä. Benin mielestä kolumbialaiset olivat olleet luonteeltaan mukavampia kuin ecuadorilaiset. Minusta oli puolestaan ollut mukava huomata sekä kolumbialaisten ihmisten iloinen avoimuus että tämän kylän ecuadorilaisten hillitty hiljaisuus.

Etenimme verkkaisesti, sillä matkaamme hidastivat autot, jotka matelivat kapeilla kujilla. Katselin kiinnostuneena kaikkea näkemääni. Pienet kyttyräselkäiset, violettiin viittaan, siniseen hameeseen ja pyöreään lierihattuun pukeutuneet ryppyiset vanhat intiaaninaiset kantoivat selässään suuria kasoja tuoretta heinää. Vaalimainosauto kulki edessämme pitkään ja huusi kaikkia äänestämään ehdokasnumeroa 35, joka valituksi tullessaan kuulemma parantaisi alueen kaikkien ihmisten elämän. Suuresta betonisesta hallista kantautui klassisen orkesterin soittoa. Pääkadun varrella oli suuri määrä pieniä työnnettäviä kojuravintoloita ja koirat etsiskelivät ruuantähteitä niiden liepeiltä.

Saavuttuamme talojen välistä ulos avaralle maaseudulle, näimme kaukana horisontissa Tungurahua-tulivuoren kartiomaisen korkeuden. Tulivuori oli purkautunut vain kolme viikkoa aiemmin, eikä sen lumirajan yläpuolelle ulottuvalla huipulla siten ollut nyt valkoista lumipeitettä. Poljimme viimeiset kilometrit Banosiin alamäessä ja niin kovassa vastatuulessa, että vaikka poljin normaalia matkatahtia jyrkässä alamäessä, vauhtini oli vain 15 km/h! Perillä Ben kiitteli pienen tien monipuolista antia. Lepäsimme suurten vuorten, jokien ja kuumien lähteiden ympäröimässä turistikylässä kaksi päivää.

Matkamme jatkui. Eräässä tulivuorentuhkan peittämässä ylämäessä ajatukseni täytti huoli siitä, kuinka selviäisimme ylös rinteen tarjoamasta haasteesta. Rinne oli jopa 14 prosenttia jyrkkä ja Ben vasta ensimmäisellä pyörämatkallaan. Silloin tällöin pysähdellen hän kuitenkin kipusi sitkeästi ylös rinnettä, ja pian tiesin, että selviäisimme tästäkin mäestä. Ihmettelin Benin lahjakkuutta ja sitkeyttä polkea.

Tie oli kauttaaltaan tuhkasta tummanharmaa ja sen molemmilla puolilla oli laavavirran kaivamia uomia kalliossa. Ne olivat paikoin rotkomaisen jyrkkiä ja syviä. Ostimme mandariineja maanviljelijäperheen kojulta ja saimme pitkästä aikaa osaksemme innokkaita ja uteliaita kysymyksiä, jotka kirvoittivat meidät kauniisti soljuvaan kommunikointiin. Keskustelumme tuli siihen päätelmään, että arviomme mukaan suomalainen maataloustyöntekijä tienasi noin kymmenkertaisesti ecuadorilaiseen kollegaansa verrattuna. Ben arveli palkkaeron Ranskaan verrattuna olevan samaa luokkaa. Hän oli itsekin työskennellyt maataloustyöntekijänä, puhdistanut ja huoltanut siiloja. Jutustelukumppanimme vaikuttivat palkkatiedoista kateellisilta, mutta kun kerroin Suomen kalliista elinkustannuksista ja kehuin Ecuadorin ylivertaisen hedelmällistä maata, vaikutti heidän kateutensa laantuvan.

Etenimme kohti korkeuksia hiljaisessa, kapeassa ja jyrkässä jokilaaksossa. Tuhkaista maanpintaa värittivät vihreät pensaat ja tupsukkaat korkeat heinäkasvit. Pysähdyimme lounastauolle autiolle talolle, jonka pölymaalla söimme eväämme. Kun tutkimme taloa tarkemmin, ymmärsimme asukkaiden ottaneen äkkilähdön tulivuorenpurkauksen tieltä muutamaa viikkoa aiemmin. He olivat pakanneet kaiken irti lähtevän mukaansa. Nyt keittiön kirkkaita kaakeleita peitti tuhkan pölyinen kalseus.

Kun pääsimme laakson toiselle laidalle, astahdimme sisään Penipe-nimisen kylän baariin. Vanha mies töksäytti meille tylysti: ”Mitä se on mitä te haluatte?” Ben sai mieheltä haluamansa kolajuoman. Istahdimme kylän raitille. Vilkuilimme ympärillä olevaa hiljaisuutta ja muutamia ohitse kulkevia ihmisiä. Kysyin Beniltä pilke silmäkulmassa: ”Aioitko asettua tähän kylään, etsiä vaimon ja perustaa perheen?” Ben naurahti ja vastasi kieltävästi monta kertaa. Tuo vastaus oli kaikua sille tyhjentävälle hiljaisuudelle, joka tulisi vanhusten kuollessa ja nuorten pois muuttaessa kylässä yhä vain syvenemään.

Penipessä ei ollut mitään väliä, millä kaistalla polkee, mihin suuntaan yhdensuuntaisella kadulla kulkee tai kumman käden suuntaan liikenneympyrässä pyörii. Kylä oli hiljainen ja miltei autio. Ainoana ihmisenä kaupungin aukiolla, pankin portaiden alimmalla rapulla istui erittäin vanha ja ahavoitunut, pikkuruinen intiaaninainen. Hän istui kyyryssä kuin pikkutyttö, kaksin käsin jäätelöä pidellen ja sitä huolellisesti nuollen. Vilkutin ja hymyilin hänelle ohi poljettuani. Nainen laski hieman jäätelöään ja näin hänen loistavat, kuin nuoruuden iloa täynnä olevat silmänsä. Hän hymyili minulle viekasta lapsenomaista hymyä, jossa ei ollut tietoakaan muistojen painolastista.

Tie jatkoi jälleen kulkuaan kilometrien mittaisena ylämäkenä. Sen huipulle päästyämme olimme kiivenneet aamusta alkaen jo 1600 metriä. Ben ilahtui kuultuaan tämän lukeman, sillä hän ymmärsi, ettei hänen väsymyksensä ollut siten sattumaa tai heikkoutta. Hän ei ollut koskaan aiemmin kohonnut pyörällä yhtä suurta metrimäärää saman päivän aikana. Vietimme yön Riobambassa, ja koska Ben ei halunnut perustaa perhettä sielläkään, johdatin hänet pois kaupungin harmaudesta jo seuraavana aamuna ja niin kovalla vauhdilla, että hän jäi vuorinousussa jonnekin kauas taakseni. Jäin odottamaan ystävääni paikkaan, josta meidän tuli kääntyä toiselle tielle.

Odottaessani juttelin hetkisen bussia vartovan vanhan

intiaaninaisen kanssa. Hän ei voinut ymmärtää, että olin polkenut niin kaukaa kuin Riobambasta ja menossa niin pitkälle kuin seuraavaan kylään asti! Hän neuvoi minua ottamaan bussin. Pyysin saada ottaa hänestä valokuvan, mutta hän alkoi kysyä, mihin minä käyttäisin sitä ja lisäsi, että saisin siitä kuitenkin rahaa kotimaassani. "Kuinka hienoa se olisikaan, että saisin rahaa valokuvasta. Eikö vain rouva!" vastasin naiselle. Hän ei pehmentävistä puheistani huolimatta antanut minun ottaa valokuvaa, joten hän ei tainnut olla raha-asioista kanssani samaa mieltä ja taisi ajatella, että se mitä minä saisin, olisi häneltä pois. Istuin rouvan vierelle syömään ja jatkoimme jutustelua. Kun bussi saapui, hän matkasi läheiseen kylään äänestämään. Oli vaalipäivä.

Poljimme monta kilometriä kylmälle vuorenhuipulle asti. Huipulta laskimme vauhdikkaasti kylään, jonka kaduilla istuskeli satoja maaseudulta äänestämään tulleita ihmisiä. Lähes kaikki naiset olivat pukeutuneet perinteiseen juhlalliseen tapaan ja aistimme, että olimme intiaanien sydänmailla. Söimme vaatimattoman riisistä ja kanasta koostuneen lounaan yksinkertaisessa ravintolassa, jota valtava hella lämmitti. Lounas ei maksanut puljussa kuin puolitoista dollaria, mutta vuoden vilkkaimpana päivänäkin oli vain muutama ihminen raaskinut astua ravintolaan syömään.

Myöhemmin saavuimme 3300 metrissä sijaitsevan pienen kylän sumuiselle raitille hämärän laskeutumisen aikaan. Myös tämän kylän kadut olivat täynnä vuoriston karaisemia ihmisiä. Hekin odottivat vaalipäivän äänestyksen tuloksia. Myöhemmin illalla kuulin majapaikkaani iloisia huutoja ja kiljahduksia niiltä äänestäjiltä, joiden oma suosikki oli tullut valituksi. Aamulla kylä oli vaalihumun jäljiltä taas hiljainen ja yksikään ravintola ei ollut auki. Ben joutui jatkamaan matkaansa tyhjällä vatsalla, mutta itse olin onnekseni syönyt ison aamupuuron. Tien päällä minä energisempänä asettauduin pyöräilemään edessä ja toimimaan tuulen halkojana.

Olimme syöneet jo kaikki evääni mutta polkeneet vasta vajaat 30 kilometriä, kun luimme karttaa ja mietimme, minne saakka sinä päivänä olisi viisainta polkea. Kun päätimme laskea syömään alas Alausin kaupunkiin, ymmärsi Ben karttaa lukiessaan, että sieltä pääsisi suoraan alamäkeä pitkin kohti rannikkoa, jonne hän olikin aikonut polkea. Itse olin sitä mieltä, että tässä kohtaa olisi joka tapauksessa hyvä ottaa helpompi päivä ja miettiä rauhassa, mitä tehdä huomenna. Ehdotin, että jäisimme yöksi Alausiin.

Päivä oli lyhyen ajon jälkeen tietysti vielä varhaisessa, kun saavuimme Alausin värikkäiden talojen kylään. Istahdimme kahvilaan mietiskelemään jatkoa. Lukaisin edessäni olevaa sanomalehteä ja vilautin Benille kuvia sanomalehden päivän tytöstä. Ben naurahti sille, että ecuadorilaisessa lehdessä oli kolumbialaistyttö. Emme ihmetelleet sitä lainkaan ja olimme yhtä mieltä siitä, että Kolumbiassa tytöt käänsivät päämme useammin. Jatkoimme kiireetöntä jutustelua ja katuelämän seuraamista.

Seuraavana aamuna olimme molemmat apeita, koska reittimme vei nyt eri suuntiin. Jatkoimme polkemista yksinäisinä miehinä: Ben lähti samasta risteyksestä alamäkeen ja minä ylämäkeen. Ajoin lyhyen 30 kilometrisen päivän mutta nousin taas 900 metriä. Toisaalta, kun lähtee polkemaan maailman toiseksi korkeimman vuoriston teitä, ei voi olettaa lyhyenkään päivän olevan täydellisen kevyt!

Seuraavana päivänä poljin pitkän rupeaman, josta suurin osa

kului vuorinousussa ja näkyvyyden täysin peittäneessä sumussa. Olin kuullut alueen maisemien olevan kauniita, mutta sumun takia näin ainoastaan tien varren ruoholle asti. Vaikka useimpina hetkinä ei satanut, ilma oli niin kosteaa, että ihoni oli märkä vaatteidenkin alla. Pisarat valuivat poskillani kuin hiki ja ne painoivat silmäripsiäni alaspäin. Sormieni päät olivat ryppyiset ja valkoiset. Ilmassa leijui pienen pieniä pisaran alkuja, jotka eivät olleet vielä kasvaneet putoaviksi, mutta jotka saatoin silti huomata kasvoillani. Missä lie pisaroissa huomioni oli silloinkin, kun pyöräni lähti yhtäkkiä alta ja mäjähdin alamäessä asvalttiin. Pyörän päältä en ollut vielä nähnyt, mutta tie olikin usvan kosteuden ja maantieöljyn liukastama. Desinfioin haavat ja jatkoin matkaa. Ainut ihmiskontaktini tällä matkalla oli se, kun tervehdin eteeni pysähtyneestä bussista ulos astuneita, pian jo sumuun kadonneita muutamia ihmisiä.

Pitkän, 1800 nousumetrin keholleni antaman paineen, kostean kylmyyden ja kaatumisen antaman selkäsaunan jäljiltä vointini oli heikko. Illalla olin varsin tyytyväinen siitä, että Cuencaan oli enää vain yhden ajopäivän matka. Lisäksi Ecuadorissa alkanut polvikipu oireili jälleen. Jätin kivun vuoksi polkematta aikomani vaativimmat polut. Samasta vaivasta aikoinaan Afrikassa kärsineenä tiesin, että minun piti nyt pysähtyä parantelemaan polvia Cuencaan.

Yksi yksinäisyyden kyynel

Cuenca – Saraguro - Perun raja

Cuencan lävitse virtaava joki kohisi edessäni. Istuin joelle johtavilla rappusilla, jotka olivat leveät ja grafiittimaalausten värittämien seinien reunustamat, ja katselin kuohujen leikkiä. Katuvalojen lämmin keltaisuus loi levollisuutta kylmään ja kosteaan iltaan. Mustat vuoret piirtyivät lähes yhtä tummaa taivasta vasten. Seurailin tarkasti ohitseni kulkevia kaupunkilaisia.

Jossakin joen toisella puolella kaupungin uudessa osassa olevassa korttelissa oli baari, johon vieressäni istunut Isak olisi halunnut kävellä. Olin tavannut hänet aiemmin päivällä kaupungin keskusaukiolla. Isak oli ruotsalainen, vaalea ja pitkä kuin viikinki, ja oli Cuencassa vaihdossa opiskelemassa espanjaa. Kun hän esitti tarjouksensa siitä, että kävisimme oluella, sanoin, että istutaan vielä portailla hetki ja katsellaan, mitä ympärillämme tapahtuu. Olisin mielelläni istunut pidemmänkin aikaa tarkkailemassa, mutta huomasin, ettei parikymppinen ystäväni tuntenut paikassa samaa hiljaista kauneutta kuin minä. Aistin hänen pyörivästä olemuksestaan, että paikallaan istuminenkin oli hänelle vierasta. Myönnyin kuitenkin Isakin ehdotukseen kävelystä, mutta sanoin, etten haluaisi kävellä tulehtuneiden polvieni kanssa kaukaiseen baariin vaan mieluummin etsisin kupillisen teetä jostakin läheltä.

Talot olivat siirtomaa-aikaisia koristeellisia kivitaloja. Kävelytyämme hetken niiden vierellä kohtasimme baarien ja ravintoloiden runsaudenpulassa valinnanvaikeuden. Etsinnän tuiskeessa Isak kysyi yhtäkkiä: ”Haluatko löytää tytön Cuencasta?”

”En ole huomannut sellaista halua, mutta mistäpä sitä tietää, mitä tulee tapahtumaan”, vastasin. ”Entäs sinä Isak, haluatko löytää tytön täältä?” kysyin puolestani häneltä.

”Kyllä”, hän vastasi lyhyesti. Ihmettelin hänen vastaustaan: ”Mutta olet kaupungissa enää vain viikon!”

”Niin, vain viikoksi”, Isak vastasi, mutta valitteli heti perään, ettei naisen löytäminen Cuencassa ollut helppoa.

Tartuin Isakin mielipiteeseen naisen löytämisen vaikeudesta. ”Miten niin ei ole helppoa? Ethän tarvitse muuta kuin palavan halun löytää nainen ja se siitä. Sinulla näyttää olevan nyt pää täynnä ajatuksia siitä, kuinka vaikeaa se on ja kuinka se ei ole mahdollista täällä konservatiivisessa Ecuadorissa. Et taidakaan haluta vierellesi naista, vaan rakastat enemmän tarinaasi naisen löytämisen vaikeudesta. Huomaatko, että maailma tukee ajatuksiasi ja näyttäytyy sellaisena, jollaisena haluat sen nähdä. Kun sinulla on vahva ja selkeä toive löytää nainen, vailla selityksiä kuinka vaikeaa tai helppoa se on, sinä nostat epäröimättä perseesi penkistä ja kohtaat kyllä naisesi.”

”Ai niinkö, ajatteletko tosiaan noin?” kysyi hämmästynyt poika.

”Juuri niin, koko maailma kyllä auttaa toiveesi toteutumista, jos toiveesi vain on puhdas ja vahva. Voit tehdä tässä maailmassa aivan mitä haluat. Tyytyväiseksi halujesi toteutuminen ei sinua tosin tee, siitä voit olla aivan varma. Mutta kun halujen tarjoilema draama ravistelee sinua riittävästi, alat ehkä tarkastelemaan sen olemusta ja tunnustelemaan sitä olemisen muuttumatonta taustaa, jonka pinnalla draaman leikki tapahtuu”, vastasin hänelle lopuksi.

Kävelin takaisin hostellilleni. Ymmärsin Isakin kokemaa yksinäisyyttä ja hänen toiveeseensa löytää vierelleen kumppani oli helppo yhtyä. Olin aiemmin päivällä tuntenut rauhattomuutta ja yksinäisyyden poltetta. En ollut koskaan aiemmilla matkoillani kokenut yksinäisyyden tunnetta samoin ja yhtä voimakkaana. Polvieni takia en voinut Cuencassa liikkua turhanpäiten kiertelemässä ja sen lisäksi kaikki puolituttujen ihmisten kutsut majoittautua ja nähdä olivat kariutuneet. Siihen mennessä olin viettänyt päivät yksin juhlapyhien hiljentämässä kaupungissa. Kaiken lisäksi yksinäisyyteni polttelua oli lisännyt Katheryn, joka oli alkanut lähettää minulle suloisia viestejä siitä, miten hän haluaisi nähdä minut, halailla jälleen kanssani, nauraa taas yhdessä ja nukkua samassa petissä.

Koin yksinäisyyden rauhattomuuden, huomasin mieleni tarraavan menneeseen ja tunsin halun olla ihmisten seurassa. Minulla ei ollut kuitenkaan minkäänlaista tarvetta täyttää tuota halua tai päästä eroon yksinäisyyden tunteesta. Tuolla halulla ei ollut voimaa kuljettaa tätä vartaloa löytöretkille. Itkin tuntemuksen takana sille kauneudelle, että saatoin vain katsella ohitse liitävää yksinäisyyden tunnetta niin kuin se oli. Tuossa surun takana olevassa näkemisessä oli kyyneleitä liikuttava ilo siitä riippumattomuudesta, ettei kuvailemallani ilolla ole lainkaan vaatimuksia sen suhteen, mitä se pinnallaan kokee.

Eräs suuri amerikkalainen lehti valitsi joitakin vuosia sitten Cuencan maailman parhaaksi paikaksi vetäytyä eläkkeelle ulkomailla. Ymmärrän tämän valinnan varsin hyvin: Kehoni voi mainiosti Cuencan 20 asteen mukavassa lämmössä. Liikenne virtasi rauhallisesti vierelläni ja tietä reunustivat modernit liikkeet, sairaalat ja ravintolat. Historiallinen kaupunkikeskusta oli kaunis ja upeasti säilynyt. Lisäksi vesijohtovettä kuulin kehuttavan Etelä-Amerikan puhtaimmaksi. Poljin pois Cuencasta jokivarren valtavassa puistossa kulkevaa hiekkatietä pitkin.

Cuencasta eteenpäin tasaisen maaston tarjoamaa mukavaa etenemisvauhtia kesti 20 kilometrin verran. Sen jälkeen sain taas nousta ylös 3500 metriin. Poljin havupuiden reunustamalla hiljaisella tiellä pitkään, kunnes päätin, että tienvarressa näkyvä mukavanoloinen mökki tulisi olemaan yhden yön ajan minun. Ikkunattoman mökin lattia oli sotkuinen, joten pystytin sisälle vielä telttani antamaan lisäsuojaa kosteaa viileyttä vastaan. Sen jälkeen istahdin verannalle syömään. Hetken kuluttua paikalle osui mökin virallinen omistaja, joka oli työntouhussaan ihan mielissään siitä, että olin päättänyt majoittautua sateensuojaan hänen mökkiinsä. Kun hän jatkoi matkaansa lähellä sijaitsevaan kotiinsa, minä pakenin kylmyyttä telttaan. Olin yksin hiirenhiljaisessa ympäristössä. Katsellessani kuistini edessä avautuvaa metsämaisemaa, joka vietti ensin vienosti alas ja alkoi horisontissa jälleen kumpuilla ylös, saatoin hymyillä muistikuvalleni yksinäisyyden kokemisesta.

Seuraavana aamuna tie valahti valtavaan rotkomaiseen laaksoon, jonka pohjalla kasvillisuus oli aavikkomaisen kuivaa. Ajoin vahvasti, mutta polviani säästellen Saraguroon asti. Tähänkin vain 60 kilometrin mittaiseen päivään mahtui 1500 nousumetriä ja vaikka polkiessa polviani ei kivistellyt, ilmoittivat ne heikkouksistaan heti päivän päätteeksi. Istuin kirkon edustalle odottamaan Adria, jonka luota olin saanut sohvasurffarina nukkumapaikan. Kun näin hänen valoisan ja ulospäin suuntautuvan olemuksensa ensi kertaa, arvelin jo, ettei hän voi olla kotoisin Sargurosta. Selvisikin, että Adri oli kotoisin Kolumbiasta. Hän oli erittäin vieraanvarainen ja hänen maaseututalossaan majoittui lisäkseni muutama muukin. Kansainvälinen vieraspoppoo, erittäin halpa ja ravitseva ruoka ja urheilukeskuksen sauna tarjosivat levolle oivalliset puitteet. Kiitos polvilleni, saatoin viettää rauhallisen elämänmenon Saragurossa pidemmänkin tovin.

Lähes 70 prosenttia pienen kaupungin asukkaista oli pitkää ponihäntätukkaa kantavia saraguroja. Kaupungilla ja väestöllä oli pitkä historia, sillä Saraguron alkuperäisasukkaat ovat yksi Ecuadorin parhaiten perinteensä säilyttänyt intiaanikansa.

Ystävystyin kaupungissa muutaman opettajan kanssa ja he kutsuivat minut muutamana päivänä vierailemaan koulussaan. He opettivat 3–5-vuotiaita lapsia. Minusta ei tosin ollut mallikelpoiseksi vierailevaksi opettajaksi, sillä osoittautui, että osasin vain leikkiä ja painia lasten kanssa.

Viimeisenä vierailupäivänäni koulussa opin jälleen kerran sen, etteivät Saragurossa aikataulut paina päälle. Opettaja oli edeltävänä päivänä muistuttanut oppilaita lähestyvistä Pawkar Raymi -festivaaleista, joissa juhlittiin perinteisin menoin kukkien ja hedelmien kylvön alkua. Hän oli tiukasti painottanut, että kaikkien oli saavuttava kouluun täsmälleen kello yhdeksän ja juhlapaikalle lähdettäisiin puoli kymmeneltä. Itse valuin paikalle juuri ennen puoli kymmentä, jolloin koulun pihalla leikki vasta muutamia juhlavaatteisiin pukeutuneita naperoita.

Myöskään opettajaa ei vielä näkynyt ja hänkin tuli paikalle vasta paljon puoli kymmenen jälkeen. Ainoastaan koulun saksalainen vapaaehtoistyöntekijä, 19-vuotias Julio, huomasi, että opettaja oli reilusti myöhässä itse antamastaan aikataulusta. Myöhästyminen tuntui olevan yleistä, ja esimerkiksi luokkansa presidentiksi valittu Santiago, joka asui ihan koulun vieressä, saapui paikalle vasta kymmenen jälkeen! Santiago oli vahva, villi ja hieman tuhma, maallisissa asioissa lahjakas poika. Hän kasvaisi melkoiseksi sotapäälliköksi. Julion mukaan Santiago ei tullut koskaan aiemminkaan ajoissa kouluun, vaikka asui vain 20 metrin päässä luokkahuoneesta! Sinä päivänä Santiago oli pukeutunut juhla-asuun. Hänellä oli päällä valkoinen kauluspaita, musta suurihihainen pusero, housut ja iso villasta tehty lierihattu. Joskus paljon myöhemmin joukkiomme pääsi liikkeelle kohti juhlapaikkaa.

Olin itsekin unohtanut illuusion ajasta jo kauan sitten. En ensin tiennyt, mikä päivä oli käynnissä, mutta sain lasketuksi, että olin ollut Saragurossa jo lähes kaksi viikkoa. Tunsin polvieni olevan täysin oireettomat sillä samalla hetkellä kun huomasin, ettei Adrin talossa olisi enää lisääntyneen vierasmäärän johdosta tilaa minulle.

Viimeisinä päivinäni Ecuadorissa alkoi sadekausi vuodattaa kyyneliään. Tien varrella lotisi vesiputouksia ja poimin kypsiä guavoja suoraan puiden alta. Silloin tällöin saavuin pyörälläni pieniin kyliin. Tie oli paikoin niin tahmea, että irrotin mudasta tukkeutuneet lokarit, jotta renkailla olisi tilaa pyöriä ja jouduin tuon tuosta puhdistamaan vaihteistoa puroissa. Mäet olivat raatelevan jyrkkiä ja ne kulkivat trooppisen kasvillisuuden peittämillä vuorten seinämillä.

Säästääkseni polviani kävelin osan matkaa, kun nousu jyrkentyi yli 13 prosenttiseksi. Niissä paikoissa pääsin jalan lähes samaa vauhtia kuin polkemalla. Ecuadorin viimeinen mäki oli vielä jyrkempi, jopa 18-22 prosenttinen, mutta sen huipulta edessäni oli vain alamäkeä Peruun asti. Hiljaiset ecuadorilaiset eivät olleet kunnostautuneet vieraiden ihmisten sisään kutsumisessa, mutta viimeinen tien varrella tapaamani mies huusi minut yllätyksekseni pysähtymään kuistilleen. Hän tarjosi minulle raikkaita hedelmiä ja lähdin Ecuadorista suu makeasta maireana.

Raja-asemalla Balsassa en nähnyt kuin yhden miehen istumassa matkalaukkunsa vieressä. Maahanmuuttotoimistossa ei ollut paikalla ketään. Kysyin viereisen toimiston mieheltä, missä virkailijat mahtavat olla, ja hän käski minun kävellä katua pitkin kahden talon päähän ravintolaan, jossa he olivat kuulemma pelaamassa korttia. Keskeytin tervehdykselläni nuorten poliisimiesten kortinpeluun, ja toinen heistä käveli toimistolle tietokoneensa taakse kirjaamaan minut ulos Ecuadorista.

Maita rajasi joen ylitse kulkeva silta. Kun saavuin Perun puolella olevan immigraation ovelle, oli sekin lukittu. Lähellä seisoskellut nainen kertoi, ettei toimisto näytä olevan auki, ja osoitti sormellaan punapeltisen katon suuntaan. Hän käski minun käydä koputtamassa virkailijan kotiovea. Koputtelin ensin virheellisesti alakerran ovea, mutta toinen vanha muori kävi avukseni ilmoittamassa toimiston naiselle maahan pyrkivästä muukalaisesta. Myöhemmin toimistossa päiväuniltaan herännyt ja arkivaatteissaan yhä haukotteleva nainen kysyi minulta, kuinka kauan aikoisin olla maassa. Vastasin kuusi kuukautta, johon hän ihmetteli, miksi niin pitkään. Kerroin kulkevani maan halki pieniä vuoriteitä pitkin ja että matkantekoni olisi siten hidasta. Sen sanottuani sydämeni hypähti jännityksestä, aavistellessani ettei edessäni, uuden maan raja-asemalla, ole kenties koskaan aiemmin avautunut yhtä vaativaa vuorihaastetta.

Tyttöseuraa tien päällä ja hirviöitä

San Ignacio – Leymebamba – Cajamarca – Cajabamba - Huaraz

Heräsin sikeästi nukutun yön jälkeen teltassani, jonka olin pystyttänyt raja-aseman hotellin kattoterassille. Kävelin terassin kaiteelle ja näin, miten aamuaurinko säkenöi Ecuadorin puoleisten kukkuloiden huipulla. Takanani maailma näyttäytyi erilaisena kauneutena: suuri ruma hotelli oli trooppisessa maisemassa kuin mangopuussa killuva kattila. Se oli tyhjine ravintoloineen, ränsistyneine pelihalleineen, pienine tunkkaisine huoneineen ja pimeine käytävineen yhtä käytännöllinen kuin renkaaton auto. Alakerran halleissa omistajaperhe pyöritti myös sekatavarakauppaa. Paikasta huokui karu totuus: se, miten suurten unelmien henki lopulta kuihtui typerään ahneuteen.

Peru on tunnettu vanhoista raunioistaan. Erityisesti inkojen hyvin säilyneet temppelit vetävät maahan suuria joukkoja turisteja. Temppeleitä olisi minunkin matkan varrella, mutta nyt minua innostivat suuremmin Andien vuoriston pienet tiet, jotka saivat minut odottavalle tuulelle, jopa hieman levottomaksi. Oli vaikea kuvitella toista maata, joka pystyisi tarjoamaan yhtä monimuotoisen ympäristön vuoriseikkailujen löytämiseen. Minua odottivat uudet mäet, jotka johtaisivat viidakoista jopa jäätiköille asti – niin monipuolinen maa Peru oli.

Poljin läheiseen San Ignacion kaupunkiin uudella ja leveällä tiellä. Paikka oli syrjäinen ja nopeasti rakennettu pikkukaupunki, jonka tiilisten talojen seinissä ei ollut maalia. Jatkettuani matkaa katselin mäeltä taakseni jäänyttä kaupunkia. Kaukaa se näytti siltä kuin metsään hakatulle tyhjälle aukiolle olisi kasattu tiilikuutioita ruosteisten kattojen alle.

Opin nopeasti perulaisten olevan herkästi hymyilevää ja tervehtivää kansaa. Laskettuani loivia mäkiä jokilaaksoon tie tasoittui täysin ja poljin iltaan asti taidokkaasti muovailtujen riisiviljelmien vierellä. Sain majapaikan hiljaisen huoltoaseman harmaalta terassilta. Aamulla sieltä avautui silmiä hivelevä trooppinen maaseutumaisema, jota majesteettiset kookospalmut kaunistivat.

Elämä maistui nyt kevyeltä, jokainen solu kehossani tuntui vahvalta ja levänneeltä. Vieressäni kohosivat jyrkät kalliot, joiden alla oli vaarana tulla putoavan kiven murskaamaksi. Kapean kanjonin tulviva joenuoma ja tie kättelivät toisiaan monessa kohdassa. Korppikotkat söivät tien varrella kuollutta koiraa. Haukat liitelivät kanjonin nosteissa ja joki kiemurteli tummien vuorten salaisuuden taa. Availin vuorten kätkettyjä kuvia etenemällä puhtaasti pyörivillä jaloillani, ympäristön hiljaisuuden ja ajatuksen keveyden taustalla ollen ja katsellen.

Alkoi sataa. Siitä huolimatta eräs pikkupoika – jonka nimen olen jo unohtanut – rupesi polkemaan vierelläni. Perulaiseksi varsin vaalea, siististi pukeutunut, tukkansa kammannut ja ymmärrettävän rauhallisesti espanjaa puhuva 11-vuotias polki pyöräänsä erittäin kauniisti. Hänestä tihkui lahjakkuus, ei paitsi polkea pyörää, mutta myös priimusoppilasmainen älyllinen lahjakkuus. Kerroin hänelle matkoistani, ja kaikki kysymykset, mitä hän niistä minulta kysyi, olivat tavattoman oivaltavia. Huomasin, kuinka hän osasi eläytyä asemaani ja kuvitella tarkasti, millaista matkamiehen elämä tien päällä on.

Hän kertoi tekevänsä kovasti töitä pitääkseen polkupyöränsä hyvässä kunnossa. Renkaat hän sanoi vaihtavansa kuukausittain. Pojalle kelpasi kuulemma mikä vain tarjolla olevista töistä, mutta useimmiten hän kävi hakkaamassa peltoja valtaavia pusikoita maan tasalle. Hän vastasi myöntävästi, kun kyselin, maistuiko hänelle työn lisäksi koulunkäynti. Kuten olin aavistellut, hän kertoi olevansa mallikas oppilas ja luokkansa presidentti. Äitinsä talon kohdalla poika vilkutti minulle jäähyväiset. Hän ei kuitenkaan malttanut pysyä pitkään kotinsa pihalla, vaan polki minut kohta kiinni kovalla vauhdilla – siitäkin huolimatta, että satoi vettä ja hän varmasti tiesi, ettei äiti olisi hyvillään lokasuojattoman pyörän kuraamista vaatteista. Hänen fillarinsa pienet pyörät jättivät jälkeensä korkean vesisuihkun. Jutustelimme ja ajoimme vielä hetken yhdessä. Juuri ennen kuin poika kääntyi takaisin kotiinsa, huomasin, ettei hänellä ollut jarruja pyörässään. Annoin hänelle riittävästi rahaa laittaa ne kuntoon, vaikka poika sanoi pärjäävänsä ilman jarrujakin.

Sateen tauottua palelin, sillä olin kohonnut riisipelloista jo lähelle kosteaa kahden tonnin korkeutta. Auringon painuttua vuoren taa laskeskelin, että olin kolmena päivänä peräkkäin polkenut jokaisena tasan 90 kilometriä. Nostin tavarani suuren kiviaidan yli ja talutin pyörän metsän halki virtaavan joen läheisyyteen. Sen viereiselle nurmelle pystytin leirini.

Minussa on kaiketi ripaus kuuhulluutta, sillä kovin usein yöni on ollut katkonainen ja olen nukkunut pinnallisesti silloin, kun kuu on näyttäytynyt yötaivaalla täytenä. Aamulla tuntui, etten ollut nukkunut lainkaan, mutta en saattanut sanoa valvoneenikaan. Kuu loisti edelleen, kun aloin purkaa leiriäni: aurinko ei ollut vielä noussut tarpeeksi häivyttääkseen sen loistetta. Oloni oli kovin raukea ja päivä lähti käyntiin kuin hidastetussa filmissä. Haukotukset venyttivät poskiani. Kapeassa kanjonissa oli vain joitakin omavaraisia pienten viljelysten ympäröimiä taloja, jotka kuuluivat keskelle luonnonrauhaa asettautuneille perheille. Istahdin hiekkarannalle joen rantaan. Tunsin oloni nuutuneeksi ja vaisuksi. Heinä huojui rauhallisesti vienossa tuulessa. Edeltävien viikkojen puhumisen, tekemisen, rikkaan kokemisen ja soluissa painavan rasituksen keskellä kaikki siinä hetkessä havaittava vaikutti olevan täydellisesti paikallaan. Pillahdin joenpenkalla tunteikkaaseen itkuun. Huilasin hetken ja jatkoin sitten hitaan makeaa kulkua kohti korkeuksia.

Sain poljetuksi Leymebambaan asti. Vanhan kylän katuja reunustivat valkoiseksi maalatut kaksikerroksiset savitalot. Niillä oli harjakatto ja ulkonevat puiset parvekkeet. Kylän kaduilla ei ollut juuri lainkaan liikennettä ja ihmisiä, ja niinpä kaikki taiteellisesti maalatut moottoripyöräriksat odottivat tyhjinä mahdollisia asiakkaita. Jylhä kivikirkko hallitsi pääaukiota. Sen kulmassa vanhat intiaaninaiset kauppasivat leivoksiaan ja omien puutarhojensa tuoreita antimia. Ostin yhdeltä naiselta pussillisen kasviksia ja hedelmiä ja loput ruoat hain vieressä olevasta pienestä ja sekavasta kaupasta. Päätin kylän olevan niin söpö, että lepäisin siellä kaksi päivää.

Olin lepopäivien jälkeen varma, että polveni olivat taas tarpeeksi vahvat ja minun olisi viisasta parantaa kuntoani sellaiselle tasolle, että pääsisin ylös edessä olevia massiivisia vuoria. Järjestin syömiset laukkuihini niin, ettei minun tarvitsisi pysähtyä matkalla vaan pystyisin syömään pyöränselässä. Tiet kiipesivät pitkin vuorta kaartavina neulansilmämutkina. Nousu oli silti tasaista, keskimäärin viiden prosentin luokkaa, ja kohosin vaivattomasti kohti korkeuksia. Polkimeni pyörivät yli sata kierrosta minuutissa. Huomasin helppouden pehmeästi pyörivissä jaloissani, vedin happea ohuesta ilmasta kuin pölynimuri ja oikaisin jyrkimmätkin neulansilmät muutamalla polkaisulla suoraan sisäkurvista. Pysähdyin vain kerran pyytääkseni vettä vuorenrinteellä mekkoa kutovalta naiselta. Istahdin alas vaihtaakseni hänen kanssaan muutaman sanan ja opin, että erittäin vahvaksi ja tiheäksi kudottavan mekon valmistamiseen kuluisi kokonainen kuukausi. Sanoin naiselle, että kuukaudessa olisin polkenut jo todella kauas.

Lähestyin huippua. Siellä, vuoren auringonpuoleisilla rinteillä kasvit olivat kääntäneet kukkansa kohti valoa ja kellersivät värikkäästi. Kaikki muu oli jäkälän, sammaleen ja heinän peittämää haaleaa tundramaata. Kurkkasin maavallien muodostaman kapean rännin yli ja hiljensin yhä hyvävoimaista vauhtiani, jotta voisin istahtaa ihastelemaan huipun antia hapottomin jaloin.

Puin päälleni kaksi alusvaatekerrosta ja tuulivaatteet. Jos pilvet olisivat pysyneet pidempiä toveja poissa auringonsäteiden edestä, olisin saattanut ihailla huipun maisemia pidempäänkin, mutta hyytävän tuulen kylmyys sai minut nopeasti laskemaan alas 3600 metristä. 60 kilometrin mittaisen alamäen kymmenien neulansilmien välissäkin tie teki mutkiaan kuin etenevä käärme. Laskin vauhdilla, ja kun myöhemmin pysähdyin ottamaan valokuvaa kielekkeeltä, päässäni kiemurteli yhä ja pyörän renkaat olivat kuumenneet mustalla asvaltilla kurvailusta!

Olin yhä tuulivaatteissa, kun aloin tuntea kuuman ilman puskevan ylöspäin aavikkoisesta laaksosta. Nähdessäni jokivarren vihreän kaistaleen, joka kiemurteli kuivien vuorten välissä, oli jo niin kuuma, ettei edes alamäen vauhti pystynyt viilentämään läkähdyttävää tuskaisuutta. Join kuumassa alamäessä paljon enemmän kuin aiemmin päivällä ylämäessä kovasti rehkien. Saavuin Balsas-nimiseen kylään, jossa 35 asteinen ilma oli hidastuttanut päivän kulun ja ihmiset. Kyläläiset hakkasivat kookospähkinöiden kuoria polttopuuksi ja myivät madon syömiä mangoja varjoa antavien katosten alla. Astahdin erään mutkattoman ystävällisen perheen ravintolaan. Söin kaksi lounasta, join kookoksia, otin suihkun, torkahdin lattialle ja höpöttelin kadun varrella ihmisten kanssa. Auringon laskeuduttua vuorten taa polkaisin yöpuulle joenvarren hiekkasärkälle. Sadekauden lopulla ei enää olisi vaaraa joen virtauksen yöllisestä paisumisesta. Joen läheisyydessä ilma viileni tähtitaivaan kirkkaudessa lopulta niin, että sain nukutuksi. Paikka oli hiljainen paratiisi. Vain puusta telttani päälle yöllä tippuneet kypsät mangot saivat minut havahtumaan.

Heräsin ennen auringonnousua ja sain aamupäivän viileydessä

ajettua pitkään ennen kuin aloin tyhjentää juomapullojani. Kaktukset koristivat tienvartta. Tänään pyörittelin polkimia pehmeän rauhallisesti. Saavuin Celendinin kaupunkiin, jonka harmailla laitamilla näin yllätyksekseni suklaapuodin. Ostin sieltä neljä isoa suklaakonvehtia, minkä jälkeen majoittauduin ajan patinoimaan hostelliin. Omien keitoksieni jälkeen söin ostamani suklaat. Ne sulivat suuhun ja antoivat kaikille aisteille ihanan sujahduksen. Konvehdit tarjosivat niin huikean makuelämyksen, että ajattelin polkea takaisin suklaapuotiin hakemaan lisää. Piiskaava rankkasade sai kuitenkin tukahdutettua haluni. Sen sijaan jäin kaupungin aukiolle kuuntelemaan ja katselemaan pääsiäisjuhlaa: pääsiäiskulkue eteni riemuisasti aukion läpi, pappi paasasi saarnaansa sotaisin äänensävyin ja hieman illemmalla alkanut rokkikonsertti särähti ilmoille meluisasti.

Aamulla livahdin ostoksille samaiseen suklaapuotiin. Jatkettuani matkaa pyörä kulki hienosti ja ajamisen ilo oli sellainen, että oikein nautiskelin vauhdikkaasta polkemisesta. Tie oli uusi ja leveä ja paikka siten oikein sopiva yksinäiseen suorittamiseen. Kaukana alhaalla näin kaksi pyöräilevää tyttöä. Olin tavannut heidät lyhyesti jo kahdesti aiemmin Perussa, he olivat englantilainen Cherry ja belgialainen JoJo. Nyt laskettelin heidät kiinni ja hölskyttelin happoja jaloista pois hieman löyhemmässä vauhdissa. Cajamarcan kaupungissa meitä odotti majapaikka saman sohvasurffaaja-isännän Herbertin hoivissa.

Kävelin pitkin kaupungin kapeita katuja. Paikka humisi historiaa: Cajamarcassa Atahualpa, viimeinen inka, aikoinaan kukistettiin ja teloitettiin. Ohitin erilaisia kirkkoja: barokkilaisia, goottilaisia ja renessanssityylisiä, jotka kaikki olivat valloittajien rakennuttamia. Liikenteen melu kimpoili siirtomaa-aikaisten rakennusten seinistä, enkä löytänyt mukavan hiljaista kahvilaa, johon istahtaa. Maanteillä riehuminen oli taas ollut kohtalokasta herkälle keholleni ja tunsin olemuksessani matkan syvimmän väsymyksen. Olin nukkunut yöni arkkitehtitoimiston lattialla, jossa Herbertin muut vieraat käyskentelivät omia aikojaan ja jossa liikenne jyrähteli suoraan katutasossa olevan oven edessä. Ihmiset ympärilläni touhusivat vilkkaasti kuin muurahaiset, mutta itse olin rauhallisesti etenevän aamun tarpeessa!

En saanut kaupungissa oikein mistään kiinni parin päivän vierailuni aikana. En saanut levättyä, en asetettua askeleen kulkua sopivaksi, en ajatuksiani lentoon. Kaupungilla näin kyllä elämän vilkkauden: Haistoin katuravintoloiden tuoksut, huomasin kauppiaan korkean ja värikkään kenkävuoren asvaltilla ja kuulin CD-levymyyjän mainoskappaleiden soinnun. Silti kaikki näyttäytyi minulle raskaalta tuntuvana häiriönä, jonka lävitse vain kävelin.

Kaupungin yleisen saunan lauteilla kehoni lysähti raskaasti alaspäin, mutta ei vajonnut löylyjen lämmössäkään kaipaamaani rentouteen. Lauteille painuneena naureskelin sille, kuinka lukemattomat ihmiset ovat sanoneet minun olevan onnekas, kun voin aina vain lomailla: niin kuin minä matkaamalla olisin muka päässyt käsiksi jatkuvaan kehitykseen, riippumattomaan vapauteen ja ikuisen orgasmin tunteeseen. Tuossa samassa naurussa oli tietoisuus siitä, etten kuitenkaan halunnut mitään muuta kuin juuri tämän kokemani rauhattomuuden ja luihin asti tunkevan väsymyksen. Väsymys tuntui painostavan raskaalta, mutta sen kuuntelemisessa ja täydellisessä ymmärtämisessä oli rikkomaton hiljaisuus.

Kaupungilla kävellessäni tunsin, että minun oli lähdettävä

jatkamaan matkaani. En tulisi vieläkään matkaamaan yhdessä Cherryn ja JoJon kanssa jokivarren tasaisemmalla päätiellä tai odottaisi suuren kaupungin melskeessä, että jalkani olisivat täysin palautuneet. Olin menneinä viikkoina valmistautunut polkemaan isoja ajoja pienillä teillä. Sitä menisin nyt tekemään. Kun huomioni oli siirtynyt takaisin uusiin reitteihin, satuin löytämään Cass Gilbertin nettisivulta mitä mielenkiintoisimman reitin eteenpäin. Illalla en voinut olla heittämättä tytöille vitsejä siitä, että olin matkalla Jeesukseen. Uusi reittini nimittäin johtaisi Jeesus-nimiseen kylään!

Nukuin kuin tukki ja aamulla sanoin tytöille, että minun olisi nyt lähdettävä tai en koskaan lakkaisi puhumasta Jeesuksesta. He olivat samaa mieltä ja niin lähdin matkaan. Sovimme kuitenkin, että kohtaisimme mahdollisesti Cajabamban kylässä muutaman päivän kuluttua. Saavuin nopeasti Jeesuksen vaitonaiseen, mutta viihtyisän maanläheiseen kyläpahaseen ja alkumatkan edetessä sieltä kohti korkeuksia, kuivat alarinteet muuttuivat hiljalleen vihreiksi niityiksi. Vaihdoin katseita keskellä tietä tai ojissa ruokailevien vapaiden lampaiden ja lehmien kanssa. Hevonen ruokaili liekaan kiinni köytettynä keskellä peltoa. Pian äänetön kuivuus vaihtui purojen solinaan. Niiden vesi oli suonut puille ravintoa ja puut olivatkin kasvaneet korkeiksi komistuksiksi. Pitkän aution taipaleen jälkeen myös ihmisasutusta alkoi tulla vastaan.

Koulun pihalta kantautui leikin riemu ja eräästä talosta, johon oli kokoontunut joukko ihmisiä, kuului laadukkaiden stereoiden puhdasääninen vuoristokansojen musiikki. Siat röhnöttivät talojen pihoilla. Pysähdyin perunoita markkinoille kuljettamassa olevan pullean miehen viereen. Hän odotteli kyytiään ja oli pukeutunut paksuun ponchoon ja leveälieriseen hattuun. Olin hieman eksynyt, ja mies neuvoi minut ystävällisesti oikealle tielle antaen tarkat ohjeet tulevan taipaleen kaikista risteyksistä. Hän sanoi, että vuorenhuipulle olisi valtavan pitkä matka ja kutsui aluetta pelokkaan kunnioittavaan sävyyn hiljaisuudeksi, *"El Silencio"*.

Poljettuani ylös päivän kaikkein kivisintä rinnettä sumu peitteli näkyvistä viimeisenkin elämänmerkin, rinteiden kevyen ruohopeitteen. 4000 metrissä ei vesi enää virrannut ja jouduin ottamaan leiriveteni seisovasta lammikosta. Auringonlaskun aikaan näin tien läheisyydessä pienen savitalon. Kaukaisuudessa tummat pilvet levittäytyivät jo taivaalle ja niinpä, mökin lattian epämukavasta möykkyisyydestä huolimatta, päätin majoittautua sateensuojaan. Mökin seinustaa vasten nojatessani koin sen kuuluisan hiljaisuuden, josta tapaamani mies oli puhunut. En kuullut liikennettä, en tuulenvirettä, en veden solinaa, en sirkkojen sirinää. Istahdin ja kuuntelin ympäristön ainoaa pientä ääntä: vaatteiden hentoa rapinaa samalla kun rintakehäni nousi ja laski hengitykseni tahdissa.

Nousin ylös mökin lattialta varsin myöhään. Keitin aamupuuroni silmät ristissä ja sain lähdetyksi kymmenen aikoihin tietäen, etten välttämättä ehtisi Cajabambaan suunnitellusti ennen pimeän tuloa. Sinne aioin kuitenkin polkea. Satoi vettä ja lämpötila oli 13 astetta. Saavuin Cajabamban kaupungin aukiolle pitkin kapeita katuja, joita himmeät valolyhdyt reunustivat. Jäin kaupunkiin kahdeksi päiväksi odottamaan Jojoa ja Cherryä. Olin siihen asti matkallani viettänyt suurimman osan pyöräilyajastani yksin, vaikka pyöräilykumppaneitakin oli toki ollut, kuten Maximo ja Ben. Minulle ei kuitenkaan aiemmin ollut avautunut kunnon mahdollisuutta polkea näiden pyöräilevien tyttöjen kanssa, koska olin aina valinnut nopeamman tahdin ja tuntemattomammat tiet. Cajabambassa kova kuoreni alkoi vihdoin murentua. Kohdattuamme jälleen kerran jatkoimmekin matkaa eteenpäin kolmistaan. Minun elämänrytmissäni ei ole virallisia vuosilomia, mutta tyttöjen vauhdissa tunsin sentään lepääväni. Ajoimme kahdessa päivässä verkkaiseen tahtiin yhteensä 60 kilometriä ja sen myötä sain hyvin lepuutettua väsymyksen painamia jalkojani.

Ensimmäisen yhteisen yön pyöräkolmikkona nukuimme erään pikkukylän koulussa. Aamulla avasin koulun portin ja tein pienen jekun sen takana odottaville koululaisille. Esitin heille olevani heidän uusi opettajansa. Hiljaisten lasten suut olivat ihmeestä ammollaan, ja kun katsoin heitä silmiin tai puhuttelin lähemmin, he ottivat askeleita taaksepäin. Sanoin, että tänään oli heidän onnenpäivänsä, nimittäin he saisivat itse päättää, mitä haluavat opiskella. Eräs poika sanoi haluavansa opiskella englantia. Sanoin kuitenkin pian lapsille ainoastaan hupsutelleeni, mutta jatkoin vielä hieman vitsailua. Pilke silmäkulmassa sanoin heille, että heidän onnenpäivänsä tarkoitti oikeasti sitä, ettei koulua olisi sinä päivänä lainkaan ja että he voisivat nyt palata kotiin. Hop hop, menkääs nyt! Lapset eivät olleet kuitenkaan yhtä hölmöjä kuin minä ja ymmärsivät minun jekuttaneen heitä. Niinpä lähtiessämme Cherryn ja JoJon kanssa matkaan olivat he yhä portin takana odottamassa oikean opettajan saapumista. Aamu oli harmaa ja kostea, mutta vitsailu lasten kanssa oli sentään piristänyt sitä.

Seuraavassa etapissamme Huamachucossa Cherry ja JoJo tahtoivat käydä joillakin muinaisilla raunioilla ja päätimme jäädä kaupunkiin, vaikka oli vielä aamupäivä. Tytöt matkasivat hyvin pienellä budjetilla, ja niinpä he kysyivät majapaikkaa ensin kaupungintalolta ja sitten kirkosta. Kirkon kautta saimmekin käyttöömme kalustamattoman mutta mukavan talon. Ihastelin tyttöjen tapaa heittäytyä ihmisten armoille ja iloitsin siitä, että he löysivät minullekin hyviä majapaikkoja ilmaiseksi.

Äimistelin tyttöjen tarmokkuutta. He kävivät raunioilla ja tultuaan takaisin taloomme oli heillä paljon kerrottavaa itse nähtävyydestä ja tapaamistaan uusista ystävistä. Itse en ollut torilla käyntiä lukuun ottamatta käynyt vielä missään vaan olin vasta ehtinyt tunnustella, josko iltapäiväksi nousisi mieleen jotakin kirjoitettavaa.

Cherry ja Jojo olivat loputtoman tarmokkaita myös muussa tekemisessään. Kaksikko tosissaan halusi imeä itseensä kaikki eteen tulevat mielenkiintoiset kokemukset. He pyöräilivät siinä missä minäkin, mutta kirjoittivat blogipäivityksiä paljon useammin, valokuvasivat tuon tuosta ja kiersivät pysähdyspaikoissamme monet nähtävyydet ja museot. He ystävystyivät helposti ja kävivät illanvietoissa uusien tuttaviensa kanssa. Olipa JoJo ehtinyt printata postikorttejakin saapumispäivämme aikana! Ihastelin ja ihmettelin heidän toimeliaisuuttaan. ”Olen tottunut työssäni tekemään montaa asiaa kerralla ja minulla on tarve tehdä asiat nopeasti. Ellen tee jotakin koko ajan, alan ajatella negatiivisia asioita”, JoJo selitti minulle.

Tulevana aamuna tie nousi kevyen tasaisesti hiljaisen maaseudun vehreydessä. Ajoimme suurten kultakaivosten ohitse. Niiden läheisyydessä olevissa puroissa virtasi tumma, saasteinen ja mineraalien katkuinen vesi. Kun tie jyrkkeni ja kivet kasvoivat, saapuivat jalkani vihdoin sinne missä ne ovat vahvimmillaan. Tie nousi päivän aikana 4050 metriin, korkeammalle kuin tytöt olivat koskaan pyöräilleet. Hämärän vaiheilla saavuimme hylätyn koulun pihalle, jonka kapean katoksen alle pystytimme leirimme. Ilta oli kaunis ja laskeutuva aurinko värjäsi sateenkaaren taivaalta putoileviin pieniin vesipisaroihin. Yläpuolellani saatoin vielä nähdä loisteliaan tähtitaivaan, mutta laakson suunnalta majapaikkaamme lähestyi jo raskas peittävä pilvimassa. Cherry kokkasi meille tapansa mukaan illallista, jonka jälkeen painuimme kylmässä yössä pian makuupusseihimme.

Laskimme taas valtavan kanjonin pohjalle ja joelta alkoi välittömästi uusi vuorinousu. Kun tytöt alkoivat työntää pyöriään heti nousun jyrkässä alussa, päätin polkaista vaihteeksi omaa vauhtiani. Kymmenen kilometrin päästä pysähdyin jalkapallokentän laidalle, jossa kunnan työntekijät, eli kaksi hevosta, lammas ja sika, leikkasivat nurmea seuraavaa pallopeliä varten. Olin jo syönyt ja huilannut hyvin, kun Cherry ja JoJo saapuivat paikalle. Seuraavassa kylässä poljimme kahden polttopuita kantavan vanhan naisen ohitse ja pyysin lupaa valokuvata heidän notkoselkäistä uurastustaan. Autoin hymyilevää Mariaa kantamalla polttopuut perille hänen kotiinsa asti. Kysyin, oliko hänellä aviomiestä. Hän vastasi olleensa aina sinkku, johon JoJo vinkkasi, että niin on Jukkakin! Iskin ehdottelevasti silmää tälle ehkä 80-vuotiaalle, pikkuruiselle naiselle, joka ratkiriemukkaan naurun säestyksellä sanoi: ”On jo liian myöhäistä!”

Saimme jälleen lepopaikan koulusta, tällä kertaa Mollepatan koulun luokkahuoneesta. JoJo ponkaisi heti pelaamaan paikallisten kanssa lentopalloa. Pelin jälkeen kysyin häneltä, mitkä olivat parhaimpia asioita hänen elämässään. ”Hyvät kaverit ja heidän kanssa vietetyt villit juhlat, olut, maukas ruoka, tanssiminen ja hyvän elokuvan katsominen… ja tietysti matkailu”, hän vastasi. JoJo oli matkannut Peruun Vancouverista asti, eikä ollut koskaan aiemmin matkustanut polkupyörällä. Hän oli kasvanut matkaajana valtavasti, mutta olin aistivani, että hän kaipasi kotipuolestaan tuttuja asioita ja elämän helppoutta. Tien päälläkin JoJo halusi usein matkata helpointa mahdollista reittiä. Hän saattoi olla yhtenä hetkenä täysin ympäristön ja ihmisten lumoissa ja ilonsa kukkuloilla, mutta pian hänen olemustaan painoi taas kiukuttelevan surullinen kaipuu kotiin, jolloin häneen oli vaikea saada yhteyttä. Ajattelin, että ehkä hänen matkansa oli vain tulossa pian päätökseen.

Los Angelesista matkaan lähtenyt Cherry oli puolestaan aivan eriluonteinen kuin JoJo. Hänen silmänsä syttyivät innostuksesta, jos puhuin syrjäisistä reiteistä, joita olin etsinyt karttojen ja satelliittien avulla. Hän imi minulta oppia siitä, miten pitää pyörä kevyenä ja huollettuna ja kyseli minulta fiksumpia tapoja syödä ja juoda tien päällä. Cherry oli myös fyysisesti vahva, sillä hän oli aiemmin tehnyt muutamia pyörämatkoja Euroopassa ja juossut maratonin. Hän selvästi janosi uusia, vaativampia haasteita.

Tummanpuhuvat vuoret kohosivat majesteettisesti rotkon toisella puolella. Jossain alapuolellani hiekkaisella tiellä kulkevat tytöt piirtyivät maisemaan mitättömän pieninä pisteinä, kuin niityllä ahertavina muurahaisina. Olin vaikuttunut siitä, että tytöt tulisivat vielä samana päivänä ylittämään hämmästyttävän jyhkeät vuoret. Vielä edellisiltana JoJoa oli pelottanut rotkon toisella puolella näkyvät neulansilmämutkat. Pelko oli kuitenkin tainnut ladata häneen voimaa ja uskallusta, sillä hän oli aloittanut heti kovalla tahdilla. Saavuimme silti Cherryn kanssa levähdyspaikkaamme erään kaupungin aukiolle ennen väsähtänyttä Jojoa. Aukiolla oli käynnissä jonkinlaiset juhlat, ja saapuessaan JoJo antautui paraatin seuraan tanssimaan. Tanssimisen jälkeen hän näki kaiken kahtena ja Cherryn piti hakea hänelle kiireesti ensiavuksi sokerinen kolajuoma, ettei hän tuupertuisi. Hän oli jättänyt taas juomatta ja syömättä, eivätkä vuorinousut todella anna armoa niiden kanssa leikkivälle!

En tiedä tarkalleen, mitä kaupungissa juhlittiin, mutta sen kuulin, että paraatin edessä kävelevä härkä tultaisiin pian tappamaan. ”Eli kaiketi uhraamaan jonkin paremman ja tärkeämmän idean puolesta kuin lehmä itsessään on”, ajattelin. Vaikutti siltä, ettei rennon oloisella otuksella ollut tietoa sen tulevasta kohtalosta, tai sitten se vain nautiskeli täysin siemauksin viimeisistä hetkistään lehmänä. Ihmiset puolestaan nautiskelivat aurinkoisesta iltapäivästä juomalla alkoholia.

Myöhemmin tien päällä juhliva ihmiskulkue käveli laajana rintamana vastaamme jyrkässä ylämäessä. Siirryin tiensivuun. Rummut paukuttivat luihin asti jumputtavaa meteliä. Etujoukoissa hirviöiksi pukeutuneet ihmiset tanssivat ja riehuivat. Yksi tunki muovista leikkipuhelintaan minulle irvistäen rumalla hirviömaskillaan ja käskien minun soittaa jonnekin. Toinen tunki yhdellä kädellä riepottelemaansa nukkevauvan takamusta suoraan naamalleni. Kolmas painoi tapetun kissaeläimen iholleni. Neljäs myi minulle nenäliinoja. Viidennen viikate viisti ohimoani. Kepit heiluivat. Rummut paukuttivat jo niin lähellä, että jyrkässä rinteessä kivet lähtivät pyörimään niiden voimasta. Koko ajan tämän näytelmän takana ihmisjoukko käveli rauhallisesti. He taputtivat kulkueelle ja nauroivat minulle. Kun juhlakulkue jatkoi menoaan alamäkeen, saatoin jatkaa omaa matkaani. Alempana pysähdyin vuorenrinteelle. Vihreä viljelty maa avautui edessäni kuin vuorille kadotettu paratiisi.

Jatkoimme Cherryn ja JoJon kanssa matkaa yhdessä. Olin aiemmin löytänyt satelliittien avulla mitä mielenkiintoisimman reitin, joka kulki lukemattomien vuorijärvien täplittämän erämaan halki. Aistin kuitenkin, että vuoret ja flunssa olivat sammuttaneet jo aiemmin innokkaan Cherrynkin halut seikkailla. Kenties myös matkakumppanieni iloinen seura oli pehmentänyt minua niin, etten yrittänyt kääntää heitä vaikeille poluille ja laskin siten itsekin helpommille taipaleille. Pyöräilimme kuuman jokilaakson pohjalle asti. Sen ympäristö oli rutikuiva ja siten jokivarren kasvien lehdissä oli vain häilähdys väriä. Aiemmin ryöpytessään ja mutkitellessaan joki oli voimalla siepannut mukaansa niin paljon tummaa maata, että peseydyin kuin viileässä suklaakaakaossa. Yö oli kuuma ja nukuin pitkästä aikaa ilman telttani tuulikangasta ja makuupussia.

Matkamme jatkui jylhässä kanjonissa. Vieressäni nousivat lähes pystysuorat seinämät, jotka olivat aikoinaan ryppyyntyneet vuoriksi mannerlaattojen törmättyä keskenään. Kallioissa oli vielä näkyvissä merenpohjan kerrostumia. Kanjonin levennyttyä näkymä aukeni rosoisille vuorenhuipuille. Tie vietti alamäkeen ja vastaamme puhalsi Tyyneltä valtamereltä asti uutisia kuiskaava tuuli, jonka viileys piti lämpötilan jokseenkin siedettävänä. Ohitimme kaivoskylän, jossa oli maailmanlopun tunnelma. Talojen edustoilla istui vain muutamia nuoria, hymyttömiä naisia, jotka kaiketi odottivat kaivoksilta kotiin palaavia miehiään päivät pitkät. Talojen seinät valuivat likaa ja hiilen mustaa. Ympäröivät rinteet olivat koneiden rikkomia. Läheinen tiilitehdas vaikutti hylätyltä.

Rannikolle oli matkaa vain 70 kilometriä. Matkamme eteni

toiseen kanjoniin ja nyt mereltä puhaltava tuuli oli myötäinen. Poljimme kymmenien pimeiden ja kapeiden tunnelien lävitse. Hiekkaista ja pöllyävää tietä reunustivat nyt seinämät, joilta oli pudonnut tielle tuhansia suuria kiviä. Itse valitsin ajolinjani ja taukopaikkani niin, etten olisi kielekkeiden alla. Pistin merkille huolettomien tyttöjen pysähtyvän mihin sattuu ja pyöräilevän suoraan kielekkeiden alla. Huomautin heille riskistä tulla kiven murskaamaksi. He eivät olleet kuulemma edes ajatelleet vaaraa, mutta huomautukseni jälkeen he vaihtoivat ajolinjojaan.

Pysähdyimme ostamaan virvokkeita pienestä kylästä. Istuttuamme hetken pölyisellä penkillä peltikatoksen alla ja syötyämme mandariineja kommentoi JoJo, kuinka kojun teinityttö saattoikaan olla niin iloton. Minua hymyilytti se, kuinka JoJo piti hymyttömyyttä heti negatiivisena seikkana. Pyysin häntä katsomaan ympärilleen. Ympäristössä ei kyllä ollut kauheasti hymyilemisen aihetta kenellekään. Eteemme oli juuri pysähtynyt bussi, josta ulos tulleet miehet kusivat kojujen takapihoille ja parkkipaikalla olevan kaivurin renkaille. Pihamaat toimivat roskiksina. Eräs nainen kasteli vesiletkulla kauppansa edustan pölyistä tietä, jotta ilma pysyisi hengitettävänä. Iltapäivän kuumuudessa kaikki istuivat varjossa. Vain muutamat kymmenistä matkaajista ostivat limsaa, vettä, sipsejä tai hedelmiä. Ympäröiviltä vuorilta valui jatkuvasti alas pöllyävää hiekkaa. Miehet vetivät sepaluksensa kiinni ja bussi jatkoi matkaansa kohti vuoria jättäen peräänsä silmäluomet alas pakottavan pölypilven. Pölypilven laskeuduttua hymyttömät naiset alkoivat odottaa seuraavaa ohikulkijaa tässä eristyneessä, rutikuivassa kanjonissa.

Parin tunnin kuluttua tienvarresta kohosi rappusten jono.

Portaat johtivat hylätyn kaivoksen rapautuneelle rakennukselle, jonne pystytimme leirimme. Missään ei ollut nähtävissä ripaustakaan muuta väriä kuin täydellinen harmaus.

Aamulla heräsin kuuntelemaan joen kaukaista pauhuntaa. Aurinko ei suostunut paistamaan yhdellekään kanjonin kivelle ja öisestä sateesta huolimatta en nähnyt karussa maassa yhtäkään kasvia. Pakkasin tavarat, panin telttakankaat kuivumaan ja istahdin aamupalalle. Olin aamutoimissani tyttöjä nopeampi ja niin saatoin maistella aavikon olemusta rauhassa samalla kun odottelin heitä.

Lounaan jälkeen laskin lyhyessä alamäessä kovaa vauhtia JoJon ohitse. Sitten tapahtui jotain kummallista: Vaikka seuraavassa ylämäessä oli jyrkkyyttä vain parisen prosenttia, etenin ainoastaan kuusi kilometriä tunnissa. Meno maistui omituisen raskaalta. Tutkin mäen jyrkkyyttä ympäristöstä ja ajotietokoneestani vielä muutaman kerran. En voinut ymmärtää, mikä kehooni oli mennyt lounastauolla. Tarkistaakseni, oliko luuloni hitaasta vauhdista vain kuvitelmaa, katsoin taakseni. Tytöt saavuttivat minua nopeasti. Pysähdyin tarkistamaan, rullasivatko renkaani kunnolla. Kas, siellä vastaus piilikin: takanapa oli lähes täysin jumissa.

Minulla ei ollut työkaluja avata takanapaa, ja vaikka olisi ollutkin, vaikutti ilmeiseltä, etten olisi voinut tehdä mitään. Yritin jatkaa matkaa, mutta jouduin ajamaan vaarallisesti pikalinkku löysällä ja matkani eteni siitäkin huolimatta hitaasti. Tytöt olivat menneet menojaan, joten jäin tienvarteen liftaamaan. Hiljaisella tiellä kesti noin tunnin ajan ennen kuin sain pysäytettyä pikkubussin, jonka kyydissä pääsin Huarazin kaupunkiin asti. Bussi ajoi Canon del Paton tietä pitkin, joka kulkee yhteensä 47 tunnelin läpi ja lienee yksi maailman vaarallisimmista vuoristoteistä. Kapea tie on periaatteessa kaksisuuntainen, mutta tunneleissa ei mahdu kulkemaan kuin yksi auto kerrallaan: toisen kohtaavista autoista on aina peruutettava pois tieltä. Pikkubussin etupyörät viistivät monesti rotkon reunaa. Hämärä alkoi laskeutua. Saavuin Huaraziin illalla, mutta heti seuraavana päivänä sain onnekseni vaihdettua säpäleiksi tuhoutuneen takanavan paikallisessa pyöräkaupassa.

LIMASSA 13. KESÄKUUTA 2014

Maisemien hiljaiseksi vetävä jylhyys

Huaraz - Yungay - Chacas - Carhuaz - Huaraz

Takanavan rikkoutuminen oli lopulta varsin onnekas sattuma. Sen ansiosta majoittauduin nimittäin samaan hostelliin kuin Harriet ja Neil Pikes, jotka ovat kuuluisia vuoripyöräilijöitä. He kartoittavat reittejä erityisesti Andeilla ja ovat tehneet valtavan työn auttaakseen muita pyöräilijöitä löytämään hienoja reittejä. Myös minä tulisin tästä eteenpäin polkemaan usein juurikin heidän kartoittamillaan reiteillä, ja siksi olikin niin mahtavaa ehtiä tavata tämä kaksikko ihan kasvotusten. Pikesit ovat sitkeitä seikkailijoita ja he pyrkivät valitsemaan kaikkein majesteettisimpia ja siten myös haastavimpia teitä, joilla he uskovat olevan mahdollista pyöräillä. Aina heidän uskomuksensa eivät kuitenkaan käy toteen, ja siksi saatoinkin olettaa, että edessäni olisi tuhansia kilometrejä hiekkaisia teitä ja polkuja, jotka aivan varmasti kuuluisivat haastavimpiin reitteihin, joita olen koskaan polkenut.

Seuraavana aamuna istahdin hostellin kattoterassin tuolille odottamaan aamupalaa. Siitä oli mukava katsella kohti vaikuttavaa näkyä, Cordillera Blancaa, maailman toiseksi korkeinta vuorijonoa. Valkoiset jättiläiset kurkottivat kohti sinitaivasta yli 6000 metrin korkeudelle. Vuoret kohosivat niin jylhästi, jyrkästi ja arvokkaasti ylöspäin kuin vain seikkailunhaluinen pikkupoika koskaan saattoi kuvitella. En voinut jättää vuorten väläyttelemää tilaisuutta käyttämättä, vaikka tutustuakseni lähemmin näihin lumisiin kaunottariin tulisi minun polkea 250 kilometrin ylimääräinen lenkki. Kiusaus oli liian suuri, ja kun Cherry ja Jojo näkivät nuo samat vuoret omin silmin kahta päivää myöhemmin, liittyivät hekin retkikuntaani sen suuremmitta puheitta. Jätimme hostelliin kaikki ylimääräiset varusteet, otimme bussin Yungasiin ja lähdimme kohoamaan kohti valkoisia jäätiköitä.

Pari tuntia kuljettuamme vihreillä, suurten puiden, paksun ruohon ja lukemattomien purojen alarinteillä, pysähdyimme syömään tienvarrelle. Oli niin lämmin, että valitsimme varjoisan paikan. Pian sujahdimme kuin ovesta sisään valtavaan kanjoniin. Kapeaan ja jyrkkäseinäiseen kanjoniin ei paistanut aurinko ja sen valtavat, jopa klaustrofobisen lähellä olevat kiviseinämät hohkasivat pakkasöiden kylmyyttä vielä iltapäivällä. Saavuimme samalla luonnonpuistoon, eikä vierellämme ollut siten enää ihmisasutusta ja räksyttäviä koiria. Luonnonpuiston tarjoamat maisemat olivat ihmeelliset, ja ne ovatkin kuulemani mukaan yhdet vaikuttavimmista ja jylhimmistä maisemista koko maailmassa!

Olin polkaissut tyttöjen edelle ja saavuin heitä ennen järvelle, jolla oli kertakaikkisen hankala nimi: Llanganuco Chinancocha. Odotin tyttöjä ja kävin katsomassa, olisiko paikka oivallinen telttailuun. Uin ja peseydyin jäätikköpurojen ruokkimassa kirkkaassa järvessä. Sillä välin leirintäalueen huoltomies Mauricio oli luvannut tytöille, että voisimme nukkua 1,5 eurolla hänen talossaan. Puin päälleni lämpimästi ja siirsin tavarani sisätiloihin. Mauricio tarjosi meille lämmintä soppaa, joka oli erittäin tervetullut yllätys, sillä etenimme nyt niin kevyellä taakalla, ettei matkassamme ollut yhtäkään retkikeitintä. Esiteltyäni itseni Jukaksi, sanoi Mauricio, ettei se ole totta, minun nimeni ei kuulemma voinut olla Jukka! Yleensä muulloinkin ihmiset nauroivat minun esiteltyäni itseni, sillä nimeni tarkoittaa siellä päin maailmaa suosittua perunantapaista ruokakasvia, maniokkia, *yuca*. Mauricio ei lakannut toistelemasta hymyssä suin, kuinka nimeni ei kerta kaikkiaan kelpaa, eihän kenelläkään voi olla ruokakasvin nimeä!

Mauricio oli entinen vuorikiipeilijä ja hän oli työskennellyt luonnonpuistossa jo yli kaksikymmentä vuotta. Hän oli pian noin kuusikymppinen ja puhui vilkkaasti kaikesta maan ja taivaan välillä. Hän luuli ensin, että olimme Cherryn kanssa pariskunta, ja petyttyään oletuksissaan alkoi hän kysellä Cherryltä seikkaperäisesti, koska tämä oikein aikoi mennä naimisiin ja saada lapsia. Cherry kertoi niin tapahtuvan englantilaisen miehen kanssa sitten kun hän palaisi tältä matkalta kotiinsa. Mauricio kehui, kuinka Euroopassa ehkäisyasiat on paremmalla tolalla kuin Perussa. Hänellä itsellään oli yhdeksän lasta, ja se oli kuulemma aivan liikaa.

Avasin pöydällä olleen sanomalehden ja taka-aukeamalla minua tervehti kurvikas tikkaria maiskutteleva päivän tyttö. Vilkaisin Maurician ahavoituneita komeita kasvoja ja hänen notkolle painunutta mutta edelleen vahvaa kehoaan. Mauricio oli olemukseltaan karismaattinen mutta hänessä oli myös jotain pikkupoikamaista vekkuliutta. En voinut olla ajattelematta, että sen täytyi olla tämä edessäni oleva, pilke silmäkulmassa tarinoita kertoileva mies, joka oli kuulakärkikynällä piirtänyt lehteen suuren peniksen, joka osoitti blonditytön pikkuhousuja kohti. Astuin kirpaisevaan ulkoilmaan Mauricion herkullisen sopan ja hänen veijarimaisen hymynsä lämmittämänä. Pikimustien vuorten takana vasten violettia iltataivasta piirtyi Cordillera Blancan korkein vuori, kuun valossa yhä vitivalkoisena hohkaava Huascaran. Palasin sisälle ja valmistin itselleni maailman mukavimman alustan levätä: asetin lattialle oman ohuen retkipatjani ja levitin sen päälle kaksi Mauricion huopavilttiä.

Jo aikaisin aamulla Mauricio touhusi pihalla ja kertoi omaan hilpeään tapaansa, kuinka nyt oli kesän ensimmäinen pilvetön päivä ja valitteli siinä samalla hengitysilmaa olevan aivan liikaa: ”Demasiado aire, demasiado aire...” Meitä nauratti vuorikiipeilijän puheet, sillä olimme 3800 metrissä eli hengitimme varsin ohutta ilmanalaa. Osoitin sormellani Huascaran-vuoren huippua ja kysyin, oliko Mauricio itse ollut siellä. Hän vastasi kiivenneensä sinne 25 vuotta aiemmin ja kertoi nousseensa oppaana ollessaan myös kaikille muille Cordillera Blancan korkeille huipuille. Hän kertoi, kuinka maailman parhaita kiipeilijöitä puoleensa vetävillä vuorilla oli saanut surmansa muun muassa ranskalaisia, saksalaisia ja kiinalaisia kiipeilijöitä. Eurooppalaiset eivät kuulemma ottaneet riskejä vakavasti ja kiinalaiset eivät tahtoneet kuunnella ohjeita. Tarjosin Mauriciolle maksua kolmesta pedistä, mutta hän vihjasi minulle, että 20 solea, hieman edellisenä iltana sovittua kalliimpi hinta olisi hänen mielestään sittenkin parempi. Maksoin jäyhästi kuitenkin vain sovitut 15 solea. Se sopi hänelle ja sitten hän vinkkasi minulle juonikkaasti virnuillen siitä, kuinka olin onnekas, kun minulla oli kaksi naista! Mauricio, tämä valloittava persoona, torjui tiukasti ehdotukseni ottaa hänestä valokuva, mutta kun tytöt pyysivät samaista lupaa muutaman minuutin päästä, hän nousi heti moottoripyöränsä päälle, otti ryhdikkään asennon ja poseerasi tytöille miehekkään ylväästi!

Jatkoimme matkaa rotkossa lepäävien kahden sinisen järven ympäristössä. Mauricio oli ollut oikeassa vuorten vaarallisuudesta ja myös vaarojen pitkästä historiasta. Vuonna 1970 Ancashin maakuntaa ravistellut maanjäristys sai aikaan 200–400 kilometrin tuntivauhdilla vuorilta alas kiitäneen maanvyöryn, joka tuhosi koko Yungayn kaupungin. Vain kaupungin korkeimmilla kohdilla eli stadionilla ja hautausmaalla olleet 92 ihmistä selvisivät hengissä. 20 000 ihmistä sai surmansa. Katastrofi olisi ollut estettävissä, jos Perun hallitus olisi uskonut ja kuunnellut kahta heitä varoittanutta amerikkalaista tiedemiestä, David Bernaysta ja Charles Sawyeria.

Nyt järvien viereisillä aurinkoisilla niityillä lehmät popsivat ruohoa ja kukat kukkivat. Poljin alkupäivän ajan tyttöjen vauhtia, kunnes jalkani lähtivät kuin itsestään liidättämään pyörääni kohti korkeuksia. Kymmenet neulansilmämutkat jäivät vauhdilla kauas taakseni. Maltoin kuitenkin istahtaa hetkeksi jyrkänteen reunalle. Rotkon seinämät kohosivat vuorten vitivalkoisille jäätiköille asti, joilla vuorikiipeilijöistä vahvimmat rikkovat rajoja ja uurtavat rinteille uusia yhä haastavampia reittejä vuodesta toiseen. Runttasin tundran ja kivisen karuuden peittämän jyrkän vuorenrinteen viimeiset mutkat ylös ja istahdin 4676 metriselle Portachuelo de

Llanganuco -nimiselle huipulle odottamaan tyttöjä. En ollut koskaan aiemmin nähnyt yhtä kiemurtelevaa tietä, saati samanmoista karkeaa, massiivista lumista jylhyyttä.

Seuraavassa laskussa JoJo oli kaukana perässämme. Hän nautiskeli vuorista ottaen lukemattomia valokuvia ja videoita. Pysähdyimme jälleen odottamaan häntä. Saavutettuaan meidät JoJo kertoi kivisen laskun olevan hakkaava ja erittäin väsyttävä. Itse olin sanonut hänelle jo monesti kolmen viikon aikana, että kivikovien renkaiden paineiden pudottaminen lisäisi tuntuvasti mukavuutta huonoilla teillä. En jaksanut siitä enää muistuttaa, mutta Cherry kysyi JoJolta samaa. Jojo sanoi laskeneensa paineita, ja renkaat olivat kuulemma jo lähes tyhjät. Kokeilin niitä ja totesin niissä olevan ilmaa aivan yhtä paljon kuin minulla oli sileillä asvalttiteillä polkiessani, pois voisi vielä siis ottaa. JoJo sanoi, että saisin tyhjentää renkaat niin kuin parhaaksi koin. Sen teinkin, ja voi sitä vauhtia ja hymyä, mikä loisti JoJon olemuksesta sen jälkeen. Hän liisi yli kivien niin rennosti, etten ollut pysyä perässä! Oli kuin hän olisi löytänyt itsensä. Pehmeillä, vaimentavilla ja tuntumaa parantavilla renkailla hän viiletti menemään aivan toisenlaisella innolla ja vauhdilla kuin aiemmin. Hän kiitti minua lämpimästi, mutta silmäkulmistaan vähän häpeillen.

Illalla majoittauduimme pienen kylän majataloon. Hiljennyin sen kuistille ja katselin, miten kuunvalo pilkisti vuorijonon synkkyydestä ja valaisi tummaa taivasta. Aamulla vuoret uinuvat lumipeitteensä alla ja kylän tiilisiä kattoja kasteli hento tihkusade. Majatalosta avautui kaunis näkymä italialaisten rakentamalle Matogrosso-kirkolle. Kirkon värikäs julkisivu kaareutui kohti taivasta samanlaisessa kulmassa kuin missä sen taustalla oleva sateenkaari maalasi omia värejään taivaalle. Maisema oli huikea ja katselin sitä tietäen, että tuleva päivä pitäisi taukoa tällaisista maisemien ilotulituksesta.

Pieni tie kulki halki metsäisen maaseutumaiseman. Tien varrella makasi satoja elämästä nauttivia sikoja. Ajopäivän muistorikkaimmaksi asiaksi lienee jäänyt pyöräilykisamme. 4050 metrin korkuiselle huipulle kohoavan nousun loppupuolelle ojensin Cherrylle rengasrikon varalta ainoan matkassa mukana olevan pumppumme ja sanoin ajavani huipulle omaa tahtiani. Cherryä kiinnosti, miten paljon kovempaa yksinäni poljin, ja pyysi minun kellottamaan, kuinka paljon minua myöhemmin hän saapuisi huipulle. Yllättäen JoJokin halusi testata kykynsä ja pyysi minua ottamaan hänellekin ajan. Minut haastettiin kisaamaan! Vauhtini nousi yllättävän paljon poljettuani omaa tahtia. Minun aikani oli 16,5 minuuttia, Cherryn 24 minuuttia ja JoJon 33 minuuttia. Cherry harmitteli mielestään suurta aikaeroa minuun, mutta Jojo puolestaan oli täysin tyytyväinen siitä, että oli ylipäänsä päässyt huipulle, eikä korviaan loksauttanut numeroille!

Chacasin kylä oli erikoisuus Perussa. Se vaikutti pääosin valmiilta: Talojen katoilla ei törröttänyt tavanomaisia betonirautoja ja tiiliseinät olivat poikkeuksellisesti laastilla tasoitetut ja maalilla maalatut. Monien talojen julkisivuja elävöitti italialaisen puusepän Don Biscon restauroimat taideteosmaiset parvekkeet ja koristeelliset ovet. Aukiolla mattona levittyi vihreä nurmikko. Rakastavaiset kävelivät sen poikki käsi kädessä hyräillen. Lapset pelasivat jalkapalloa ja poika heitti koiralleen frisbeetä. Naiset kutoivat puiston penkillä istuen. Valtavat vuoret kohosivat aukion taustalla. Aukion toisella kaukaisella laidalla kirkko kutsui Cherryä luokseen jylhällä julkisivullaan. Hän tiesi kirkon olevan italialaisten tekoa ja aavisteli, että siellä kulkijaa odottaisi aromikas espressokahvi ja pastaillallinen. Hän lähti siltä istumalta kävelemään pappien puheille. Minä tiesin välittömästi, että sulopuheisen Cherryn ansiosta myös nukkuisimme kirkon pedissä. Siinä missä minä olisin yksin ollessani kömpinyt suoraan teltan tai halvimman majatalon yksinkertaisuuteen, soi tyttöjen pehmeys ja energisyys minullekin nyt ilmaista luksusta ja ihmiskohtaamisia.

Pian olinkin jo taluttanut pyöräni valtavaan kirkon koululaisille kuuluvaan makuuhuoneeseen, jossa oli kymmeniä tyhjillään olevia petejä. Rojahdin heti sängylle, mutta jäin kuuntelemaan JoJon ja kirkkovahdin välistä keskustelua tarkkaavaisesti. Selvisi, että kirkon perustanut Isä Hugo oli 35 vuotta aiemmin matkannut tähän pieneen kylään ja löytänyt sen kaduilta kammottavan köyhyyden, joka oli ajanut miehet hylkäämään perheensä ja etsiytymään suurten kaupunkien karuihin slummeihin toimeentulon perässä. Harvat miehistä olivat palanneet takaisin kylään. Isä Hugo oli halunnut jäädä kylään auttamaan vähäosaisia ja niinpä hän oli perustanut kylään käsityöpajan, joka oli nyt kasvanut suureksi kouluksi ja oppilaitokseksi. Kirkkovahti sanoi, että oli itse samalla asialla kuin Isä Hugo – auttamassa vähempiosaisia.

Aamulla kävelin pitkän matkan koulun oppilaiden vessaan. Kello oli vasta puoli seitsemän, mutta oppilaat olivat ohittamissani luokissa jo kyyristyneinä kirjojensa pauloihin. Paikassa vallitsi täydellinen hiljaisuus. Edellisenä iltana meidät vastaanottanut nainen oli sanonut hiljaisuuden olevan usein parempi opettaja kuin puhe. Katsoin hiljaisuudessa opiskelevia pieniä ihmisressukoita ja huomasin ajattelevani kriittisesti, ettei pakotetussa hiljaisuudessa opiskelemalla tainnut oppia mitään muuta kuin opiskelemaan pakotetusti hiljaisuudessa ja tottelemaan auktoriteetin käskyä.

Meillä oli edessämme Punta Olimpican kuuluisa nousu. Poljin 4700 metriin vauhdikkaasti omaa vauhtiani. Pysähdyin järven rannalle syömään. Vuoriston keltaiset ja violetit kukat sekä lumiset vuoret heijastuivat tyynen järven pintaan. Myöhemmin iltapäivällä jatkoimme yhdessä kohti huippua, jonne johtavan tien löytämisessä meillä oli pieniä hankaluuksia, sillä se oli hylätty uuden tunnelin vuoksi ja siksi päässyt osittain umpeutumaan. Tiellä pääsi kuitenkin vielä polkemaan. Jäätikön reuna oli nyt aivan vieressämme. Sen sulamisvedet olivat pysähtyneet turkoosiin, jyrkässä syvänteessä helmen lailla hohtavaan järveen. Tie oli täynnä kivenmurikoita ja jyrkkyys yli kymmenprosenttinen, mutta siitä huolimatta poljin yhä ja eväitänikin siinä samalla mutustin. Tytöt taluttivat pyöriänsä ja kärsivät vuoristotaudin oireista. He eivät olleet koskaan polkeneet yhtä korkealla. 4906 metrin korkeuteen kohoava huippu oli lumenpeitossa, joten jouduin taluttamaan pyörääni 20–30 sentin lumessa muutaman sadan metrin ajan.

Laskimme Cherryn ja JoJon kanssa valtavien maisemien hiljaiseksi vetävässä jylhyydessä Carhuaziin. Saavuimme sen aukiolle juuri ennen pimeän tuloa. Poskemme olivat punaiset, jalkamme väsyneet ja vatsamme nälkäinen. Söimme ja vuokrasimme sitten pikkubussin kuljettamaan meidät takaisin Huaraziin. Katselin maantien vilkkuvia valoja ja kuuntelin autoradion soittamia romanttisia lauluja. Saapuessamme hostellimme eteen olin niin rennon raukea, että olisin mieluusti antanut pääni jatkaa auton ikkunaan nojaamistaan.

Lämpimän ystävyyden lempeät tahdit

Huaraz – Ticlos – Cajatambo – Oyon – Marcapomacocha - Carratera Central

Majoituimme hostellissa muutaman päivän ajan. Siellä JoJo päätti, että hänen pyörämatkansa tulisi pian päätökseen. Hän tahtoi polkea viimeiset kilometrit helpommalla Tyynenmeren rannikolla kulkevalla tiellä. Pyöräjengimme kuitenkin täydentyi takaisin täyteen kolmikkoon, sillä tutustuimme englantilaiseen Nathaniin, joka oli myös pyörämatkaaja. Nathanilla oli leveähköt hartiat ja paksu karhumainen parta, mutta hänen jalkansa olivat lintumaisen ohuet. Nathanista huokui valloittavan syvää ja huomioivan hiljaista lämpöä ihmisiä kohtaan, vaikka hän itse sanoi olevansa vahvasti introvertti mies, joka viihtyi parhaiten yksin ollessaan ja hermostui ihmisten seurassa. Hän oli sen tyylinen pyöräilijä, että hän kuunteli jääräpäisesti kehoaan ja teki hidasta kulkuaan sen sallimassa tahdissa. En ollut aiemmin tavannut ketään, joka Nathanin tavoin kantoi mukanaan kakkalapiota ja tarpeiden tekemisen jälkeen poltti vessapaperin taivaan tuuliin. Nathanille oli tärkeää pitää tarkasti huolta siitä, että hän kulki luonnossa jälkiä jättämättä.

Jälkien minimoiminen näkyi myös matkavalmisteluissa. Makoilin sohvalla ja katselin, kun Cherry ja Nathan kevensivät pyöriään niin paljon kuin mahdollista, sillä suuntaisimme erittäin vaativille reiteille ja kaikki ylimääräinen olisi mukana kulkevaa lisäpainoa. Cherry sai neuvojeni avustamana kevennettyä pyöräänsä huimat 20 kiloa. Nathan ei kokeneena pyöräilijänä todellakaan neuvoja kaivannut, mutta häntäkin korkeiden vuorten haaste kutkutti siten, että hän puristi jo tarkoin harkituista varusteista pois viimeisetkin turhat grammat. Bussiyhtiön kautta he lähettivät yhteensä 30 kiloa tavaraa odottamaan 1000 kilometrin päässä olevaan Ayacuchon kaupunkiin. Olimme valmiita lähtöön.

Hostellin henkilökunta hyvästeli meidät lämpimästi ja lähdimme polkemaan. Matkamme alkoi matalassa kanjonissa melko tylsällä, asvaltoidulla tiellä. Edessäni oli yksi vaativimmista reiteistä koskaan, mutta jalkani olivat tunnottomat heti alkumetreillä. Jos olisin matkannut yksinäni, en olisi vielä lähtenyt kulkemaan vaan olisin jäänyt lepäämään. Kehoni ei ollut palautunut vielä vanhoista rasituksista, enkä saanut rentouduttua pyörän päällä. Nousin jatkuvasti putkelle seisomaan ja vaihtelin ajoasentoa alituiseen. Poljin mahdollisimman hitaasti muiden perässä ja tiesin, että pitäessäni joka ikisen kammenkierroksen kevyen palauttavana tulisi kyllä luonnollisesti taas hetki, jolloin lentäisin voimakkailla jaloilla ylös kovimpiakin nousuja. Pystytimme leirimme joenvarteen erään ravintolan lähelle ja söimme illalliseksi uppopaistettuja munakkaita ja riisiä. Annos ei makunautinnoltaan ollut kovin kummoinen mutta teki tehtävänsä eli täytti vatsan. Nukahdimme joen sointuihin ja viereisestä karsinasta leijailevan siansonnan hajuun.

Nukuin hyvin, mutta poljin tulevana päivänä yhä muiden perässä laahustaen. Kanjoni avautui hiljalleen laajaksi ylängöksi, jota heinä ja haalea ruoho värittivät. Taustalla horisontin molemmin puolin kohosi ja mutkitteli Cordillera Blanca. Pysähdyimme pieneen kylään ruokaostoksille. Kylä muodostui kahdesta talorivistä tien molemmin puolin. Naiset myivät tien varrella valtavia pyöreitä, kiekkomaisia juustoja. Cherry ja Nathan kävivät läpi useita ravintoloita löytääkseen kasvisruokaa. Tuuli puhalteli kylmästi ja sai meidät palelemaan, joten istahdimme lounaan jälkeen aurinkoon lämmittelemään. Pohdiskelimme, oliko risteykseen pienellä budjetilla tehty kylä paikkana sellainen, johon ihmiset saapuivat pysähtyäkseen vai pysyäkseen. Kenties pienten kauppojen erilaiset bisnekset kehittyivät ja muuttuivat samalla tavalla kuin tuuli tanssitti järven aaltoja uusiin muodostelmiin.

Pian käännyimme kapealle hiekkatielle. Nathanin kasvoille levisi leveä hymy. Hän oli saapunut syrjäisille teille, joilla hän tunsi voivansa kaikkein parhaiten. Nathan katseli iloisena ympärilleen ja sanoi, että tämän takia hän matkusti polkupyörällä. Tie kohosi suoraan ylös loivaa, huipultaan paljasta rinnettä. Kun pysähdyin katsomaan edessäni polkevia ystäviäni, oli kuin he olisivat kirjaimellisesti polkeneet taivaan tummiin pilviin. Laaksossa levittyi valtavan laaja aroalue, pampa. Se oli vuohille, laamoille ja lehmille oikea vihreän ruohon päällystämä paratiisi. Aron keskelle oli rakennettu suuria maatiloja, joiden ympärillä kiersi kivimuuri eläimille suojaa antamassa.

Olin ystävieni edellä yksin, kun kaksi villiä koiraa hyökkäsi tienvarressa olleen lampaan kimppuun. Katsoin vierestä kun koirat purivat sitä. Tunsin, ettei nyt olisi minun hetkeni puuttua toisten asioihin, joten pysyin rauhallisesti siinä tuntemuksessa, että olisi parasta antaa koirien tappaa lammas. Pian auto pysähtyi tapahtumapaikalle ja vihainen mies alkoi pelastaa lammasta huutamalla koirille ja heittämällä kiviä niiden päälle. Mies sai pelastetuksi lampaan ja koirat juoksivat karkuun. Ne pysähtyivät hetkeksi ja juoksivat sitten ylärinteelle paenneen lammaslauman joukkoon. Sieltä ne ajoivat kaksi lammasta kauas alarinteelle ja alkoivat tappamaan niitä. Jatkoin matkaa, mutta shokissa oleva lammas ei kyennyt vielä nousemaan.

Saavuttuamme nousun huipulle oli jo myöhäinen iltapäivä, joten päätimme kysyä läheiseltä maatilalta lupaa telttailuun. Meidät otettiin lämpimästi vastaan. Talon isäntä, vuoriston paimen Maximiliano, oli huolissaan siitä, että paleltuisimme telttoihimme ja tarjosi meille huoneen talostaan. Huone oli kuitenkin niin pieni, että kenties ainoastaan varusteemme olisivat mahtuneet sisään. Emme ottaneet vastaan hänen tarjoustaan myöskään siitä, että olisimme telttailleet lampaiden aitauksessa, jonka pohja oli kauttaaltaan lannan peittämä. Siispä telttailimme maassa aitojen ulkopuolella.

Cherry oli kovin reipas matkakumppani ja alkoi tapansa mukaisesti kokkaamaan meille päivällistä, värikästä kasvis-juustopastaa. Kun hän huusi ruuan olevan valmista, nousin hyvin levänneenä ylös lämpimästä makuupussista ja astuin teltasta iloisena ulos valmiiseen ruokapöytään. Ulkona oli kuitenkin jäätävän kylmä, mikä hieman varjosti päivällisestä nauttimista.

Aamulla teltassani oli yksi aste pakkasta ja telttakangas oli jäässä. Mies läheisestä talosta tien toiselta puolelta tuli juttelemaan kanssamme. Hän kyseli meiltä erinäisiä asioita innokkaasti kuin lapsi ja hänen kasvoillaan oli leveä hymy. Yksinkertaisissa oloissa elävä paimen oli kiinnostunut monista tavaroistamme. Koruttomassa maassa hänen uteliaisuutensa ei ollut sammunut informaation ja kokemusten tulvaan. Hän kehui, kuinka rauhallinen paikka oli elää ja näytti käsillään, ettei siellä tarvinnut pelätä murhaajia, kuten pääkaupungissa Limassa. Ennen lähtöään hän pyysi meitä antamaan hänelle osan tavaroistamme sitten, kun palaisimme kotimaihimme. Vastasin, ettemme jäisi viettämään aikaa tälle alueelle, vaan jatkaisimme pian matkaa kauas eteenpäin ja tarvitsisimme siten kaikkia jo minimiin supistettuja tavaroitamme vielä pitkään. Kysyin, josko hän voisi viedä roskapussimme mennessään ja se sopi hänelle oikein hyvin. Hän otti roskapussin vasempaan käteensä, paiskasi oikealle kädellä meille matkatoivotukset ja lähti hymy huulilla talsimaan kohti kotiaan.

Edessämme oli lasku 4200 metristä 1350 metriin. Kuuluisat Huayhuas-vuoriston huiput kohosivat nousevan auringon alla. Poljin yli kristallinkirkkaan puron ja läpi tanssivien perhosten pilven kohti lumihuippuisia vuoria. Nathanin hymy oli nyt leveimmillään, eikä minunkaan suuni pysynyt peruslukemilla.

Puolen päivän maissa pysähdyimme Ticlos-nimiseen kylään. Poliisit pysäyttivät meidät kadunkulmaan ja kirjoittivat ylös passiemme tiedot, kenties vain saadakseen jotain tekemistä hiljaisessa kylässä. Vinkkasin Cherrylle italialaistyylisen kirkon ja pyysin häntä kysymään, olisiko papilla tarjota meille kahvit.

Ei kulunutkaan pitkään, kun Cherry jo kutsui meidät pojatkin kahville papin luo. Eleiltään lämmin ja olemukseltaan lempeän karhumainen mies kehotti meitä istumaan pöydän ääreen italialaiselle espressolle ja leivälle. Hänen rennossa olemuksessa ja arkisessa vaatetuksessa, isossa villapaidassa, ei ollut lainkaan läsnä pappimaisia perinteitä. Pappi kuunteli meitä hiljaisesti kyynärvarteensa nojaten ja kysyi myöhemmin: ”Oletteko nyt tyytyväisiä ja onnellisia kun matkaatte?” Vastasin: ”Ehkä.” Piha pöllysi naisten lakaistessa kirkon rappusia. Pysähdyin ihastelemaan kirkon oveen kaiverrettuja ja pastellin sävyin värikkäästi maalattuja veistoksia, jotka kuvasivat Raamatun tarinoita.

Reitti kulki nyt valtavan kanjonin ylärinteillä. Ystäväni jatkoivat matkaa, mutta päätin pysähtyä hetkeksi kahden tienvarressa istuneen keski-ikäisen naisen seuraan. He olivat siskoksia ja pukeutuneet perinteiseen perulaiseen tyyliin värikkäästi. Naiset kyselivät ensin tutut kysymykset, kuten mistä tulemme ja mihin olemme menossa ja niin edelleen, mutta kun he alkoivat tivata minulta karamelleja, tunnelma muuttui. Selitin heille, ettei minulla ollut mitään karamelleja ja että kannoin mukanani vain sitä ruokaa, mitä matkan varrelta olevista kylistä löysin. Rouvat eivät kuitenkaan uskoneet minua. He jatkoivat jankutustaan ja sanoivat tietävänsä kyllä tasan tarkkaan, kuinka me gringot tuomme kotimaista mukanamme kaikenlaisia herkkuja. He väittivät minua valehtelijaksi ja epäreiluksi, kun en antanut heille karamelleja! Pyöritin päätäni ja uumoilin, että kenties kirkon työntekijöiden tapa tuoda Italiasta kahvia, karamelleja ja pastaa oli nyt rouvien mielessä ja vaikutti siten heidän luuloihinsa minusta. Jatkoin matkaani tuntien rouvien ärtyneet katseet selässäni.

Seuraavan kylän intialaistyyppinen nimi Rajan sai minut vitsailemaan, että torilla meitä odottaisi curryn, garam masalan, teen, suitsukkeiden, lehmän lannan ja viemärien tuoksu. Sadat ihmiset kerääntyisivät ympärillemme tuijottamaan ja seuraavana päivänä meillä kaikilla olisi vatsatauti. Keksimämme tarinat intialaisen kylän lämpöisestä ja herkullisesta vastaanotosta paisuivat paisumistaan siihen asti, kunnes laskimme mukulakivistä ja pimeää katua pitkin kylmän kylän karulle aukiolle. Ravintolaa ei ollut, eipä juuri ihmisiäkään ja hylkäsimme kylän ainoan "hotellihuoneen" sen äärimmäisen pölyisyyden ja epämukavuuden tähden. Lopulta menimme poliisiasemalle ja saimme levittää makuualustamme sen aulaan.

Tulevana aamuna edessämme oli loput huikeasta laskusta alas 1350 metriin. Alempana vuorenrinteellä näkyi aamuauringossa kylpevä kylä, joka ympäröivine viljelyksineen oli kuin vihreä helmi lähes aavikkoisilla vuorilla. Olimme laskeneet sen varaan, että kylästä saisi ruokaa. Perillä katua rakentavat miehet lopettivat työnsä ja kerääntyivät ympärillemme kyselemään. Kylässä ei kuulemma olisi leipää juuri sinä päivänä, sillä sitä saapui rannikolta ainoastaan kerran viikossa, keskiviikkoisin. He kertoivat, että juustoa saisi silti eräältä naiselta alempaa kadun varrelta ja vieressämme olleesta kaupasta löytäisimme kuulemma kaiken muun tarpeellisen.

Kaupassa olikin myytävänä muun muassa tomaatteja, tölkkimaitoa, suklaapatukoita ja suolakeksejä. Vanha nainen tiskin takana oli liikkeissään hidas ja sai monien virheiden ja huomautusteni jälkeen kaikki ostokseni kasaan. Vaikka ostokset olivat kasassa, en kuitenkaan heti päässyt lähtemään kaupasta, sillä nainen antoi kaikille tuotteille vahingossa liian pienen hinnan. Huomautukseni jälkeen hän pohti pitkään hintaa uudestaan, mutta lasku ei täsmännyt taaskaan tuotteiden määrän kanssa. Niinpä korjasimme yhdessä hinnan oikeaksi. Myös Cherry ja Nathan tulivat ostostensa jälkeen pihalle kertomaan mielenkiintoisia tarinoita heidän shoppailustaan tämän viehättävän leidin kaupassa. Naureskelimme yhdessä sille, miten oli mahdollista, että kylän suurimman kaupan omistaja saattoi olla niin hajamielinen, heikkonäköinen ja laskutaidoiltaan kömpelö. Siinä oli jotain mahdottoman herttaista, ja ihastelin, kuinka elämä soljui ja kauppa kävi täydellisesti tällaisella verkkaisella ja epätarkalla tahdillakin.

Kaupassa käynnin jälkeen jatkoimme matkaamme. Useimmiten olen laskenut vuoria alas rennolla otteella, mutta silloin tällöin tapaan mielenkiinnostani etsiä kaikkein nopeimpia ajolinjoja. Sellaisia lähdin nytkin hakemaan. Tie oli kivinen, kapea, hiekkainen ja sitä reunustivat tuhannet kaktukset. Pudotus tienreunalta rotkoon oli korkea. Lisäksi lasku oli siitä erikoinen, että tie mutkitteli alituiseen myös neulansilmämutkien välillä. Myös Cherry ja Nathan hakivat rajojaan. He hymyilivät vauhdin hurmasta ja puristivat pyöräänsä pelosta. Innostuin itsekin kulkemaan taitojeni rajoilla. Tällä kertaa se tarkoitti myös rotkon reunan rajoja. Tulin mutkiin niin kovaa vauhtia, että ajoittain minun oli irrotettava sisempi jalkani lukkopolkimista tasapainon lisäämiseksi. Jotkin mutkista tulivat vastaani niin nopeasti, etten ollut ehtiä vaihtaa tasapainoa pyöränrungon toiselle puolelle. Minulla ei ollut alla nappularenkaita, mutta korvasin hiekkaisimmissa kohdissa pidon puutteen sivuluisulla. Laukut rämisivät. Nostin takapuoleni ylös satulasta pehmentämään tärinöitä. Annoin rentojen hartioiden ja kämmenten vastaanottaa iskut. Huomioni oli vartalossani ja katse laajan valppaana edessä olevassa tiessä. Koetin kiertää kivet ja kaarsin kurvit. Kun en yhdessä kohtaa ehtinyt kiertämään muuan isoa kiveä, lähti pyöräni äkisti heittelehtimään puolelta toiselle. Silloin sykkeeni nousi, silmäni kirkastuivat entisestään ja suunnan korjaavat liikkeet tapahtuivat itsestään. Sen jälkeen etenin taas suoraan ja sykkeeni laski välittömästi.

En kaikesta huolimatta saanut hurjastelusta mitään poikkeavia kiksejä, jotka olisivat saaneet minut erityiseen huumaan. En toisaalta hakenutkaan mitään hetken hekumaa: hurjastelu oli sillä hetkellä vain työtäni, sitä mitä minun tuli tehdä. Annoin hurjastelulle täyden huomioni ja se piti huolta itsestään. Kun odottelin kauas pölyihini jääneitä ystäviäni, mietin, miksi olin niin paljon heitä nopeampi alamäissä. Muistelin taannoista Madeiran matkaani vuonna 2000. Silloin olin laskenut ensimmäistä kertaa elämässäni jyrkkiä ja vauhdikkaita vuorinousuja. Heti alkuunsa olin kokeillut ja testannut erilaisia tapoja lähestyä kurveja ja jarruttaa ja keskittynyt ainoastaan siihen, miten oppisin laskemaan mahdollisimman vauhdikkaasti. Olin ollut innokas ja pitänyt vauhdilla laskemisesta heti ensimetreiltä, enkä ollut liiemmin pohtinut, mitä kovissa vauhdeissa voisi sattua. Cherry ja Nathan olivat luonteeltaan varovaisempia: Cherry pelkästi kaatuvansa ja Nathan puolestaan huolehti pyöränsä rikkoutumisesta. He eivät huoleltaan siten voineet irrottautua täyteen vauhdilla laskemisen vapauteen.

Kuuman kanjonin pohjalla karistin pölyt viileän joen virtaukseen. Istahdin matalaan virtaan, katselin kiviä kiertävän veden liikettä ja painoin herkät jalkapohjani soraan, jotta veden voima ei olisi vienyt minua mukanaan. Pian kallistin selkäni taakse, painoin pääni veden alle ja tunsin kuinka lumisilta vuorilta 5000 metriä korkeammalta alas laskeva viileä vesi hyväili kasvojani. Nousin joesta ylös pitkin hiekkaista rinnettä. En viitsinyt tunkea märkiä ja hiekkaisia jalkojani takaisin pyöräilykenkiin, joten poljin karkuun ajaneet ystäväni kiinni kivuliaasti paljain jaloin. Pian söimme eväämme joenvarren vihreän puun alla ja nautiskelimme pitkästä aikaa lämpimästä säästä.

Evästauon jälkeen vuorossa oli jälleen nousu. Aloitimme polkemisen 1350 metristä kohti 4800 metrissä odottavaa huippua. Nousu alkoi loivasti. Täytimme juomapullomme kristallinkirkkaan vesiputouksen vedellä. Mietiskelin, mistä saakka vesi oli peräisin. Kenties se ryöppysi tähän rutikuivaan aavikkomaahan mystisesti jostakin kaukaa, ehkä jäätiköiltä asti. Tai sitten sen alkulähde oli alempana ja siinä yhdistyivät eri ilmastovyöhykkeen sateisten rinteiden ja vihreiden niittyjen pienet puronalut. Nyt se joka tapauksessa tarjosi meille raikastavan veden, jolla jaksaisimme reittimme pitkät nousut.

Vasta iltapäivällä ohitsemme ajoi päivän ensimmäinen auto. Kun tie alkoi kohota jyrkemmin ylös rinnettä, oli jaloissani vihdoin tarmokasta tuntumaa ensimmäistä kertaa sitten Huarazista lähdön. Kiihdytin vauhtia ja aloitin tanssin pyöräni kanssa. Kun pysähdyin odottamaan ystäviäni, hymyilin, sillä tiesin kehoni olevan vihdoin palautunut. Olin tyytyväinen siihen, että olin polkenut viisaasti jalkojani kuunnellen.

Yövyimme Unocin kuumilla lähteillä. Puhuin jo mielestäni selkeää espanjaa, joten en tiedä miksi, mutta kesti ainakin tunnin ajan saada selville paikan antiikkisen vanhalta pariskunnalta, oliko heillä tarjota kuumia kylpyjä ja ruokaa. Viimein he kutsuivat hyvin hiljaisen lastenlapsensa auttamaan meitä. Nuoren naisen silmät katselivat sinne tänne ja vaikutti siltä, ettei hänkään ollut meitä oikein kuulevinaan. Hän sai kuitenkin asiat etenemään ja saimme makuupaikat ja mahdollisuuden kylpeä. Nathan sanoi minulle naisen olevan kaunis, tosin lisäten, että kun ei ole viikkoon nähnyt nuorta naista läheltä, saattaa kuka vain hurmata hänet.

Paikka oli suuri halli, jossa oli yksityisiä suljettuja huoneita. Niissä saattoi kylpeä kolkoissa ja likaisissa maahan kaivetuissa betoniammeissa. Ne eivät suuremmin houkuttaneet, joten päätin ottaa oman kylpyni pihan pienessä ja kuumassa luonnontilassa olevassa lammikossa. Asetin kehoni hitaasti alas liejuiseen pohjaan, jotta kirkas vesi samentuisi mahdollisimman vähän. Lepuutin niskani lammikon reunalle ja katselin vuorijonolta toiselle kaareutuvaa tuikkivaa tähtitaivasta. Myöhemmin peseydyin vielä tarkemmin kolkoissa sisätiloissa ja sitten nukahdin makuualustalleni kylpylän käytävälle.

Luonteeltaan herkkä Nathan ei ollut saada unta käytävältä hänen nukkumispaikalle leijailleen tunkkaisen hajun takia. Hän oli yöllä lähtenyt etsimään hajulle syytä ja oli löytänyt parin metrin päästä verhon takaa kilokaupalla pöydällä makaavaa mädäntyvää lihaa. Nathan oli tiukka kasvissyöjä ja oli näyn takia todella ällöttynyt. Uni ei tullut, ja hän vietti yönsä valvoen ja oli aamulla nyrpeä, vaikka pystyikin tilanteelle jo vienosti hymyilemään.

Olimme saapumassa pieneen kylään ja suolakeksien happamoittamina aloimme haaveilla kylässä odottavista herkuista. Yksi meistä toivoi hyvää kahvia, toinen suklaapatukoita. Toivoimme kaikki, että saisimme tuoretta leipää, avokadoa, juustoa ja tomaattia, eikä kukaan meistä olisi kieltäytynyt tuoreista hedelmistä. Todellisuudessa haaveilumme oli vain vitsailua, sillä tunsimme jo edellisten kylien yksinkertaisen kaupallisen annin, emmekä uskaltaneet oikeasti moisia toivoa. Astuimme sisään yksinkertaisella kyltillä merkittyyn kauppaan ja yllättäen hyvässä järjestyksessä olevilla hyllyillä meitä odottivat kaikki salaiset haaveemme!

Pihan suomassa varjossa söimme tuoreita voileipiämme ja sillä aikaa kaupan omistaja, pehmeä keski-ikäinen Lily, kävi poimimassa meille tuoreita passionhedelmiä suoraan puusta ja keitti meille mitä aromaattisimmat kahvit. Kahvi ei ollut mitään Nescaféa, vaan itse oikein ajan kanssa haudutetusta tuoreesta tiivisteestä keitetty nautinto. Tien toiselle puolelle Lily oli rakentanut vierailijoilleen niin upean vessan vuorinäkymillä, että totesimme Nathanin kanssa yhteen ääneen, kuinka voisimme hyvin asua siinä. Se pieni kauppa ja vastaanottavainen ja bisneksilleen huomionsa antava kauppias Lily olivat melkoinen outo lintu vuorten karussa maailmassa. Kävikin ilmi, ettei Lily ollut alun perin täkäläisiä vaan jostakin kaukaisesta kaupungista kylän rinteelle lennähtänyt iloa tuova pulmunen.

Kohosimme päivän aikana jo 3600 metriin ja saavuimme lyhyehkön ajopäivän päätteeksi suureen kylään. Istahdimme Nathanin kanssa Cajatambon aukion katukivetykselle. Nautimme kohmeitamme lämmittävästä auringonpaisteesta sillä aikaa kun energinen Cherry lähti jälleen etsimään majoitusta. Koetimme olla kärsivällisiä, kun hän kävi läpi kirkot sekä majatalot. Harvinaisesti hän ei ollut tällä kertaa saanut puhuttua pappia tarjoamaan ilmaista suojaa kulkijoille. Cherry sanoi kaupungin parhaassa hotellissa olevan kyllä hyvät suuret huoneet mutta kertoi omistajan olevan omahyväinen ja töykeä, kylmä bisnesnainen, josta hän ei tykännyt.

Ystäväni eivät osanneet päättää mitä tehdä, joten otin ohjat käsiini. Heitä huoletti kylän parhaimman, kolmen tähden hotellin kova hinta, 5,50 euroa per lärvi, mutta minulle se ei ollut hinta eikä mikään maksaa mukavasta lepopaikasta. Niinpä kävelin hotellille ja pyysin omistajanaista esittelemään hänen tiluksiaan. Naisen kanssa oli mukava jutella. En tingannut vaan kehuin iloisesti, kuinka hieno hänen uusi hotellinsa olikaan. Sanoin hänellä olevan silmää yksityiskohdille ja mainitsin esimerkkinä mukavat sängyt ja sileät lakanat. Kun sain lisäksi luvan käyttää naisen omaa keittiötä, kävelin ystävieni luo sanomaan, että sinne me majoittuisimme. Viimeistään kuuman suihkun jälkeen, joustinsängyllä suuresta litteästä satelliitti-TV:stä kotimaisia sarjoja katsoessaan olivat englantilaiset ystävänikin iloisia siitä, että olimme panostaneet kylän kalleimpaan luksukseen.

Seuraavana aamuna olin kuitenkin huonosti nukkunut. Myös molemmat ystäväni olivat nukkuneet pinnallisesti ja päätimme viettää lepopäivän. Olimme kai jo niin tottuneita telttailuun, ettemme enää osanneet nukkua mukavalla joustinsängyllä. Nathan oli lisäksi huonovointinen ja hänen vatsatautinsa pitikin meitä kylässä lopulta viiden yön ajan. Itselleni avautui samalla aika ja tila kirjoittaa ja sainkin valmiiksi erään lehtikirjoituksen. Valokuvien lähettämistä varten tarvittavan riittävän nopean internetin löysin lopulta rautakaupasta. Lehtijutun ansiosta minulla oli taas yhdeksi kuukaudeksi lisää rahaa matkustaa.

Hotellissa vietettyjen päivien aikana omistajanainenkin avasi sydäntään ja todellista luontoaan. Hän oli oikein ystävällinen ja hoiti sairasta Nathania keittämällä tälle erityisiä parantavia keittoja.

Yhtenä iltapäivänä tiputin vahingossa juomalasin lattialle ja kun myöhemmin kerroin naiselle rikkoneeni sen, vastasi hän myötätuntoisesti kaikilla asioilla olevan oma elämänkaarensa ja sanoi juomalasin elämänkaaren tulleen nyt tiensä päähän. Jopa Cherry kehui rouvaa hyväksi ihmiseksi.

Lähtöaamuna olin pakannut tavarani vauhdikkaasti mutta jäin katselemaan televisiota viltin alla nautiskellen. Televisiosta tuli Italian ympäriajon vuoriston aika-ajoetappi, ja kolumbialaisen Nairo Quintanan inspiroivan kaunis ja murskaava ajo Alpeilla innosti minua entisestään. Olin jo aiemmin aamulla kylällä kävellessäni aistinut jaloissani sellaista herkkyyttä, että tiesin, etten malttaisi polkea ensimmäistä hirmuista nousua ylös viisaalla maltilla.

Lähtiessämme matkaan lämmittelin jalkojani ensimmäiset puoli tuntia ajamalla Cherryn ja Nathanin kanssa. Sen jälkeen en enää halunnut varmistella ja pitää intoani aisoissa vaan lähdin polkemaan kovempaa. Silloin kun innostus on niin suurta, ettei ole pysyä omissa housuissaan, on tarkoituksenmukaista koetella rajojaan, vaikka se typerää olisikin. Seuraavat kaksi ja puoli tuntia ajoin turhia pysähtymättä ja todella kovalla rasituksella ja polkemiseen täydellisesti keskittyen. Tuona iltapäivänä 4800 metrinen vuorihirmu oli minulle kuin maukas suupala, vaikka jouduinkin laskemaan vauhtiani tuntuvasti 4500 metrin jälkeen, kun ilma kävi ohuemmaksi hengittää. Aavistelin ystävieni olevan kaukana takanani, joten puin kylmällä huipulla kaikki vaatteet päälleni, asetin makuualustan alleni ja nostin jalkani lepäämään pyörän päälle.

Kun Cherry ja Nathan vihdoin saapuivat huipulle kolmisen tuntia myöhemmin, olin jo lukenut kirjani loppuun, syönyt kahdesti ja ottanut nokoset. Nathanin olemus viesti ärtyneisyyttä ja väsymystä. Hänen eleensä ja olemisensa kertoi kaiken ja olin siten itsekin vain hiljaa hänen vierellään. Katsoin alas laskevaa, loivasti kumpuilevaa maisemaa ja sanoin, että etsisimme vettä ja pystyttäisimme leirin mahdollisimman pian. Myöhemmin Cherry sanoi minulle Nathanin kertoneen, että tämänpäiväinen oli ollut kenties hänen elämänsä rankin päivä tien päällä. Nathan oli matkannut neljän vuoden aikana Alaskasta Peruun hyvin vaativilla reiteillä ja oli yleensä vahva kuin muuli, mutta nyt vatsatauti ja sitä edeltänyt sitkeä keuhkosairaus olivat heikentäneet häntä tuntuvasti.

Laskimme niin alas kuin hämärässä ehdimme. Pystytimme telttamme 4500 metrin korkeuteen ja jo illan aikana juomapullomme jäätyivät. En saanut nukuttua yöllä lainkaan kahdeksan asteen pakkasessa ja ohuessa ilmanalassa. Rajun ajopäivän jälkeen yö ei suonut rauhaa kovasti rehkineelle keholleni. Päätin jatkossa olla leikkimättä tällä reitillä. Seuraavana päivänä olin tien päällä hiljaista poikaa. Vaikka poljimme Cherryn kanssa hitaasti, ei Nathan pysynyt alkuunkaan vauhdissamme. Näin hänen jälleen kerran kyyristyvän ripulikakalle alempana vuorenrinteellä. Nathan oli tähän asti matkannut hitaammin mutta yhä tyylilleen uskollisena hiotulla ja nopealla pyöritystekniikallaan. Hänelle ei kuitenkaan ollut matkalla maistunut oikein mikään ruoka. Hän ei yksinkertaisesti ollut vuorten vaatimassa fyysisessä kunnossa.

Rinteet kimaltelivat upeissa väreissä edessämme: oranssia, vihreää, punaista, mustaa, harmaata ja ruskeaa. Kuin tomusokerina tämän makean kakun pinnalla kuorrutti vuorenhuippua hento lumipeite. Katsellessani monien mineraalien maalaamaa maisemaa ymmärsin, miksi Perun pääasiallinen tulonlähde oli jo vuosisatoja ollut kaivostoiminta. Tuskin sitäkään tietä, jolla sillä hetkellä pyöräilimme, olisi koskaan rakennettu ilman lähellä olevia kaivoksia. Unettoman yön ja raskaan ajopäivän jälkeen saavuimme kaupunkiin, jossa saimme riehakkaan vastaanoton. Kaupungissa oli isot juhlat. Minulla ei ollut energiaa juhlia kovassa musiikin jyskeessä, halusin vain syödä ja nukahtaa. Se oli myös matkaajaystävieni tahto.

Keskipäivällä kaupungin kadut olivat yhä hiljaiset. Juhlijat taisivat potea krapulaa sisätiloissa ja vasta harvat kaupat olivat avaamassa oviaan. Nathan valitsi kulkevansa seuraavan vuoren sijasta sairaalan laboratorioon. Seuraavalla reitillä olisi edessä vain brutaaleja nousuja, ja sairauskierteeseen joutunut Nathan suunnitteli nyt viisasti valitsevansa sairaalakäynnin jälkeen helpompia reittejä. Siten reittimme erosivat ja jatkoimme Cherryn kanssa matkaa kahdestaan.

Myöhemmin iltapäivällä Cherry saapui vuorinousun huipulle happivelan ja fyysisen rasituksen kireässä puristuksessa. Hän joutui ponnistelemaan parhaansa päästäkseen tälle elämänsä korkeimmalle huipulle. Huipulla hymyilimme jälleen Perun vuoriston asukkaiden suhteellisuudentajulle, sillä paria tuntia aiemmin, kun olimme kysyneet suuntaa eräiltä miehiltä, olivat he sanoneet mäen olevan lyhyt ja meidän olevan jo lähes sen huipulla. Vaikutti siltä, että perulaisille 10 kilometrin ylämäki oli kuin suomalaiselle hidastekumpu kadulla.

Huusin Cherrylle: ”Tulepas katsomaan!” ”En ole nähnyt mitään tällaista elämässäni!”, hän huudahti vastaukseksi katsellessaan huipun toiselta puolelta avautunutta maisemaa. Karkeat, terävät ja karut vuoret reunustivat kapeaa ja hiekkaista laaksoa. Ne heittivät tummia varjojaan laakson päälle ja rikkoivat siten vähäisenkin tasaisuuden vaikutelman. Laakson pohjalla oli pieniä lampia. Taivaalla pilvet vaihtuivat radikaalisti horisontin sinitaivaasta synkän raskaisiin myrskypilviin. Laskimme laakson reunalla kulkevalle tielle. Nyt vieressämme levittyi halkeillut, kuiva ja tasainen savimaa ja pian poljimme kaivoksen vesialtaan äärellä.

Olimme molemmat jo oppineet unien olevan pinnallisia yli 4500 metrin korkeudessa ja kovissa pakkasissa ja sen vuoksi pyrimme nyt laskemaan mahdollisimman alas lepäämään. Kahden suunnistusvirheeni takia meillä ei kuitenkaan ollut mahdollisuuksia ehtiä ennen pimeän tuloa suunnitelmissa olleille kuumille lähteille. Niinpä jäimme hämärän tullen lepäämään Rapazin kylään.

Vuorten vierustat olivat taidokkaasti viljeltyjä uskomattomiin korkeuksiin asti. Tie myötäili monissa kohdissa koskiksi yltyvää jokea. Olimme päättäneet ajaa lyhyen ajopäivän huilataksemme ennen edessä olevaa kammottavaa nousua. Parquin-nimisen kylän raitilla eräs mies tervehti minua puristamalla kättäni vahvasti. Hän jutteli meille pehmein sanakääntein ja kutsui meidät perunasopalle. Kun kysyimme, missä voisimme yöpyä, hän tarjosi meille yhtä omistamaansa taloa. Söimme miehen perheen kanssa perulaiseen tapaan pimeässä ja ikkunattomassa keittiössä ja kävelimme sitten omaan maalaistaloomme lepäämään.

Aamulla ostimme kahden päivän ruuat isäntäperheemme kaupasta ja lähdimme kohoamaan kohti 4900 metriä. Tiellä ei ollut nyt yhtäkään kulkijaa ja paikoin se oli niin rehevän ruohon peitossa, että lampaat ja hevoset ruokailivat keskellä tietä. Pikesin pariskunta kirjoitti reittiohjeissaan tämän nousun olevan äärimmäisen vaativa. Olin nyt kuitenkin niin hyvässä iskussa, että pääsin huipulle suhteellisen kevyesti.

”Joko se oli tässä?” kysyi Cherry huipulle saapuessaan.

”Mitä pirua voisin tehdä kanssasi? Yritän tarjota sinulle kaikkein haastavimpia nousuja ja sinä kyselet, että tässäkö se oli. Aina sama juttu! En voi mitään, ei minulla ole tarjota sinulle enempää haasteita”, naureskelin hänelle.

Alamäessä oli villin erämaan tunnelmaa. Tie oli äärimmäisen vähän käytetty ja kasvanut miltei takaisin osaksi ympäristöä. Cherry paleli niin paljon, että hänen piti hetkeksi pysähtyä juoksemaan paikallaan. Laskimme joelle asti ja kohosimme uutta nousua vielä sen verran, että kehomme lämpenivät ennen leiriytymistä tienvarteen.

Olin seurannut viikkokausia, kuinka Cherry oli tunnista toiseen puuskuttanut kovaa ja polkenut pää punaisena päästäkseen ylös näitä raatelevia nousuja. Hän vakuutti aina voivansa hyvin, mutta olin varma, että kovalla teholla poljetut tunnit tulisivat kerääntymään ja varmasti tuntumaan hänen kehossaan myöhemmin. Itselläni on pyöräilyyn pieni etu siitä, että olin jo 17 vuoden ajan harrastanut vaativaa kestävyysharjoittelua. Siten pystyin halutessani ajamaan vaativimpiakin nousuja suhteellisen matalalla rasitustasolla. Illalla Cherry oli niin väsynyt, ettei jaksanut syödä kokkaamaani pastaa vaan saattoi vain käpertyä makuupussinsa lämpöön nukkumaan. Tällä reitillä ei ollut yhtään helppoa päivää. Sitkeyttä Cherryltä kuitenkin löytyi. Kun hän seuraavana päivänä saapui hitaasti 4800 metrissä olevalle huipulle, sanoin hänelle: ”Ei lomailukaan ole aina helppoa.” Cherry vastasi minulle tuimasti, melkein vihaisella katseella: ”Ei unelman eläminen ole aina helppoa.”

Vaikka kulkemamme tiet olivat yksinäisiä ja kaukaisia, näkyi niilläkin paikka paikoin elämää. Törmäsimmepä seuraavalla etapillamme jopa aamuruuhkaan, joka muodostui kymmenistä alpakoista! Olimme nyt alueella, josta pääkaupunki Lima sai osan juomavedestään. Seurasimmekin noin kuuden kilometrin matkan ajan Limaan asti laskevaa vesikourua. Kourun vierusta olikin sitten ainoa lähes tasainen pätkä satojen kilometrien aikana tällä reitillä! Vaikka reittimme oli syrjäinen, tarjosivat tienvarressa toistuvasti lorisevat purot ihanaa käytännön luksusta. En koskaan kantanut mukanani iltojen leirivettä lukuun ottamatta enempää kuin 2,5 litraa vettä kerrallaan. Vaikka vettä riitti, oli ruokamme kuitenkin loppumaan päin, sillä reitillämme ei ollut ollut kauppoja kahteen päivään. Onneksemme eräässä tienristeyksessä oli upouusi aaltopellistä pystytetty kauppa-ravintola ja sen omistajien into hemmotella asiakkaitaan kukki vielä tuoreuttaan. Söin lautasellisen herkkuja.

Marcapomacochan laidalla kohosi suuri, hylätyn oloinen, kirkkaan vihreä hotellikolossi, joka näytti maisemassa melkoiselta kulmikkaalta hirviöltä. Hotelli oli selvästikin rakennettu houkuttelemaan turisteja viereisen järven kauniille hiekkarannalle, mutta kukapa vaivautuisi tänne kylmään ja hapettomaan maahan rantalomalle! Siellä 4400 metrin korkeudessa ei pääsisi pakoon yöpakkasia keskikesälläkään. Cherry käveli kaupungintalolle kysymään, voisimmeko yöpyä hotellissa. Odotin häntä puistonpenkillä. Sää oli kummallinen: auringonpaisteessa miltei hikoilin, mutta kun pilvi leijaili auringon eteen, oli kuin minut olisi dipattu jäiseen avantoon. Cherry oli saanut puhuttua meille huoneen hotellista erinomaisen huokeaan hintaan. Kaupungintalon naiset olivat kovin otettuja vierailustamme ja ottivat meistä monia valokuvia. Kameran takana ollut tyylikäs nainen oli niin kaunista katseltavaa, että olisin mielelläni toiminut hänen mallinaan pidempäänkin.

Hotellihuoneessa kaikki oli rempallaan, mutta koska rakennus oli alun perin suunniteltu korkeatasoiseksi lomapaikaksi, oli se rapautuneessa söpöydessäänkin oikein mukava. Seinän kokoisista valtavista ikkunoista avautui panoraama järvelle. Aurinko paistoi huoneeseemme, ja pitkästä aikaa tunsimme sen lämmön ja näimme luonnonvaloa sisätiloissakin. Aurinko lämmitti huoneen 20 asteiseksi ja oli ihmeellinen tunne tepastella t-paitaisillaan. Päätimme levätä kylässä kolme yötä.

Seuraavana päivänä huomasin jälleen, miten tarmokas ja kunnianhimoinen Cherry oikein olikaan. Siitä vain hän tempaisi heti seuraavana päivänä tuntikausien kirjoitussession. Lontoossa hoitoalalla uraansa luonut tyttö oli selvästi tottunut tekemään asiat aivan toisenlaisella tahdilla ja päättäväisyydellä kuin yhteiskunnan tukia ja hyvätahtoisten ihmisten lahjoituksia pummaamalla hengissä selvinnyt meikäläinen. Kun Cherry iltamyöhällä lopetti kirjoittamisen, sain lukea hänen tekstinsä. Tekstissään Cherry kertoi, miten hänen matkantekonsa oli saanut uusia ulottuvuuksia Perussa. Hän kuvaili hienosti sitä prosessia, miten hän oli alkanut valitsemaan työläämpiä reittejä, oli keventänyt pyöräänsä ja jättänyt luksustavaroita pois ja kaiken kaikkiaan alkanut uskomaan itseensä vaikeissakin olosuhteissa. Olin nähnyt tämän muutoksen konkreettisesti seuratessani häntä siitä lähtien kun tapasimme ensimmäisen kerran lähellä Ecuadorin rajaa. Hän ei esimerkiksi kantanut enää painavaa meikkilaukkua mukanaan, eikä kaihtanut ehdotuksiani vaativista reiteistä. Yksi asia kirjoituksessa sai minut kuitenkin ihmetyksen valtaan: hän kirjoitti löytäneensä vapauden näiden yhteisten seikkailujemme aikana Perun korkeilla vuorilla.

Kun Cherry kysyi, miltä kirjoitus vaikutti, oli minun kehujen lisäksi kysyttävä tästä hänen kuvailemastaan vapaudesta: ”Olit kuvaillut kirjoituksessasi hienosti sitä minkä olen nähnyt tapahtuvan viime viikkoina, mutta en lainkaan ymmärrä, mitä tarkoitat sillä, kun kirjoitit löytäneesi vapauden. Mitä se oikein on?” ”Se on kokemus ja tunne. En ole viime viikkoina enää ajatellut menneitä tai suunnitellut tulevia, olen elänyt hetkessä. Minä en nyt mieti, kuinka pitkällä olen kartalla tai sitä, ehdinkö jouluksi kotiin”, vastasi Cherry. En kuitenkaan vieläkään saanut täysin kiinni hänen ajatuksestaan, joten jatkoin: ”Mutta Cherry, mitä se on sellainen vapaus, jota häiritsee tulevien tai menneiden ajattelu?” Cherry vastasi: ”Sitä on vaikea selittää. Se on kokemus ja tunne vapaudesta. Ehkä sinä et voi ymmärtää, koska olet aina elänyt näin, vailla työtä ja vastuuta.”

Seuraavana päivänä jatkoimme matkaa. Taisimme polkea alle tuhat nousumetriä, mutta olin tullut flunssaiseksi ja menoni oli tahmeaa. Huipulle pysähdyttyäni aloin yskiä voimakkaasti. Vahvuuden ja voiman tuntemisen päivät olivat nyt historiaa. Laskimme Limaan johtavalle Carretera Centralille ja niiden 17 kilometrin aikana ohitsemme ajoi enemmän autoja kuin olimme nähneet edellisenä kolmena viikkona yhteensä. Tiellä oli vauhtia ja kiperiä tilanteita. Kylät olivat pölyisiä ja meluisia läävä. Olimme tottuneet siihen, että vuorilla paimenkoirat juoksivat vierellämme ja saattoivat meitä ystävällisesti eteenpäin. Nyt pakokaasussa, roskissa ja melussa elävät koirat hyökkäsivät hampaat irvessä meitä kohden. Käännyttyämme pian uudelle kapealle hiekkatielle olimme taas hiljaisuudessa, jossa puron lorina kantautui korviini. Muutaman kilometrin ylämäkeä kammettuani polkimeni löivät tyhjää. Ne lukittuivat vielä muutaman kerran, mutta tiesin Huarazista ostamani uuden takanavan vapaarattaan hajonneen ja käännyin pikaisella päätöksellä takaisin alamäkeen.

Pysähdyin Cherryn kohdalle ja selitin hänelle tilanteeni. Kuinka sattuikaan, että napa hajosi juuri siinä kohtaa, josta maan ainoille paremmin varustetuille pyöräkaupoille olisi vain alamäkeä! Huipulta mitattuna se olisikin sitten elämäni pisin alamäki, 4880 metristä alas merenrantaan! Laskimme yhdessä läheiselle kalankasvattamolle, nukuimme siellä yön ja seuraavana aamuna tiemme erosivat. Minä laskin Limaan ja Cherry aloitti ensimmäistä kertaa elämässään yksinäisen seikkailun erittäin vaativilla ja syrjäisillä teillä. Cherryn oli aika ottaa seuraava askel pyörämatkaajana, ja minä en olisi flunssaisena ollut riittävän vahva kohoamaan taas viiteen tonniin.

Andien kätketty helmi

Lima - Carratera Central – Huancaya – Acobambilla – Huancavelica - Ayacucho

En saattanut vieläkään uskoa tuuriani, että olin polkenut 2,5 viikkoa Perun syrjäisillä teillä, joilla kulki korkeintaan vain muutama auto päivässä, ja pyöräni oli hajonnut sellaisessa kohdassa, josta oli vain alamäkeä Limaan! Sain rikkinäisellä takanavallakin laskettua vielä 70 kilometriä Chosicaan eli Liman laitamille asti, mutta sitten takanavan vauhtipyörä sanoi työsopimuksensa irti lopullisesti ja kammet pyörivät ainoastaan tyhjää. Taksikyyti 40 kilometrin päähän Liman keskustaan maksoi vain 8 euroa, joten jatkoin matkaa autolla puheliaan taksikuskin seurassa. Mitä lähemmäksi Tyynen valtameren rannikkoa Carlos ajoi, sitä utuisemmaksi taivas muuttui. Kun saavuimme pääkaupungin betonisiin ja tiiviiksi rakennettuihin lähiöihin, oli utu jo niin paksua, että taivaskin oli väriltään saman harmaa kuin kaikki muukin ympärillämme.

Carlos kertoi minulle, ettei Limassa nähnyt aurinkoa kuin noin kymmenenä päivänä vuodessa ja tähtiä ja kuuta ei välttämättä nähnyt koskaan: mereltä kantautuva usva ja suurkaupungista leijuvat ilmansaasteet peittelivät kuun ja tähdet näkyvistä.

Kävelin seuraavana aamuna Tyynenmeren rantaan asti, ohi kansainvälisten ravintoloiden ja merkkiliikkeiden. Löysin etsimäni ulkoiluliikkeen avoimeksi rakennetusta ostoskeskuksesta, joka oli kuin amfiteatteri rantakalliossa. Satametrisen kallionkielekkeen alla lainelautailijat napsivat valtameren murtuvia aaltoja. Ostettuani makuupussiini lämmittävän sisälakanan istahdin keskuksen aukion pehmeälle sohvalle. Ostoskeskuksen takana kohosi suuria, lähes pilvenpiirtäjämäisiä toimistoja, jotka kuuluivat Perun rikkaimmille yrityksille. Selvästi yritysmaailman menestyksestä nauttivat nuoret herrasmiehet kävelivät ostoskeskuksen rappusia alas takki auki ja kädet taskuissa. He olivat pukeutuneet teräväkärkisiin nahkakenkiin ja tummiin pukuihin mutta kulkivat kenties tietoisesti korostavan rennosti. Täysin tyköistuviin vaatteisiin pukeutunut nainen käveli korkokengillään aukion halki. Hän oikoi vaaleilla raidoilla värjättyä pitkää tukkaansa tuon tuosta, keinutti lannettaan ja muisti jokaisen näyteikkunan kohdalla vilkaista, miltä hänen valtavat silikonitissinsä näyttivät. Naisen kalju mies käveli tämän vierellä pitäen naistaan tiukasti kädestä kiinni, ikään kuin suojellen, etteivät kahviloissa istuskelevat toiset miehet vain katseillaan viettelisi hänen tärkeintään.

Pysähdyin kalliin ravintolan lasiaidan taakse katselemaan suuren eurooppalais-perulaisen ystäväjoukon lounastuokiota. Habituksesta päätellen he kuuluivat Perun menestyvään, hyvin pieneen vähemmistöön. Jokaisen tukka oli siistiksi muotoiltu ja jokainen vaatekappale aina silmälaseja myöten näytti siltä, että se oli tietoisesti valittu sopimaan yhteen kokonaisuuden kanssa. Heidän olemuksessaan kaikki linjat olivat puhtaita ja jopa eleet harkittuja ja tarkkaan opittuja.

Istahdin penkille ja minut valtasi erikoinen ajatus siitä, että olin nyt rikkaiden ihmisten keskellä aivan samalla tavalla kuin olin ollut kahta päivää aiemmin paimenten maailmassa. Yritysmaailman henkilöillä vaikutti olevan jonkinmoisia mukavuuksia elämässään ja arki oli varmasti kiireistä, kun taas lammaspaimenilla oli tietystä kulmasta katsottuna karummat elinolosuhteet mutta yksinkertaisempi elämäntyyli. Kumpikaan elämäntapa ei näyttäytynyt minulle parempana kuin toinen. Matkatessani olen törmännyt mitä erilaisimpiin ihmisiin ja elämäntyyleihin. En ole havainnut minkään erityisen elämäntavan tai elinolosuhteen johtavan selvemmin riippumattomaan onnellisuuteen kuin jonkun toisen. Päinvastoin, elämäntyyliin tai varallisuuteen liittyvillä asioilla ei näytä olevan minkäänlaista yhteyttä tyytyväisyyteen, eli todellisuuden hyväksymiseen sellaisena kuin se on. Ajatus sai minut hymyilemään ostoskeskuksen penkillä, että saatanpahan siten antaa niin sanotun omankin elämäni tapahtua vapaasti siten kuin sen tulee tapahtua, vailla ideoita ja uusia unelmia siitä miten sen pitäisi tapahtua.

Käveltyäni takaisin hostellille mietin, miten näytti siltä kuin koko Perun suuren vuoriston rikkaudet olisivat kaikki valuneet tähän karuun kaupunkiin. Aavikolla sijaitseva betoniviidakko oli kuin valtava magneetti, joka veti puoleensa rikkautta. Rikkaus ei kuitenkaan jakaantunut kaupunkilaisten kesken vaan keskittyi hyvin pienelle ryhmälle. Olin huomannut maaseudulla, kuinka jokaisen pienenkin kaupan hyllyjä täyttivät samojen suuryritysten tuotteet. Katselin sanomalehdessä olleesta listasta, miten sadan maailman rikkaimman ihmisen joukossa oli yhteensä kahdeksan perulaista. Kaksi heistä, molemmat miljardöörejä, olivat maitokauppiaita yrityksessä, joka osti maidon paimentolaisilta ja myi sen sitten takaisin heidän kyliinsä jalostettuina, kauan säilyvinä maitoina ja jogurtteina. Niitä minäkin join lähes päivittäin ja osaltani rakensin yritysimperiumia.

Kun olin muutaman päivän kuluessa saanut pyöräni kuntoon Limassa ja uskoin toipuneeni flunssasta, kuljin bussilla takaisin siihen paikkaan, jossa takanapani oli hajonnut. Siitä eteenpäin olikin sitten vain ylämäkeä. Poljin reilun tunnin ajan, ja koska iltapäivä oli jo pitkällä, majoittauduin tien varren tyhjään savimökkiin.

Olin pitkästä aikaa yksin tien päällä. Niinpä kun seuraavana aamuna olin pakannut laukkuni, saatoin heti lähteä polkemaan. Menneinä kahtena kuukautena matkatessani ystävieni kanssa olin usein joutunut odottelemaan. Silloin nopeampi tahtini oli tarkoittanut minulle myös enemmän odottelua. Tällä kertaa iloitsin ajatuksesta, että nopea tahti veisi minua vain koko ajan kauemmas. Kaikesta menemisen riemusta huolimatta vauhtia minulla ei tällä kertaa kuitenkaan tuntunut olevan. Kun saavuin yli 4500 metriin, aloin taas yskiä limaa. Flunssa ei ollutkaan parantunut kunnolla. Siitä eteenpäin minulla oli vain yksi menovaihde: sellainen, että pääsisin huipulle. Poljin madellen 4930 metriselle raskaalle, jyrkälle ja huonopintaiselle Punta Ushuaycalle. Laskin sieltä alas järvien täplittämään laaksoon, josta poljin vielä yli yhden korkean huipun.

En kohdannut liikennettä tai ihmisiä. Korkeassa ilmanalassa limaiset keuhkoni eivät toimineet kunnolla, jalkani olivat tahmeat ja vointini sillä tavalla sumea, että elin pääasiassa sulkeutuneena omiin ajatuksiini suorittaessani ainoaa tehtävääni, eteenpäin kulkemista. Todella pitkän ajopäivän päätteeksi saavuin pieneen kylään juuri ennen pimeän tuloa. Sain huoneen erään perheen yläkerrasta. Heitin surkeat sängyt pystyyn pikkuruisen huoneen seinustalle ja levitin makuualustani lattialle. Sen jälkeen menin alakertaan ja istuin perheen lämpimään keittiöön odottamaan illallista. Katselin TV:stä perulaisten ylivoimaisesti suosituinta ohjelmaformaattia. Se oli sellaista kevyttä viihdettä, jossa aikuiset ihmiset kilpailivat fyysisesti TV-studioon rakennetussa leikkipuistossa ja jossa pääasiallinen vetonaula vaikutti olevan vähäpukeisten naisten muodokkaat peput ja tissit sekä atleettisten miesten massiiviset lihakset ja jyrkät leukaperät. Samantyyppisiä ohjelmia tuli iltaisin ainakin kolmelta eri kanavalta. Ihmiset pienissä hiljaisissa kylissä näyttivät eläytyvän täysin ohjelmien kilpailuhenkeen. Seniltaisen ohjelman nimi "Esto es guerra" (Tämä on sotaa) kertonee huippusuosituista sarjoista kaiken olennaisen.

Aamulla heräsin jo kello viiden jälkeen, mutta vointini oli kuin takamukseen ammutulla karhulla. En saanut enää unta, vaan niistelin nenääni, yritin hengittää ohutta ilmaa tukkoisten sierainten kautta ja annoin levottomien ajatusten hakea paikkaansa. Mietin, mitä olisi järkevintä tehdä. Makasin sängyssä yhdeksään asti, mutta sitten aloin havaita olemuksessani tuttua rentoutta, jonka edestä pahimmat flunssan oireet alkoivat väistyä. Päätin jatkaa matkaa. Minulla oli nyt varma tunne siitä, että päivä sujuisi hyvin, eikä matkan jatkaminen olisi suuri terveysriski.

Saavuin pienemmän tien alkuun, jonka Neil Pikes oli tarkoilla silmillään löytänyt internetin satelliittikartasta. Tie ei ollut oikeastaan edes kunnon polku, vaan se koostui vienoista painalluksista villin maan pinnalla. Seitsemän kilometrin päässä ainoa reitti eteenpäin oli jyrkällä vuorenseinämällä kulkeva monin paikoin vain hieman pyöräni renkaita leveämpi polku. Pyöräilin sen minkä suinkin pystyin. En saanut aina kammettua, mutta potkin oikealla jalallani vauhtia ylärinteestä. Suurimman vaaran pudota seinämältä aiheutti se, kun etulaukut tökkäsivät ylärinteeseen ja olivat horjauttaa pyörän jyrkkään pudotukseen. Etenin nuo paikat varoen ja hyppäsin tarvittaessa kävelemään ylös rinteelle. Välillä ohjasin pyörääni vinottain seinämällä taitellen ja kapeimmissa paikoissa nostin sen rapautuneiden rinnekourujen yli. Tuon haasteellisen alun jälkeen pääsin polkemaan pitkiä jaksoja ja nauttimaan mutkien ja kivien ohitse kaartelusta. Ohitin smaragdinvihreän matalan joen, jonka rannalla ruokaili muutamia mustia hevosia. Ruskeanvihreä heinä aaltoili pehmeästi edestakaisin joen virtauksessa. Kanjoni oli kotoisan sulkeutunut, vain pienen pienet vesiputoukset lorinallaan ja harvat vesilinnut laulullaan loivat ääniä tuulettomaan ympäristöön. Pyöräni kulki yllättävän vahvasti. Olin kuin kotonani teknisesti vaativalla reitillä. Vuorenrinteeltä polku laski kulkemaan jokivarren nurmea pitkin. Pidin lämpimässä auringonpaisteessa lounastauon ja huilasin hetken ajan luonnon kauneutta ihastellen.

Nousu joenvarrelta takaisin vuorenrinteelle oli kapea, äärimmäisen kivinen ja todella jyrkkä. Jouduin paikoin käyttämään maksimaalisesti voimiani työntäessäni pyörääni yli koirankopin kokoisten kivien. Tämä ainutlaatuisen kaunis ”*bike & hike*”-osuus päättyi pitkiin rappusiin, joita pitkin talutin pyöräni alas Vilca-kylän tyylikkään kivikirkon hallitsemalle aukiolle. Kahta betonitöitä kadulla tekevää miestä lukuun ottamatta kylässä ei ollut kukaan kotona. Kenties nuoriso oli sieltäkin lähtenyt opintojen tai työn perässä Limaan ja kylään jääneet vanhukset olivat viettämässä päiväänsä vuorten niityillä kotieläinten kanssa. Kukapa tietää.

Kylän kupeessa joki tippui sammaloituneiden kivien välistä satoina eritasoisina vesiputouksina. Pysähdyin juttelemaan jalkapatikassa olleen miehen kanssa, jolla oli säkki selässään. Kysyin, mitä hän kantoi säkissä. Hän kääntyi ympäri ja näytti minulle käyttävänsä paimennusajan hyödykseen keräämällä siinä sivussa vaimollensa kuivunutta lehmänlantaa keittiön hellaa varten. Hän naurahti makeasti ja sanoi, että minun kotimaassani taisi olla hieman erilaiset tavat kokata ja että gringolle saattaa kuulostaa hassulta, että vaimo keittää sopan lehmänlannan energialla! Paiskasin kättä hänen kanssaan ja jatkoin hymyillen matkaa päivän ensimmäisen ihmiskohtaamiseni jälkeen.

Canete-joen kaivama kanjoni leveni levenemistään ja maisemassa alkoi näkyä suurempia järviä. Ne olivat yhteydessä toisiinsa vesiputousten kautta ja muodostivat kauniin vesiportaikon: paikka oli oikea Andien kätketty helmi. Päivän päätteeksi Huancayan turistikylässä yllätyin, että kylässä tosiaan oli turisteja. Molemmat heistä katselivat minua kiinnostuneena ja uteliaana. Vieressäni istuneita, oletettavasti lyhyellä automatkalla olevia eurooppalaisia, selvästikin mietitytti, mistä minä olin oikein pyörälläni saapunut. Olin laskeutunut pitkän ajopäivän jälkeiseen hiljaisuuteen, eikä suuni avautunut, vaan odottelin mielenkiinnolla ja valppaana, saisivatko he itsensä rohkaistuksi aloittamaan keskustelun. Eivät saaneet ja siten emme edes esitelleet itseämme.

Aamulla päätin nousta alamäen jälkeisen Punta Pomacochan hurjan nousun ylös yhdessä päivässä. Nousu olisi tällä reitillä ehdottomasti kaikkein vaativin. Ostin Laraoksen kylästä kahden päivän ruuat ja jatkoin heti matkaa syrjäiselle 150 kilometrin taipaleelle. Poljin rennosti ja turhia pysähtelemättä 4600 metriin asti. Maisemassa kohosivat tutut kevyen lumen peittämät vuorenhuiput ja niiden alla levittyi läpimärkä tundramaa. Poljin yli kapean sillan ja siitä pitkälle eteenpäin päästäkseni samaisten vuorten toiselle puolelle. Vuoret olivat dramaattisen jyrkkiä ja niiden heiveröisten hiekkaseinämien päällä kulkeva neljän kilometrin mittainen tieosuus oli keskimäärin 10,6 prosenttinen. Poljin miltei viiden kilometrin korkeudella.

En kokenut enää yhtään kevyttä kammenkierrosta. Flunssa oli vienyt minulta suorituskyvyn, eivätkä keuhkoni, saatikka jalkani jaksaneet pumpata totutusti. Pystyin polkemaan, mutta jo mahdollisimman hidas eteneminen neljän kilometrin tuntivauhdilla sai pääni punaiseksi. Kun pysähdyin valokuvaamaan ympäristön jylhiä maisemia, aloin yskiä voimakkaasti. Huipulla vaihdoin pois pyöräilyvaatteet ja puin päälleni kaikki lämpimät lumppuni. Laskin pimeässä ja luita kalistavassa kylmyydessä niin pitkälle kuin suinkin pystyin. Näin tien vieressä putoavan rinteen alla sijaitsevan järven ääriviivoja, mutta oli jo niin pimeää, että vain kamerani herkän sensorin ja pitkän valotusajan ansiosta saatoin nähdä, miltä se näytti. Isot kivet löivät nyt säännöllisinä yllätyksinä pyöräni vanteeseen asti. En jaksanut kuitenkaan lisätä painetta renkaisiin. Otsalamppuni ei näyttänyt kuin muutaman metrin eteenpäin.

Etsin vähässä valossa tasaista telttapaikkaa; löysin sellaisen pienen mäen päältä vain kymmenen metrin päästä tiestä. Ajattelin, että kukapa täällä ajelisi ja pystytin leirini tien viereen. Odotin mielenkiinnolla minkälaisena maisema avautuisi aamun valossa.

Kokkasin, nautin ainutlaatuisista hetkistä tässä maagisessa paikassa ja sitten menin yöpuulle. En saanut kuitenkaan nukuttua lainkaan. Unentulo ei ollut lähelläkään. Nenäni oli täysin tukossa ja teltassa lämpötila kuusi pakkasastetta. En palellut lainkaan, mutta opin taas sen, että todella kovien ajopäivien jälkeen kehoni ei saa rauhaa näissä korkeuksissa, etenkään kun nenästä ei ole hengittämään. Tämä oli jo toinen uneton yö samanlaisissa olosuhteissa.

Aamulla istuin vuorenrinteelle ihastelemaan tuota illalla mieltäni kutkuttanutta järvimaisemaa, joka aamuvalossa näyttäytyi väreiltään ja muodoiltaan huomattavan pehmeänä. Olin hiljaista poikaa. Poljin unenpuutteen luomassa erikoisen rauhallisessa transsissa. Lähes koko päivän ajan kuuntelin musiikkia korvanapeistani kovalla volyymilla ja hyödynsin sen apua pysyäkseni hereillä ja pitääkseni jalkani rytmissä. Poljin 95 kilometriä laakealla ja kumpuilevalla ylänkömaalla. Varsinaisia vuorinousuja ei ollut, mutta koko ajan ylös-alas kulkeva reitti sai pikku mäillään kasattua kokoon lähes 2000 nousumetriä. Poljin seitsemän tuntia saapuakseni kylään, josta saisin ruokaa. Söin kaksi suurta spagettisoppaa kylän ainoassa ”ravintolassa” ja nukahdin kaupungintalon toimiston lattialle hyvissä ajoin.

Seuraavana päivänä poljin yli kahden vuoren ja taas seitsemän tunnin ajan. Huancavelicassa minun oli aika levätä. Kaupungin kaduilla oli käynnissä jonkin sortin juhlat, kuten Perussa tapaa usein olla. Ihmiset ripottelivat monenväristen kukkien lehtiä maahan ja tekivät niiden avulla asvaltille kauniita Jeesusta kuvaavia katutaideteoksia. Huancavelicassa ei juuri käynyt turisteja, joten torin hedelmänmyyjät halusivat jutella kanssani pitkään. He väänsivät mitä hassumpia vitsejä nimestäni. Perun värikkäät, rennot ja antimiltaan rikkaat torit olivat matkani suurta antia.

Tulevina päivinä vointini heikentyi kuumeiseksi ja aloin tuntea halua pitää suunniteltu lepojakso jo nyt sen sijaan, että olisin polkenut alkuperäisen ajatuksen mukaisesti Cuscoon asti. Jäinkin vielä muutamaksi päiväksi Huancavelicaan. Otin tavakseni käydä päivittäin syömässä jotain makeaa ja helposti sulavaa ruokaa jossain kylän monissa herkkupuodeissa, kun mitään muuta ruokaa en tahtonut saada syötyä. Yhtenä päivänä syötyäni marjakiisseliä ja maitovanukasta tutustuin Ramiroon, iäkkääseen mieheen, joka oli matkustanut ja asunut elämästään niin pitkiä toveja ulkomailla, että hänen olemuksensa viesti hänen olevan eurooppalainen. Hän oli juuriltaan kuitenkin niin paikallinen kuin vain saattoi olla ja kutsui minut maaseudun kotiinsa, jossa voisin kuulemma rentoutua ja sairastaa rauhassa. Kesäkuisena syntymäpäivänäni sain lahjaksi huoneen hänen suuresta talostaan ja hänen apulaisensa Nila, joka tunsi paikalliset yrtit ja metkut tarkkaan, piti ruuillaan minusta hyvää huolta. Oli ihanaa istua valmiiseen pöytään, sillä ruuan etsiminen ja syöminen sairaana oli menneinä päivinä ollut varsin epämukava tapahtuma. Ramiron hoivissa tunsin itseni kuninkaaksi, niin hyvää huolta minusta pidettiin!

Keräsin voimiani sen verran, että saatoin jatkaa matkaa. Pyörän sijaan hyppäsin tällä kertaa bussiin määränpäänäni lähellä sijaitseva Ayacuchon kaupunki. Se tuntui sillä hetkellä mukavalta paikalta levätä, sillä se olisi lämpimämpi paikka ja kaiken lisäksi saattaisin tavata siellä ystäväni Cherryn ja Nathanin. He olivat saapuneet noutamaan aiemmin lähettämäänsä varustepakettiaan. Ramiron luona levätessäni minulle oli vahvistunut ajatus siitä, että nyt oli pidemmän levon hetki. Tulisin pitämään vähintään kuuden viikon mittaisen tauon etenemisestäni. Tunsin, että olisi aika uudistua ja saada tukkoiset keuhkot terveeksi ennen uusia vaativia seikkailuja.

Amazonin mielitty henkäys

Ayacucho – San Francisco – Quillabamba – Cusco

Edellisenä iltana hotellini omistajaperhe oli järjestänyt minulle jäähyväisillallisen, johon osallistui noin 20 henkeä. Olin ollut kuin perheen oma poika. Perheen äiti Alicia sanoikin hänellä olevan neljä poikalasta: kuusi kuukautta vanha Antonio, 8-vuotias Leonardo, minä Jukka ja hänen miehensä Carlos.

Olin ollut Ayacuchossa jo viisi viikkoa, sillä keuhkoni olivat kärsineet pahasti jouduttuani polkemaan vuoristossa flunssaisena. Tunsin olevani tervehtynyt ja valmis jatkamaan matkaa. Valitsin mielenkiintoisen reitin eteenpäin Selvassa, Andien Amazonin puoleisilla vuorilla. Tulevana aamuna rullasin hotellilta alas laskevalla kapealla kadulla. Carlos ja Alicia vilkuttivat minulle jäähyväiset ja naapurinkakarat ”veljeni” Leonardon johdolla juoksivat perässäni katukäytävällä ja autojen välissä poukkoillen. Markkinoiden kohdalla näin heidät viimeisen kerran, eikä kukaan tuttu sittemmin enää vilkuttanut minulle kadunvarsilta.

Laskettelin asvaltoidulla tiellä joelle asti, jossa ihmiset viettivät piknikiä aurinkoisena iltapäivänä. Joelta hiekkainen tie lähti jyrkkään nousuun. Maa pöllysi aurinkorasvaksi sääriini, ja ohitse ajavat autot saivat minut hengittämään tuota samaista tomua. Renkaanikaan eivät tuntuneet saavan tomumaahan pitoa. Olin kuuden viikon mittaisen keuhkoinfektion jälkeen tahmeassa kunnossa ja hidaskin eteneminen kävi työstä. Pitkän levon jälkeen tunsin kuitenkin tuoreen innon olla tien päällä. Kun saavuin asvaltoidulle tielle, ymmärsin valinneeni mahdollisimman vaikean reitin, joskaan se ei tällä kertaa ollut ollut tarkoitukseni.

Tulevana aamuna poljin ohi Ayacuchon suurimman nähtävyyden, Quinoan kuuluisan pampan. Keskellä laakean kumpuilevaa pampaa kohosi suuri pyramidimainen muistomerkkitorni, joka oli pystytetty espanjalaisten ja inkojen viimeisen taistelun muistoksi. Se oli kunnianosoitus sotasankareille, jotka olivat solmineet rauhan – tappamalla. Tätä tappamista muistelemaan saapui yhä bussilasteittain turisteja ja koululaisia.

Muistomerkiltä tie oli pelkkää ylämäkeä 4200 metriin asti. Saavuin kylään, jonka raihnaiseen majataloon majoittauduin. Hajamielinen vanha rouva avasi minulle huoneen, jonka lukkoa lukuun ottamatta mikään ei toiminut. Otin kylmän suihkun talon toisessa päädyssä. Sen jälkeen paikan isäntä pysäytti minut käytävällä, halasi minua ja kysyi, olenko sinkku. Kun olin vastannut olevani, hän taputti takapuoltani ja kouraisi sukukalleuksiani. Taputin hassua miestä olkapäälle, toivotin hyvää päivän jatkoa ja palasin huoneeseeni lepäämään, hänen tarkoitusperiään sen enempää ajattelematta.

Myöhemmin kävelin kylän aukiolle. Istahdin kojulle ja tilasin juustoleivän ja quinoa-juoman. Aukiolla puhalsi viileä tuuli, eikä aurinkokaan enää lämmittänyt. Ohitseni käveli muutamia ihmisiä ja toiset odottivat autokyytejään kaukaisiin kyliin. En ole missään maailman kolkassa nähnyt yhtä paljoa katukoiria kuin tässä rempallaan olevassa kylässä. Joukko koiria tappeli ja nussi keskellä aukiota. Yksi narttu oli kiimassa ja monet urokset kävivät sitä vuoroin kokeilemassa. Pikkukoirat eivät yltäneet kyytiin, mutta iso musta koira sai itsensä perille, niin kovasti, että koirat jäivät lopulta kiinni toisiinsa. Se ei muita uroksia haitannut, vaan ne yrittivät yhä sitkeästi päästä itsekin perille. Se oli tämän kylän show, jota ihmiset häpeilevillä sivusilmillään vilkuilivat. Kun jatkoin matkaa syömään, olivat koirat yhä kiinni toisissaan.

Saavuttuani takaisin aukiolle, oli naaraaseen jumittunut jo toinen uros. Muut koirat yrittivät väkisin tunkeutua narttuun niin, että syttyneen tappelun räjähtävän voiman tuoksunnassa rakastavaiset vihdoin irtautuivat toisistaan. Uros jolkotti tyytyväisenä kauas tiehensä ja naaraan kyytiin yritti nyt ryhmä uusia koiria. Narttu oli kuitenkin jo väsynyt ja murisi aggressiivisesti kynnelle kykenevät tiehensä. Siitähän se tappelu sitten vasta syntyikin. Toisissa kadunkulmissa haukkui muita koirajengejä ja potkiessani kadulla olevia muoveja ymmärsin nyt täysin sen, miksi härskejä naistenmiehiä kutsutaan Perussa koiriksi (*perro*).

Tästä kylmästä kylästä tie laski kuumaan tropiikkiin. Sydämeni oli pysähtyä häkellyksestä, kun vuoren takaa avautui ensimmäinen näkymä vihreän metsän kuorruttamaan kanjoniin. Myös äänimaailma muuttui. En ollut karuilla taipaleilla ollessani kuullut pitkään aikaan muuta kuin yksittäisiä lintujen lorautuksia. Nyt vesiputous lorisi vieressäni, sirkat sirittivät ja linnut lauloivat jatkuvalla soinnilla. Vaaleahiekkainen tie kulki valkoisena nauhana jyrkällä, äskettäin maanvyöryn tuhoamalla rinteellä. Riisuuduin t-paitaisilleni mäen laskettua yhä alemmas. Karuun ylänköön tottuneet silmäni imivät ympäristön elonmerkkejä ja kehoni kumarsi kiitokseksi kuumuudelle. Tuhannessa metrissä ilma tuntui kermaisen täyteläiseltä ja hengittäminen vaivattomalta.

Kylän raitilla pienen puisen hökkelin seinustalla nainen imetti lastaan yläosattomana. Lapset tepastelivat paljaina tien pölyssä, ravintoloiden rouvat odottivat pöydillä nukkuen uusia asiakkaita ja korjaamon poika huilasi kuorma-autonrenkaassa maaten. Siat makasivat maassa täysin kiireettöminä. Kylän kummassakaan majatalossa ei ollut ketään paikalla, mutta muuan mies neuvoi minut eräälle ravintolalle kolkuttamaan omistajan olkapäätä. Söin lounaan, ja sitten ravintolan rouva käski paikallisittain hurjan pitkää, kylän kaunista silmäterää johdattamaan minut huoneelleni. Nuori nainen hihitteli ja muut tytöt kannustivat häntä ”maistamaan minua”. Häveliäs tyttö ei valitettavasti kuitenkaan tahtonut tai uskaltautunut maistiaisille, enkä omassa ujoudessani olisi sitä saattanut pyytääkään. Ravintolan tytöt ja naiset pitivät minusta niin hyvää huolta tarjoamillaan ilmaisilla aterioilla, että pidin kylässä yhden lepopäivän.

Puut tien varrella olivat harmaantuneet maantien tomusta. Poljin jatkuvassa, ohi ajavien autojen ilmoille nostattamassa pölypilvessä. San Franciscon pikkukaupunki oli täynnä moottoripyöräriksojen melua, kuumuutta ja ihmisiä. Keskusta kuhisi kuin Intian kaupungit konsanaan. Kaupungin ulkopuolella oli vain vähän ajoneuvoja, joten lähes kaikki liikenne oli pikkuruisessa kaupungissa vain sen katuja pitkin kulkevaa. Sen sijaan, että ihmiset olisivat kävelleet muutama sata metriä, olivat he valinneet tämän saasteen, melun ja liikennetukoksen. Kontrasti katukuvan ilmeessä oli vuoriston pikkukaupunkeihin verrattuna räikeä. Vuoristokylät olivat usein hyvällä maulla suunniteltuja ja huolella hoidettuja. San Franciscossa puolestaan modernin betoniset rakennukset oli rakennettu tiiviisti kiinni toisiinsa ja niiden rapautuneita seiniä koristivat tuhannet mainokset. Seiniä pitkin kulki ristiin rastiin erilaisia sähköjohtoja.

Ostin ruokaa pariksi päiväksi. Minulla ei ollut tästä reitistä mitään muuta tietoa kuin se, että tie oli ylipäätään olemassa. Satelliittikuvissa tie näytti myötäilevän jokea, mutta tasainen osuus jäi lopulta kovin lyhyeksi, kun tie alkoi tekemään alituisia kumpujaan Andien Amazonin puoleisilla rinteillä. Tienvarret olivat edelleen tiheähköön asuttuja, ja kun huomasin rakenteilla olevan koulun mäen notkossa, ajattelin löytäväni sieltä rauhallisen paikan telttailemiseen. Juttelin rakennusmiesten kanssa hetken ajan ja kysyin sitten lupaa telttailla paikassa. Olin kuulemma tervetullut majoittumaan kouluun ja jakamaan tarinani heidän kanssaan. Talutin pyöräni yhteen luokkahuoneeseen ja kävelin sitten läheiseen jokeen pesulle.

Sormeni koskettivat voimakkaana virtaavan veden haaleaa lämpöä. Myhäilin iloisena sille, ettei pesuni olisi tällä kertaa vain lyhyt pyrähdys jääkylmään veteen. Nuori poika tuli vierelleni ja siinä samassa hymyn hetkessä hänen ennakkoluulottomuutensa loi meistä keskenään leikkivät toverit. Hän näytti minulle niitä temppuja, joita hän on oppinut jokapäiväisillä uintiretkillään joessa. Poika hyppäsi taidokkaasti virran voimakkaimpaan kohtaan ja antoi sen kuljettaa hänet yli kosken kivien aina joenlaidan seisovan veden turvasatamaan asti. Viereeni tuli nainen pesulle. Hän sanoi olevansa koulun rakennusmiesten kokki ja kutsui minutkin illalliselle. Yhteisen puumajassa aterioidun riisisopan jälkeen istahdin koulun pihalle seuraamaan tropiikin illan ihmeellistä antia. Aurinko oli jo laskeutunut kerroksittain kohoavien vihreiden vuorten taa. Illan hämärtyessä takapihan rehevän puutarhan tiheästä massasta erottuivat vain suurilehtiset banaanikasvit. Nyt oli yölintujen ja sirkkojen aika ottaa vastuu ilmojen halki lentävästä laulusta. Nukkumaan mennessäni teltassa oli lämpöä 25 astetta. Muistelin, kuinka olin viettänyt edellisen telttayön kymmenen asteen pakkasessa. Silloin ympäristönkin ainoa ääni oli ollut kylmän tuulen ulvonta. Olin vielä hetken ajan tietoinen tropiikin lämpimän ilman suomasta peitteestä ja pian vaivuin sen alla syvään hapekkaaseen uneen.

Kun miehet alkoivat aamulla viimeistellä koulua, minä aloin polkea polkupyörää. Raskaita rakennushommia kuumuudessa paiskivat miehet pyörittivät päätään minun touhuilleni ja sanoivat, ettei heistä olisi samaan. He siis tunsivat hyvin sen vuoritien jyrkkyyden, joka minua sinä aamuna odotti. Öinen sade oli kostuttanut eilen pöllynneen tien. Nyt ilma oli raikas. Nousu oli jyrkkä. Sen varrella kypsyi banaaneja ja palmupuut kohosivat suorasti kohti tummaa taivasta. Miehet ja pojat kiskoivat rinteessä *yuka*-kasvin juuria syötäväksi. Kasvillisuuden syvä vihreys paljastui, kun sade pyyhki kuivankauden pölyt niiden pinnalta. Olin läpimärkä, ja lämmön tiputtua käsivarsieni iho alkoi jo viiletä.

Mutainen tie kiemurteli ylös sumuisten vuorten korkeuksiin. Usein näin vain tiheää viidakkoa ja sen hitaasti ohitse lipuvaa paksua monotonisuutta. Silloin kun pysähdyin syömään tienvarteen, saatoin havaita monotonisuudessa kauniita, eloisia yksityiskohtia. Puin päälleni sadetakin kilometriä ennen 2200 metristä huippua, jotta kehoni lämpenisi tulevaa pitkää laskua varten. Pilvet laskeutuivat valkoisena pumpulina alas korkeiden vuorten välistä. Alue on tunnettu huumeiden viljelystä, valmistuksesta ja salakuljetuksesta. Sen vuoksi huipun harjanteella olevan tarkastuspisteen sotilaat tutkivat muodollisesti ja kevyesti taputellen minunkin laukkuni. Kysyin, olisiko heillä tarjota majapaikkaa. Ei ollut, mutta tuonnempana alamäessä löysin puunhakkaajan pienen lukitun pirtin. Pystytin telttani sisäosan suojaamaan minua ötököiltä avoinna olleeseen päärakennuksesta erilliseen pikkuruiseen keittiöön. Pian alkoi sataa rankasti ja pisarat rummuttivat voimalla talon peltikattoa. Kosteus tunkeutui kaikkialle. Hoidin askareitani kiemurteluun pakottavassa keittiön ahtaudessa mahdollisimman siististi ja huolellisesti, mutta olin silti korviani myöten mullassa, ja kattilani ja ruokapussini olivat mudassa. Heitin ruuantähteet verannalta laskevaan rinteeseen, josta metsän suuret torakat ja pienet kuoriaiset kierrättäisivät ne nopeasti. Mutkittelin takaisin telttaani. Puhdistin jalkani mudasta vesinoroissa, jotka tippuivat peltikatolta, mutta olin pian taas maalattian sotkema. Satoi aamuun asti.

Pyöräni vaihteisto oli mutainen ja tarkkailin tiensivustoja löytääkseni puron, jossa pestä pyöräni. Siinä silmäillessäni pyörän kammet jumittuivat. Takavaihtajan pikkurissa meni jumiin ja rikkoi sitä myötä takavaihtajan ja katkaisi ketjut. Tämä ei tullut yllätyksenä. Pyöränosat olivat jo tarpeettoman kuluneet. Olin kyllä aiemmin tilannut uudet osat Suomesta jo Ayacuchoon, mutta ne olivat yhä jumissa Liman lentokentän tullissa.

Katkoin, lyhensin, pidensin ja uudelleen kokeilin ketjuja paikoilleen, yrityksenäni tehdä pyörästä yksivaihteinen sinkula. Sain ketjun sopimaan välitykselle 34–22. Jatkoin matkaa hitaasti kammeten jatkuvia ylämäkiä voimalla runtaten. Pysähdyin purolle pesemään pyöräni. Ensimmäisen auton ajettua ohitseni juoksin tielle, pysäytin auton ja kysyin, minne he olivat matkalla. Auto oli kuitenkin täynnä. Päätin jatkaa matkaa polkemalla, mutta toisen auton ajaessa kohdalleni, juoksin taas tielle pysäyttämään sen. Perhe oli matkalla Quillabambaan, mikä sopi suunnitelmiini. Sain takapenkiltä paikan perheen lasten viereltä ja matkani jatkui 3-vuotiaan pojan ja 8-vuotiaan tytön kanssa leikkien. Saavuimme Quillabambaan illansuussa.

Vietin Quillabambassa yön ja aamulla otin toisen auton lähimmälle pyöräkaupalle Cuscoon. Auton kyydissä minulle selvisi, että reitti oli erittäin mäkinen ja sen loppupuolella kohosi nousu ylös 4300 metriin. Olisi ollut tuskainen taival polkea lyhyitä ja jyrkkiä mäkiä ylös raskaalla vaihteella. Nyt lumihuippuiset vuoret, kuuluisat inkarauniot ja Machu Picchu lipuivat silmieni ohitse autokyydissä sen enempää minun niitä maistelematta. Samalla hetkellä, kun takavaihtajani oli hajonnut, olin miettinyt, missä kohtaa Etelä-Amerikkaa ottaisin autokyydin, jotta ehtisin Argentiinan Saltaan marraskuun alussa. Silloin olimme sopineet aloittavamme yhteisen matkan ystäväni Tomin kanssa. Niinpä nyt iloitsin myös siitä, että saapuisin ihmisten ilmoille Cuscoon hyvissä ajoin hoitamaan tullissa makaavan varaosapakettini laskuja – jouduin nimittäin maksamaan sakkoja jokaisesta lisäpäivästä, jonka se makaisi tullissa maksamattomana.

Maailman katolta kuilun reunalle

Cusco – Quinota – Chivay - Arequipa

Cuscon keskustan talojen perustukset ovat inkojen tai heitä edeltävien kansojen rakentamia. Ne ovat satoja vuosia vanhoja ja ihmeellisen tarkasti työstettyjä. Paksut seinät on rakennettu suurista kivistä, jotka sopivat yhteen täydellisesti kuin palapelin palat. Niiden päälle olivat espanjalaiset aikoinaan rakentaneet oman kaupunkinsa, ja nyt seinämät reunustivat kapeita mukulakivikatuja.

Cuscossa vierailee vuosittain yli kaksi miljoonaa turistia. Turismi näkyi katukuvassa hyvin selkeästi jo erilaisten ravintoloiden määrässä: kävelin ohi italialaisen jäätelökioskin, amerikkalaisen hampurilaisbaarin, japanilaisen sushiravintolan, italialaisen pizzerian, ranskalaisen leipomon, australialaisen pihvisaluunan ja universaalien hare krisnojen kasvisravintolan. Kadunvarren eurooppalaistyylisessä kahvilassa paikalliset bisnesmiehet ja ulkomaiset turistit lurauttivat alas espressojaan ja lukivat sanomalehtiä tai opaskirjoja.

Puistonpenkillä viereeni istahti poika, joka myi kauniita maalauksiaan. Ylämäestä alas kohti Plaza de Armasin aukiota laskeutui rumpujen paukkeessa ja torvien soinnissa tanssiva kulkue. Kulkueen edellä miehet kantoivat koristeltua patsasta kohti kirkkoa. Ympärilläni oli kymmenittäin matkamuistoliikkeitä, viinikauppoja, suklaamuseoita, nettikahviloita, hierontasaluunoita ja taidegallerioita. Istahdin lounaalle alas perinteiseen perulaiseen lounasruokalaan. Punaposkiset ja tanakat maalaisrouvat olivat parkkeeranneet vuohensa ja laamansa kadunvarteen. Toinen rouvista alkoi lukea menua lukutaidottomalle ystävälleen. TV:ssä soi Andien vuoristokansojen musiikki.

Kun olin syönyt kahden ruokalajin lounaan ja maksanut siitä 0,75 euroa vastaavan määrän pesoja, lähdin hakemaan Ayacuchosta lähettämäni, edellisellä etapilla turhia varusteita sisältävän paketin Cruz del Sur bussiyhtiöstä. Kaupungin laidoilla Cusco levittyi kuin minä tahansa perulaisena kaupunkina. Lähiöissä ei ollut ensimmäistäkään turistia ja liikenne melusi karmeasti. Talot olivat punatiilisiä halpoja peltikattotaloja, jotka lyyhistyisivät ensimmäiseen maanjäristykseen. Tuhansissa eri alojen liikkeissä ihmiset repivät elantoaan kukin omin avuin.

Myöhemmin tein pyörälenkin kaupungin takaiselle mäelle Saksaywaman-raunioiden läheisyyteen. Se oli uskomattoman vankka ja jykevä temppeli, jonka Killke-kansa oli rakentanut jo ennen inkojen ajan loistoa. Sadat turistit tutkivat raunioita. Mietin, miten me tämän päivän ihmiset emme osaa rakentaa mitään yhtä kestävää.

Olin toistuvasti kuullut matkaajien sanovan, kuinka Cusco on kadottanut aitoutensa markkinatalouden rynnistyksen alle. Katsellessani vuorten laaksossa majaansa pitävää vanhaa kaupunkia huomasin kehityksen olleen kuitenkin kertakaikkisen täydellistä. Kaupungin kaduilla turistit, katusoittajat, kaulaliinakauppiaat, bisnesmiehet, liikenneruuhkat, kansainväliset hampurilaisbaarit ja inkarakennusten uskomattoman tarkka työn jälki näyttäytyivät minulle kiistattoman kauniina ja uniikin aitona yhdistelmänä. Tänäkin päivänä kaupungissa tapahtui yhä se sama muutos kuin silloin, kun inkat valtasivat kaupungin killkeiltä ja espanjalaiset puolestaan inkoilta.

Palasin majapaikkaani nauramaan yhdessä muiden pyörämatkaajien kanssa. Juttelin saksalaisen lentokoneinsinöörin kanssa, joka totesi, että hänen tapansa suunnitella lentokoneita oli seuraava: ”Mikä tahansa lentää, kunhan siihen laittaa riittävän ison moottorin!” Hän kertoi minulle, että oli matkallaan nähnyt tarpeeksi ”niitä vitun raunioita” ja että luonto oli paljon kauniimpaa kuin muinaisten ihmisten rakentamat asiat, joita nykyään kutsuttiin nähtävyyksiksi. En itse asettanut näitä asioita vastakkain ja siten nähnyt toista kauniimpana kuin toista, mutta hostellissa niin ikään levännyt, aiemmin reppureissannut ja nyt pyörillä kulkeva liechtensteinilainen pariskunta puki asian hienosti sanoiksi: ”Koemme pyöränpäällä niin paljon ja niin rikkaasti, että kun saavumme kaupunkiin, ei meillä ole enää halua nähdä enempää. Olemme tyytyväisiä, kun voimme vain olla ja syödä hyvin. Ihmiset ja luonto ovat niin lähellä pyörällä matkustaessa, että koetun elämän monimuotoisuus tuntuu joskus liiankin runsaalta.”

Itsekin olin Cuscossa tyytyväinen vain saadessani syödä ravitsevaa ruokaa, levätä ja hoitaa sitä tulliin jämähtänyttä pakettia perille. Kun vihdoin sain paketin perille – 65 vaihdetun sähköpostin, muutaman puhelun, liian monen ruuhkaisen pankkiasioinnin ja sievoisen 300 euron rahatukun jälkeen – keskityin kasamaan pyörääni ja kunnostamaan varusteitani uusia seikkailuja varten.

Kiitos yhteistyökumppanini Huntterin lähettämälle varaosapaketille, Felttini oli kirjaimellisesti uutta ehommassa kunnossa jatkettuani matkaa. Menoani pyörittivät nyt erittäin vankat enduro-kiekot ja tien karkeita pintoja hyväilivät niin leveät maastorenkaat kuin pyörääni vain mahtui pyörimään. Ortliebin laukkuihin sain uudenmalliset koukut ja tuplahakaset ja pukeutumistyylikkyyden takasivat uudet Costo-hatut.

Pyöräilevät ystäväni kysyivät, kuinka pitkälle aikoisin polkea ensimmäisenä päivänä. Sanoin, ettei minulla ollut mikään kiire ja kerroin yleensä aloittavani rauhallisesti parina ensimmäisenä päivänä. "Ehkä kolme tuntia ajoa riittäisi tänään", sanoin. Pyöräilevä pariskunta totesi heidän ajavan yleensä hirveän pitkälle ensimmäisenä päivänä ja kärsivän siitä sitten jatkossa. He tuumasivat tapani kuulostavan fiksulta. Totesin lopuksi, että kun aloittaa hitaasti, alkavat matkat sitten pidentyä kuin itsestään tulevina päivinä.

Lämmittelin tuona päivänä kolme ja puoli tuntia polkemalla loivaan asvaltoituun ylämäkeen. Telttailin metsänsiimeksessä olevalla ruohon peittämällä harjanteella. Laskeuduin viileään telttaan ja ajatukseni alkoivat käydä läpi tulevaa reittiä. Huomasin, etten ollut lainkaan tarkastellut reitin yksityiskohtia, vaan ainoastaan hahmotellut sen, että kulkisin Etelä-Amerikan korkeimpien teiden alueella. Teltassa ollessani etsinkin reittivinkkejä Pikesien nettisivuilta (andesbybike.com), jotka olin tallentanut puhelimen offline-tilaan muistiin.

Tienvarteen pysähtynyt auto sai minut heräämään ajatuksistani. Miehet keskustelivat kovalla äänellä ja olemukseni valtasi tarkkaavaisuus, kun kuuntelin, olivatko he mahdollisesti liikkeellä telttani suuntaan. Koska aistini hetkellisesti terävöityivät, kuulin kirkkaammin myös jostain kantautuvan koirien haukunnan, aasien hirnunnan ja lehmien ammumisen. Eukalyptuspuiden pitkulaiset lehdet havisivat iltatuulessa. Sulkeuduin pian kuitenkin takaisin omien ajatusteni maailmaan. Kuuntelin kännykkään lataamani espanjalaisten Alvaro Neilin ja Salva Rodriguezin radiohaastattelut. Molemmat ovat minua paljon kokeneempia pyörämatkaajia. Rodriguez kertoi haastattelussa matkastaan Perussa ja kuvaili, kuinka nyt edessäni olevat tiet olivat olleet niin vaikeita, että hän oli vihannut pyöräänsä saavuttuaan Cuscoon. Hän ei kuulemma ollut voinut koskea fillariinsa kuukauteen, ja ensimmäisinä lepopäivinä hän ei saattanut tehdä muuta kuin maata sängyssä ja kävellä vaivalloisesti syömään.

Tulevana päivänä nousin korkealle ja laskin alas syvään ja kuumaan jokikanjoniin, vain noustakseni uudelleen 4000 metriin. Yövyin pienessä kylässä vieraana eräässä perheessä. Emäntä valmisti minulle yksinkertaisen illallisen kanamunasta, riisistä ja salaatista. Isäntä hakkasi puita pihalla. Kävelin puisen, natisevan lattian poikki huoneeni mukavalle sängylle. Vilkaisin viimeisen kerran seksikkääseen seuralaiseeni, seinällä olevaan isoon tyttöjulisteeseen, sammutin valot ja vaivuin syvään uneen hiljaisen vuoristokylän viileydessä.

Aamulla isäntä hakkasi suuren halkokasan viimeisiä puita kylän pääkadulla ja minulla oli hänen mukaansa edessäni ainoastaan täysin tasaista pampaa ennen valtavaa laskua alas kanjoniin. 700 nousumetriä myöhemmin olin 4150 metrisellä huipulla ja ties kuinka monennen kerran hymyilin perulaisten ilmeisen erikoiselle tavalle arvioida korkeuseroja. Laskin kymmeniä kilometrejä kanjonin pohjalle ja nousu lähti lainkaan miettimättä taas lähes pystysuoraan nousuun kohti 1500 metriä korkeammalla olevaa huippua.

Tulevana iltana toivuin ja tankkasin elimistöäni toisen perheen iltanuotiolla upouuden majatalon takapihalla. Nuotiolla puhuttiin ketsuan kieltä ja ainoastaan silloin, kun heillä oli jotakin kysyttävää muukalaiselta, vaihdettiin kieli espanjaan. Perheen äiti oli mitä huomaavaisin herttaisuudessaan. Kuin taustalla kulkevana enkelinä hän piti silmänsä ja korvansa avoimina hänen ensimmäisen ulkomaalaisen vieraansa tarpeille. Jos istuin maahan, ei kulunut pitkään, kun takapuoltani jo lämmitti lampaan talja, eikä kaatunut teekuppini pysynyt kuin hetken tyhjänä. Perheen isä ihmetteli, miksi en matkustanut autolla, kun se olisi niin paljon nopeampaa. Hän sanoi nähneensä polkupyörissäkin moottoreita ja käski minun ostaa sellaisen Arequipasta – kyllä niitä sieltä kuulemma saisi!

Heräsin aamulla poikkeuksellisesti niin aikaisin, että olin jo tekemässä lähtöä, kun majataloon toista siipeä rakentavat miehet vasta saapuivat työpaikalle. He tulivat työmaalle tuhrimaan paljaat kätensä ja jalkansa vuoriston kylmään saveen, jota he ensin polkivat nelinkontin sitkeäksi ja jolla he sitten tulisivat muuraamaan rakennuksen seinät pystyyn. Perheen pelloilla oli nyt kuivankauden aikana lepovaihe, eikä naisilla ollut aamukiireitä. Suljin pyörälaukkujeni viimeisen koukun ja vilkaisin ylös mäkeen vilkuttaakseni jäähyväiset perheelle. Perheen äiti siunasi matkani ja toivoi Herran kuljettavan minua turvallisesti eteenpäin. Vilkutin tieltä jäähyväiset koko perheelle.

Poljin taas uudelle huipulle ja sieltä käännyin oikaisevalle polulle. Pysähdyin maalaistalolle pyytääkseni vettä. Perulaiseen tapaan minut otettiin vastaan empimättä ja kaikki nuoren kolmihenkisen perheen jäsenet olivat kiinnostuneita minusta ja siitä, mitä teen. Tämänkin perheen isä ihmetteli, miksi ajan polkupyörällä ja kysyi, mikä on matkani tarkoitus. Kun hän ei saanut minulta tyydyttävää vastausta, hän alkoi inttää ja kertoi, että ihmisillä on yleensä tarkoitus ja päämäärä sille, mitä he tekevät. Hän joutui kuitenkin tyytymään tylsään vastaukseeni: ”En minä tiedä. Tämä matka vain tapahtuu.”

Yllätyksekseni oikotie laskeutui asvaltoidulle, mutta erittäin kapealle tielle, joka mutkitteli kauniin kurvikkaasti alas reitin kolmanteen syvään jokikanjoniin. Imin kuumaa aurinkoa itseeni ajamalla ilman paitaa. Ensimmäistä kertaa keuhkovaivojen jälkeen kampeni pyörivät pehmeän sulavasti. Asvaltilla nopeuteni oli totuttua selvästi vauhdikkaampi ylämäessäkin ja myötätuuli vauhditti matkaani.

Saavuin Quinotan pieneen kaupunkiin. Kirjauduin hotelliin ja lähdin ostoksille. Rautakaupassa, ruokakaupassa ja korjaamolla ei ollut ketään paikalla. Ilmiö oli niin perulainen kuin olla voi: kaupoissa ovat ovet selkosen selällään ja ihmisiä saa ruveta etsimään kyliltä kissojen ja koirien kanssa! Yleensä löysin aina jonkun perheenjäsenen auttamaan minua ostoksissani, mutta kerran tein ostokseni itsenäisesti ja jätin kaupan pöydälle riittävästi rahaa. Nyt löysin lopulta yhdestä kaupasta myyjän, ja hän lupasi minulle leipää puolen tunnin kuluessa. Palasin kauppaan kolmen tunnin päästä ja minulle luvattiin leipää puolen tunnin kuluttua. Leipä oli siis tulossa kauppaan tuttuun perulaisten vuoristokylien tahtiin. Lupasin palata leipäostoksille seuraavana aamuna.

Sunnuntaina kylän kadut täyttyivät lierihattuisista ja farkkuihin pukeutuneista maaseudun miehistä sekä värikkäisiin perinteisiin asuihin ja koristeellisiin huopahattuihin sonnustautuneista naisista. Kylän aukiota reunustivat useat, vain yhden pöydän kokoiset ravintolat, jotka palvelivat vaalipuheita kuuntelemaan saapuneita ihmisiä. Heitä oli yhteensä noin pari sataa ja he kaikki istuivat härkätaisteluareenaa muistuttavan betonisen kaaren päällä.

Jokainen kunnan pormestariehdokas kertoi vuorollaan kiihkeästi ja voimakkain äänensävyin faktoja Quinotan surullisesta tilanteesta. Jokainen korosti, kuinka asiat pian paranisivat ja tulevaisuus olisi parempi. Mitä syvemmältä ja suuremmalla voimalla taidokkaimpien puhujien sanat soljuivat, sitä tiukemmin puhe tempaisi myös potentiaaliset äänestäjät mukaansa. Puhetta riitti koko päivän ajaksi, mutta itse istuin puistonpenkillä kuuntelemassa vain minuutteja kerrallaan. Puheet toistivat samoja faktoja alueen köyhyydestä, lapsikuolleisuuden korkeudesta ja etenkin koulutuksen puutteesta. Poikkeuksetta tien parempaan tulevaisuuteen kerrottiin kulkevan nuorten kautta. Nuoret olivat erään karismaattisen puhujan mukaan quinotalaisten tulevaisuus. Tämän lisäksi korostettiin opiskelun tärkeyttä ja kovaa yhteistä työntekoa.

Kävelin kylän ainoaan nettikahvilaan. Jouduin odottamaan vuoroani, sillä se oli tänäkin iltapäivänä täynnä kylän tulevaisuuden toivoja, jotka pelasivat joukolla sotapelejä. Lapset ostivat aikaa vain 15 minuutiksi kerrallaan. Ajan käytyä loppuun vaikutti peli aina olevan juuri siinä kohdassa, johon se oli mahdotonta lopettaa ja he huusivat siten vielä yhden 15 minuuttisen lisää, huolestuneista ilmeistä päätellen valmistautuen jo vanhemmilta saatavaan tukkapöllyyn. Hotelliin takaisin kävellessäni nautiskelin taas siitä eksoottisuudesta, että minut huomataan näissä syrjäisissä kylissä ja tervehdin ohitse käveleviä teinityttöjä niin kauniisti kuin saatoin. Vaalea ihoni ja siniset silmäni saivat tytöt taaskin hihittelemään.

Sain kylän ravintolan rasvaisesta ja närästävästä ateriasta lyhyen ja ytimekkään ruokamyrkytyksen ja se piti minut kylässä yhden hiljaisen lepopäivän lisää. Jaloilleni se sopi, sillä olin Cuscosta lähtien polkenut neljän päivän aikana jo yli 4100, 3970, 3475, 4425, 4070, 4129 ja 4031 metristen huippujen, ja tuo matka oli ollut vasta reitti korkealla kulkevan tien alkuun.

Valitsin Quinotasta eteenpäin Pikesien kartoittaman reitin kohti Caylломaa. Quinotasta tie nousi taas, kohosi kohti Etelä-Amerikan korkeimpia teitä. Poljin kahden nousun kautta lähes tasaiselle vaalean hiekan päällystämälle ylängölle. T-risteyksessä en tiennyt kumpaan suuntaan kääntyä. Pikesien ohjeet eivät kertoneet tästä risteyksestä mitään ja kartassa tietä ei ollut. Pimeän jo väijyessä olin kärsimätön tutkimaan tarkasti kumpaan suuntaan minun tulisi kulkea. Tultuani purolle päätinkin pysähtyä sen varrelle yöksi ja tarkistaa tarkasti sen suunnan, johon minun tulisi kulkea. GPS:n, offline-karttojen lääninrajojen ja järvien perusteella ymmärsin valinneeni väärän tien.

Olin 4800 metrissä. Teltassa oli aamulla 10 astetta pakkasta ja kun avasin teltan vetoketjun, virtasi ulkoa sisälle vielä paljon kylmempää ilmaa. Aamu oli kuitenkin tyyni ja taivas täysin pilvetön. Kirkkaassa aamuauringossa saatoin pian riisua untuvatakkini ja aamutoimet sujuivat notkean lämpimässä rauhallisuudessa.

Olin tiellä, joka ei laskisi tulevan 200 kilometrin aikana kuin kertaalleen vajaan kilometrin matkaksi alle 4500 metriin. Poljin ohi kultakaivoksen ja ylös lumihuippuisen vuoren vierelle. Tie laski syvällä laaksossa kimaltelevan järven ylle ja sieltä tie lähti nousuun 5130 metriselle Abra Azucalle. Minulla ei ollut pienintäkään vaikeutta hengittää ohutta ilmaa. Polkemisen vaivattomuudessa saatoin ihastella ympäristön uljasta antia. Tie kulki 25 kilometrin ajan yli 4900 metrissä. Vieressäni kohosi pyramidimainen musta vuori ja edessä ollut tie mutkitteli halki oranssin kumpuilevan hiekkamaan. Tässä pyörämatkaajan taivaassa, kulkijan unelmassa, ei liikkunut kukaan muu. Alue oli niin korkealla, ettei karussa ympäristössä kasvanut lainkaan ruohoa antamaan apetta sitkeille, korkean ilmanalan mestareille, nimittäin laamoille. Paria sataa metriä alempana puolestaan ruoho jo kasvoi ja kotieläimet ruokailivatkin loivasti laskevassa rinteessä. Laaksossa levittyi kaksi suurta järveä, joita erotti symmetrisen muotoinen kaunis vuori ja suuri vihertävä suo. Tuo musta pyramidimainen vuori oli kaukana ja maalasi nyt jylhyytensä tyynien järvien pintaan.

Saavuin Huacullon kylän betoniselle ja hiekkaiselle jalkapallostadionille. Siellä ei ollut nurmea, mutta se oli maailman kauneimmassa paikassa. Ylös nousevien katsomoiden sijaan stadionia ympäröivät valtavat vuoret, jotka kohosivat kuin hornankattilat. Aurinko paistoi ja jalkapallokentältä kuului puuskutusta. Pojat keskeyttivät pallopelin tullakseen juttelemaan kanssani. Lapset touhusivat omiaan pienessä leikkipuistossa. Auringon laskeuduttua kylän karu totuus paljastui. Jokainen ihminen, kenen kanssa juttelin, kertoi paikan kylmyydestä. Kylässä oli säännöllisesti kymmenen asteen yöpakkasia, mutta taloissa ei ollut minkäänlaista lämmitystä. Sähköä kylässä ei myöskään ollut ja vettä sai vain yhdestä hanasta, joka sekin oli kuulemma usein jäässä.

Hotellin nainen oli kärttyisän oloinen. Mitä ikinä pyysin tai kysyin, tiuskaisi hän: ”Ei ole.” Ehkä hän oli aikoinaan yrittänyt parhaansa saadakseen hotellinsa toimimaan ja asiakkaansa tyytyväisiksi. Vessoissa ja kylpyhuoneissa oli kyllä kauniit kaakelit ja vessanpytyt, mutta hän joutui kantamaan niihin vettä selkä vääränä 20 litran ämpäreissä. Hän sanoi, etten saisi ladata kännykkääni, sillä se veisi virran nopeasti hänen akustaan, josta riitti virtaa hotellin vähille valoille yhden pimeän tunnin ajaksi. Eikä hänen kauppaansa ollut saapunut leipää, saati kasviksia. Hän oli selvästi jo tottunut sanomaan ”ei” ja alentunut osaansa. Kun kysyin, olisiko hänellä hedelmiä, hän vastasi heti: ”Ei ole.” Pian kuitenkin huomasin lattialla omenasäkin ja sanoin, että onhan sinulla hedelmiä! ”Ai niin, on minulla noita omenoita”, hän totesi hieman piristyen.

En ollut peseytynyt kolmeen päivään ja pakkasesta huolimatta otin saavista jääkylmän pesun. Sen tehtyäni aloin lämmetä uudestaan vasta illan viimeisinä tunteina. Sängyssä oli vähintään kahdenkymmenenkolmen kilon painosta huopavilttejä. Kiskoin ne pois kaksin käsin, sillä oma 500 gramman painoinen makuupussini oli, jos ei nyt sentään lämpimämpi, niin ainakin mukavampi kuin tukahduttavien vilttien paine.

Tummat pilvet verhosivat samanvärisiä huipultaan teräviä vuoria. Laakson pampalla ruokaili satoja ystävällisiä ja kesyjä laamoja. Ylitin Abra Condorillon vuoren kivistä tietä pitkin. Huipulla 4993 metrissä satoi lunta.

Alamäessä saavuin Arcata-kaivoksen portille, johon vartija

pysäytti minut. Satoi yhä räntää ja olin tyytyväinen niistä hetkistä, kun hän mietti, miten minut saatettaisiin kaivoksen toiselle portille. Vartijan pohdintojen aikana saatoin lämmitellä hänen pienessä maakaasun kuumentamassa kopissaan. Hän sanoi, että voisin taluttaa pyöräni kaivoksen halki ja varoitti alueella olevan paljon vaarallista liikennettä. Mieleeni tulvi kuvia niistä hetkistä, kun olin pyöräillyt muun muassa Delhin ja New Yorkin kuhisevilla kaduilla liikenteen joukossa puikkelehtien. Hymyilin ja sanoin, etten halunnut taluttaa pyörääni ja kävellä kovapohjaisilla pyöräilykengilläni mudassa, vaan että olin aivan varma, ettei polkupyöräileminen alueella ollut kävelyä suurempi riski. Vakuutin osaavani ajaa polkupyörää. Hän soitti vielä joitakin puheluja ja sain kuin sainkin luvan polkea parin kilometrin matkan toiselle portille. Olin hyvin varovainen kaiken liikenteen kanssa: annoin leveällä tiellä reilusti tilaa ainoalle vastaani ajaneelle rekalle.

Tämä kuparikaivos, kuten lähes kaikki muutkin näkemäni kaivokset Perussa, vaikutti päällisin puolin varsin modernilta. Koneet olivat uudehkoja ja laadukkaan oloisia ja paikassa oli organisoidun järjestyksen tuntua. Porttivahti kertoikin minulle turvallisuuden parantuneen Perun kaivoksissa huimasti viime vuosina. Tässä kyseisessä kaivoksessa työskenteli 2300 miestä, joista suurin osa oli kotoisin Arequipasta, jonne firma hoiti edestakaiset kuljetukset viikoittain. Myös ilmainen majoitus ja ruoka tuli reilun 400 euron kuukausipalkan päälle, joten mies totesi kaivostyön olevan hyväpalkkainen homma. Arvelin kuitenkin työn olevan raskasta ja kuluttavaa. Hän vastasi kuulleensa samoin, mutta sanoi, ettei ollut itse koskaan työskennellyt maan alla.

Katsellessani Arcatan järvenpohjukassa sijaitsevaa kylää mäen päältä mieleeni nousivat näkemäni valokuvat Norjan vuonoissa sijaitsevista kalastajakylistä. Yöt olivat täällä korkeuksien maassa niin kylmiä, että suosin nyt mahdollisuuksien mukaan sisämajoituksia. Hotellista sainkin muutaman euron hintaan pedin ja kaupan päälle jopa suoneni sulattaneen kuuman suihkun! Olin yhtä hymyä, kun sain ostettua herttaisen rouvan kaupasta vielä kaikenlaisia tuoreita herkkuja.

Seuraavat kaksi pitkää päivää ajoin nekin korkealla ylängöllä keskimäärin yli 4700 metrin korkeudessa. Jälkimmäisenä iltapäivänä vuorenrinteeltä avautui omituinen näkymä. Kylän kivitalot seisoivat tukevasti heinäkattojen alla ja jalkapallokenttää ympäröi kiviaita. Talojen ikkunoiden ympärille kiveen oli maalattu ikkunakarmit valkoisella maalilla. Luulin saapuneeni smurffien kylän laitamille. Silmiini syttyi innostus laskea syvemmälle tämän pienen kylän söpöön antiikkisuuteen.

Kylän pääkadulla sijaitsevien kivitalojen pystysuorat seinät olivat ainoa näkyvä raja talojen ja mukulakivikatujen välillä, sillä heinäkatot eivät olleet erottua taustalla olevien vuorten yhtäläisestä kuorrutuksesta. Koputin yhden majatalon ovea ja minut sisään kutsui värikkääseen hameeseen ja pyöreälinjaiseen hattuun pukeutunut nainen. Majapaikka hänen talossaan oli kuitenkin niin pöyristyttävän kallis, että päätin jatkaa matkaa Chivayhin asti, vaikka takanani oli jo pitkä ajopäivä. Nainen sanoi matkan olevan pelkkää alamäkeä, joten perulaisen luonteen jo tuntien, söin suuren annoksen tämän ihastuttavan Sibayo-kylän laidalla, ja valmistauduin polkemaan ainakin joitakin satoja ylämäkimetrejä.

35 kilometrin matkalla olikin 400 metriä nousua ja vastatuuli. Satoi vettä, oli kylmä ja pimeä hivutti verhoansa valtavan,

maailman toiseksi syvimmän kanjonin, Colcan ylle. Laskin kyynärvarteni alas ohjaustangolle ja hain kämmenilleni tuen puristamalla ohjaustankolaukkua. Ajoin syvässä aika-ajoasennossa halki tuulen ja lyhyissä ylämäissä tanssin vauhdikkaasti polkimilla seisoen. Tein sekunnintarkkaa työtä. Siinä samassa, kun ajattelin, etten enää meinaa nähdä eteenpäin, syttyi Chivay-kylän valojen loiste ympärilläni.

Seuraavana iltapäivänä kuumilla lähteillä tapasin pyörillä matkaavan sveitsiläisperheen. Sen sijaan, että olisin tutustunut paremmin Colca-kanjonin antiin, valitsin jatkaa matkaa perheen seurassa. Kuusi viikkoa aiemmin Limasta matkansa aloittanut perhe oli vähintään vuoden kestävällä matkalla Etelä-Amerikassa ja Aasiassa. Niin kuin sveitsiläisiltä voi odottaa, he matkustivat mitä hienoimmilla pyörillä ja parhailla mahdollisilla varusteilla. Viisi- ja kahdeksanvuotiaat lapset kulkivat peräkärryssä, jossa he pystyivät polkemalla avittamaan vanhempiensa uurastusta.

Sveitsiläisten ja suomalaisen sovittu tapaaminen aamulla kello yhdeksän oli hieman toisenlainen tapahtuma kuin tottumani latina-amerikkalaisten ja suomalaisen väliset tapaamiset. Molemmat saapuivat nyt paikalle täsmällisesti sovittuun aikaan ja olimme ostostemme jälkeen lähtövalmiina samana hetkenä. Olin sanonut isälleni puhelimessa edellisenä päivänä, että jatkaisin matkaa perheen seurassa, vaikka jalkojani yhä kiristi. Isäni sanoi perheen vauhdin varmasti sopivan minulle siten hyvin ja saisin levättyä heidän matkassa. Aavistelin itse kuitenkin jotakin aivan muuta. Heti Chivayn torilta he ampaisivatkin kovaan vauhtiin.

Tulevassa nousussa Colca-kanjonin upeat viljelyterassit paistattelivat aamuauringossa, joka nousun puoliväliin päästyämme sulatteli jo keskipäivän täydellä kirkkaudellaan vuorten huippujen alati pieneneviä jäätiköitä. Jäätiköiden pieneneminen on kutistanut myös jokia ja järviä ja Peru kärsiikin tällä hetkellä monin paikoin pahenevasta vesivajeesta.

Viisivuotias Esteban näytti ajattelevan peräkärryssään istuen jotakin taakse jäänyttä tyttöä pää kallellaan haaveillen ja muisti vain silloin tällöin auttaa isäänsä muutamalla polkaisulla. Otti hän ajoittain torkutkin. Pojan huilaamisesta huolimatta perhe ajoi tarmokkaasti, äiti hikipäässä täyttä vauhtia huhkien. En olisi yksin ollessani polkenut niin kovaa vauhtia kuin lähes 4900 metriselle huipulle heidän kanssaan samaan aikaan saapuminen vaati. Huipulle saapuessamme turistit kuvasivat perheen ihmeellistä kulkuetta ja olivat heistä kiinnostuneita. Kun minä saavuin paikan päälle, olivat heidän kameransa jo taskuissa, eikä kukaan edes vilkaissut minuun päin. Olin alentunut pikkukylien vierailevasta tähdestä suurempien sankarien perässä kulkevaksi varjoksi. Söin leipiäni kivetyksen päällä ja katselin, kun perheen isä esitteli pyöränsä tekniikkaa kaikille kiinnostuneille.

Perheen seuraaminen ei käynyt lainkaan helpommaksi tien tasoituttua, päinvastoin. Poljimme halki ylängön kosteikon, joka oli koti tuhansille linnuille. Sade väijyi horisontissa ja perheen äiti polki kastumisen pelossa kovaa vauhtia taukoja pitämättä. Sain kuitenkin hengähtää hetkeksi, kun hänen pyöränsä kulkua avittavan sähkömoottorin akku hiipui ja hän joutui vaihtamaan sen toiseen. Taivas oli paksujen pilvien peitossa, eikä lasten peräkärryjen kattona olevat aurinkopaneelit siten ladanneet pyörien akkuja tarpeeksi nopeasti.

Saavuimme kylään, jota reunustivat autiot talot. Kylä oli

rekkojen pysähtymispaikka vaatimattomine kioskeineen ja ravintoloineen. Kaikista ravintoloista sai vain yhtä ruokalajia, Galdo de Gallinaa eli spagetti-kanasoppaa. Saimme telttailla poliisiaseman likaisella takapihalla. Pitkän päivän päätteeksi Amalia ja Esteban alkoivat leikkiä keskenään. Totesin Crauzasin perheen vanhemmille, Geraldinelle ja Oliverille, heidän olevan hieman erikoisia vanhempia, kun toivat lapsensa elämään tänne keskelle kylmyyttä, pölyä, kusen katkua ja rekkojen melua!

Tulevana aamuna perhe jämähti painavilla pyörillään hiekkatien alkuun ja he joutuivat kiertämään eteen tulleet tulivuoret asvaltoidun tien kautta. Oma maastopyöräni saapui nyt tielle, jossa sen ominaisuudet olivat parhaimmillaan. Kevyehkö pyörä ja suuret, leveähköt maastorenkaat kulkivat mukavasti yli pehmeänkin hiekan. Tien molemmilla puolilla kohosivat massiiviset tulivuoret. Oikealla yli 6000 metrinen Chachani ja vasemmalla täydellisen kartiotulivuoren malliesimerkki, korkeudessaan vaatimattomampi, mutta muodoiltaan mitä jylhin 5800 metrinen Misti.

Alamäestä löysin päätien sijaan oikaisevia hiekkateitä. Hiekkaiset kurvit hyväilivät koskettajaa pehmeydellään. Santaisten kumpujen yli rytmikkäästi ajaminen oli kuin laineilua meren aalloilla. Hiekkatien päätyttyä valitsin pienempiä polkuja, jotka lopulta vaihettuivat railoja täynnä olevaan ja puskien ahtaamaan villiin maahan. Ajoin puskien ylitse ja niiden lävitse. Arequipan kaupunki näkyi alempana alangolla, jonne uskoin löytäväni tien laskemalla alas villiä rinnettä. Saavuin jokikanjonin suulle. Kannoin pyöräni yli kaktusten ja alas metrin korkuisten kivien. Kuivassa, täysin sulkeutuneessa ja siten myös näkymät peittävässä kanjonissa sain poljetuksi vain silloin tällöin. Vaikka kuljin alamäkeen, oli vauhtini keskimäärin ehkä vain kolme kilometriä tunnissa. Kuljetin pyörääni eteenpäin taluttamalla, nostamalla, vetämällä, raahaamalla ja kantamalla sitä niissä kohdissa, joissa sadekauden kosket ja vesiputoukset ovat suurimmillaan. Olin jo kauan sitten kadottanut katsekontaktin kaukaiseen kaupunkiin ja tulivuoria ympäröivään alankoon. Kivet vain kasvoivat ja kulku jokikanjonissa vaikeutui. Saavuin syvän kanjonin suulle. Kurkistin silmät pyöreänä ja jalat tutisten alas pystysuoraan rotkoon, jossa jylisee sadekaudella noin 100 metriä korkea vesiputous. Ainoa reitti kulkea eteenpäin olisi ollut hypätä kuolemaan. Käänsin pyöräni ja lähdin kulkemaan ylämäkeen kapeassa kanjonissa, joka oli ollut Etelä-Amerikan retkeni vaikein ja hitain reitti jo alamäessä!

Marssin rivakkaa tahtia ylöspäin. Nostin, työnsin ja vedin pyöräni yli suurimpien esteiden. Reitti vaati suuria ylävartalon voimia. Minulla ei ole suuria ylävartalon voimia, joten vaikeimmissa paikoissa kannoin laukkuja ja pyörää erikseen. Ehkä parin tunnin kuluttua olin selvittänyt jokikanjonin pahimmat paikat. Hiekkamaassa kaktuspallojen useiden senttien pituiset piikit painautuivat läpi kenkieni. Nilkkani olivat veressä. Pyörän takarengaskin alkoi tyhjentyä. Takaisin tielle oli yhä pitkä matka. Työnsin pyöräni suoraan läpi nipistelevien puskien. Renkaat tippuivat niihin railoihin, joiden välissä olin jo alas tullessani taiteillut. Ensimmäistä kertaa kaikilla matkoillani veteni oli loppumassa, eikä minulla ollut ruokaakaan jäljellä kuin suupaloja. Jaksoin tunnista toiseen harppoa ylös mäkeä väsymättä. Ainoastaan pohkeeni alkoivat pahasti hapottamaan tarpoessani pehmeässä tomumaassa, jota potkiessani kuljin välillä yskittävässä pölypilvessä.

Saavuin takaisin tielle hetkenä, jolloin nopeasti laskeutuva aurinko paistoi enää Misti-vuoren huipun jäiseen hattuun. Pumppasin renkaaseen ilmaa ja lähdin laskemaan alas. Nähtyäni ensimmäisen alas laskevan hiekkaisen, seksikkäästi mutkittelevan tien, en malttanut olla valitsematta sitä. Se oli kuitenkin sähkömastolle kulkenut umpikuja. Paikkasin parvekemaisella jylhien maisemien tasanteella takarenkaani ja sitten poljin umpikujalta takaisin päätielle. Oli jo niin pimeää, etten onnekseni nähnyt lisää mahdollisia ”oikopolkujen” houkutuksia.

Poljin nyt suurimmalla vaihteella alamäkeen päästäkseni ennen pimeää niin pitkälle kuin mahdollista. Himmeässä valossa näin pysäyttävän näyn, valtavan syvän kanjonin vuorten puristuksessa. En saanut laskettua kuitenkaan sinne asti, sillä kohta saavuin armeijan portille, jossa minulle kerrottiin olevani väärällä tiellä. Oli jo pilkkopimeää ja kysyin, voisinko viettää yön sotilaiden kanssa. Istahdin alas ja ihastuttava naissotilas tuli juttelemaan minulle ja toi minulle Inka-kolaa ja keksejä. En voinut jäädä paikkaan yöksi, mutta ystävälliset, puheliaat ja rennot sotilaat yrittivät etsiä minulle kyytiä oikeaan kanjoniin ja Arequipaan. Sainkin paikan eräästä Arequipaan matkalla olevasta autosta, joka ajoi minut nopeasti kaupungin pääaukiolle. Istahtaessani puistonpenkille sain Geraldinelta viestin siitä, että he ovat majoittuneet muutaman korttelin päässä olevaan hostelliin ja minullekin olisi siellä sänky valmiina.

Perun vuoristo-osuus oli tarjonnut minulle ikimuistoisen päätöksen ja hostellissa minulla oli paljon kerrottavaa perheelle niistä mutkista, joiden vuoksi en ollut saapunut aukiolle jo kello viideltä, johon aikaan olimme sopineet uudelleen tapaavamme tiemme erottua hiekkatien alkuun. Tunsin vartaloni olevan väsynyt. Päätäni särki rasituksen sekä liian vähän syömisen ja juomisen vuoksi.

Minulla ei kuitenkaan ollut energiaa lähteä etsimään ruokaa. Hostellin keittiössä minua tervehtivät tutut, kauniit argentiinalaistytön kasvot. Aiemmin Huarazissa tapaamani Lucy halasi minua ja kysyi, maistuisiko minulle hänen voileipänsä guacamolella. Sanoin hänen olevan enkelini, halasin häntä, aloin syömään ja kerroin hänelle tarinan päivän seikkailustani!

Estebanin suureksi ystäväksi

Arequipa – Arica – Putre - Parque Nacional Lauca - Parque Nacional Volcan Isluga - Lliga - Salar de Uyuni - Laguna Colorada - San Pedro de Atacama

Kuten väsymyksellä on tapana, tuli se tälläkin kertaa viiveellä vasta myöhemmin. Olin kaikesta huolimatta herännyt aikaisin ja käynyt jo kahvilassakin kirjoittamassa pian julkaistavaa matka-artikkeliani. Tiesin, että olisin myöhemmin aivan liemessä sekä kirjoitusteni että jalkojeni kanssa, mutta tunsin, että minun tuli nyt kulkea yhdessä sveitsiläisperheeni kanssa. Tuo sanaton ymmärrys sytytti innon polkea.

Niinpä pakkasin laukut ja suuntasin Arequipan keskusaukiolle, jossa perhe odotti minua. Löysin perheen keskeltä aukiota, jossa he seisoivat kymmenien ihmisten ympäröimänä. He herättivät pyörillään ja aurinkokennoillaan huomiota kaikkialla ja nyt heitä haastatteli sanomalehti ja TV. Heitä vietiin kuin pässiä narusta ja Geraldine oli pyörityksestä väsyneen oloinen vastattuaan lukemattomia kertoja samoihin kysymyksiin. Minua ei lainkaan harmittanut, etten ollut koko kansan huomion keskipisteenä, ja sen takia tankkasin tyytyväisenä banaaneja puistonpenkillä istuskellen.

Tosin myöhemmin minut sai kateellisuudesta kiukkuiseksi se, että matkallamme halki Arequipan eteläosien lukemattomat naiset ja tytöt sulivat Estebanin edessä. Sydäntään pidellen he sanoivat: "Kuinka ihana, kuinka suloinen, kuinka komea!" Ajoin 5-vuotiaan pikkuveljeni perässä apeana, toivon jo lähes menettäneenä, ja kyselin naisilta itseäni osoitellen: "Ai mä vai?" "Yo?"

Kaupungin kuhiseva, ahtaan kireä keskusta vaihtui nopeasti vihreiden peltojen avartamaksi idylliksi. Pelloilla kylvötöitä tekevät ihmiset vilkuttivat meille, ja heidän selkiensä takana kohosivat maisemaa hallitsevat massiiviset tulivuoret, joiden välistä olin laskeutunut kaupunkiin kuusi päivää aiemmin.

Ei minusta ollut perheelle edes apuajajaksi, sillä äidin pistettyä sähkömoottoriinsa lisää tehoa, oli minut tuomittu varjoksi myös siellä, missä olin vahvimmillani – vuorinousuissa. En olisi kestänyt nöyryytyksen tuomaa häpeää, joten yritin vaalia ylpeyttäni ja ajoin kymmenen kilometrin nousun huipulle perheen kovassa tahdissa. Viisivuotias Esteban ei ollut juurikaan auttanut isäänsä polkemalla ylämäessä, vaan oli keskittynyt lähinnä omiin mielikuvituksellisiin leikkeihinsä. Minusta oli tullut hänelle kuitenkin kuin oppi-isä, ja nyt hän toimeenpani täydellisesti sen pyöräilijöiden lain, jonka tottelemisen minäkin parhaiten taidan: "Jos voit istua, et seiso. Jos voit maata, et istu." Lounastauolla Esteban heittäytyi maahan rennosti makuulle ja asetti juomapullonsa tyynyksi päänsä alle. Äiti ja isä nauroivat, että hänestä oli tullut Pikku-Jukka. Meistä oli toden totta tullut maailman parhaat kaverit ja ymmärsimme toisiamme täydellisesti, vaikkei meillä yhteistä kieltä ollutkaan.

Kahdeksanvuotiaan Amalian elämä oli huomattavasti ankeampaa kuin Estebanin. Olen aina sanonut, että viisivuotiaana mies on parhaassa iässä: hän osaa jo tehdä tuntuvia kepposia ja pystyy juoksemaan vanhemmilta karkuun mutta ei ole koulun tai muiden taakkojen kahlitsema. Siinä missä 20-kiloinen Esteban sai tehdä peräkärryssään pitkälti mitä tahtoi, piiskasi äiti huomattavasti vahvempaa Amaliaa auttamaan tätä jyrkimmissä nousuissa ja kehotti polkemaan nopeammin. Lisäksi Amalia-raukka joutui opiskelemaan ja tekemään läksyjä tuntikausia vanhempiensa kanssa niinäkin lepopäivien hetkinä, joina me Estebanin kanssa keskityimme leikkimiseen.

Ajelimme välillä hurjaa vauhtia ja välillä taas tasaisemmin. Alamäessä sain usein huilata hetken ajan, kun perheen suuri karavaani vitkasteli kaarteissa, mutta tasaisella tiellä meno oli taas hurjan nopeaa. Pysyin kuitenkin hyvin kyydissä ja pysähtyessäni pissalle tai ottamaan valokuvan sain ponnisteltua heidät vielä kiinnikin. Poljin kuin huomista ei olisi ja hassuttelin lasten kanssa. Kiihdytin ohi Estebanin ja Amalian pyörän päällä bailaten ja aavikon harmaudelle karkeloiden. Esteban purskahti ratkiriemukkaaseen nauruun, laittoi vaihteensa hassuun tapaansa keveimmälle ja alkoi kiihdyttäessään polkea hurjalla kadenssilla houkuttaakseen minua kilpailuun. Jättäydyin tarkoituksellisesti hieman taakse, pistin vaihteen isoimmalle ja poljin sitten täysillä ohi Estebanin. Annoin hänelle mennessäni muka tiukan, vihaisen katseen. Seuraavassa pikkunousussa ajoin puolestaan ykkösvaihteella teatraalisesti kieli ulkona ja keho väsymyksestä notkuen. Esteban kulki ohitseni isänsä peräkärryssä voitonhuuman isolla hymyllä lällätellen, eikä perhana huomannut tuulettamisen ohella edes polkea!

Perheen isä oli vahvan atleettinen Oliver. Hän oli olemukseltaan vankkarakenteinen ja hänen fyysinen olemuksensa tukkimaisen vahvoine jalkoineen heijasti poikkeuksellista lahjakkuutta polkea polkupyörää. Hän kysyi minulta, tiesinkö, minkä takia tienvarressa, keskellä rutikuivaa aavikkoa kökötti parin neliömetrin kokoisia keskeneräisiä pikkutaloja. En tiennyt, mutta Oliver kertoi minulle, että paikalliset ihmiset olivat vallanneet alueita kenellekään kuulumattomasta aavikosta lähinnä taloudellisen kiristyksen takia. Mikäli suuryritykset mielisivät samalle alueelle, voisivat ihmiset vaatia tuntuvia korvauksia, kun joutuisivat jättämään oman maa-alueensa. Idea ei ollut tainnut kantaa kovinkaan pitkälle, koska alueella ei ollut nyt ristin sielua. Se oli jälleen esimerkki siitä, miten sota ja ahneus ovat läsnä silloin, kun ihminen intohimoisesti haluaa kinastella jostakin asiasta.

80 kilometrin ajon jälkeen sanoin Estebanille: ”Älä huoli poika, enää vain puolitoista tuntia polkemista ja sitten tapaamme Tyynen valtameren rantahiekassa bikineissään paistattelevat tytöt.” Äiti Geraldine naurahti ja sanoi olevansa tyytyväinen siihen, ettei Esteban ymmärtänyt kaikkea, mitä hänelle puhuin ja ettei hänen myöskään tarvinnut tulkata pojalle kaikkia hölmöyksiäni.

Peninkulman päässä rantaviivasta laskin Tyynen valtameren talviseen sumuun. Kylmän merivirran aiheuttamassa hullunkurisessa asetelmassa lämpömittarin lukema laski sitä mukaa kun tie painui alaspäin. Laskiessani pois sinisen taivaan ja auringon alta aloin palella ja puin päälleni reilusti vaatteita. Näin jo tyrskyävät aallot ja aina rantaan asti laskevan violetin kukkameren. Pysähdyin odottamaan perhettä. Kun he laskivat lähelleni, paiskasin pyöräni tien vierustaan, kävelin pettyneellä ryhdillä ja nyrpeällä naamalla heidän luokseen ja sanoin: ”Minulla on kylmä. Katsokaa tuota väriä, taivasta ei erota aavikon harmaudesta. Sumun kosteus kalistaa luitani. Vihaan tätä paikkaa. Tuolla rannalla ei ole varmastikaan yhtäkään tyttöä bikineissä. Vihaan tätä paikkaa. Lähden nyt tuosta suoraan meren ylitse Australian kultaisille rannoille. Ei, kävelen sittenkin suorinta tietä Brasilian Copacabanalle, yli Andien ja halki Amazonin viidakon.” Kävelin hetken myrtyneenä kiviä potkien, mutta perheen iloinen nauru sulatti sydämeni heidän lämmölleen, ja niin unohdin hetkeksi tytöt ja palasin heidän seuraansa. Yhdessä laskimme alas tälle pettymyksen rannikolle.

Seuraavana päivänä aloimme seurata Perun rannikkoa kohti etelää. Pyöräily pitkästä aikaa asvaltoidulla ja maltillisesti nousua sisältävällä tiellä oli kerrassaan ihastuttavaa. Helpolla en kuitenkaan päässyt, sillä vastatuuli oli kova ja perheen pyöräilyvauhti vinha. Ne yhdessä saivat keuhkoni tekemään töitä hapekkaassakin ilmanalassa.

Ihmettelin perheen valtavaa puhtia ja tarmoa tarttua uusiin haasteisiin. Esimerkiksi Geraldine oli minua vain kolme vuotta vanhempi, mutta hän oli jo ehtinyt käydä yliopiston, opettaa koululaisia yli kymmenen vuotta ja kiertää Oliverin kanssa maailmaa reppureissaten. Lisäksi hän oli saanut kaksi lasta ja rakentanut perheelleen ison talon suurelta osin omin käsin. Tätä pyöräilymatkaa he olivat valmistelleet kokonaiset viisi vuotta, koska sen verran oli kestänyt rakentaa prototyyppi-pyörät toimiviksi. Kylläpä minulla olikin tekemistä pysyä heidän tahdissaan!

Tapaan pysähtyä välillä katselemaan maisemia, mutta nyt se ei onnistunut, sillä aina kun pysähdyin, perhe karkasi kauas omalla vauhdillaan. Ruokataukoja ei juuri pidetty ja silloinkin kun sain heidät hetkeksi pysähtymään, ei minulla ollut useinkaan aikaa nostaa jalkojani pyörän päälle huilatakseni hetken ajan; elin nyt heidän etenevän unelmansa tahdissa. Ei se mitään, opin syömään polkiessani ja jalkani tekivät töitä mukisematta. Sellaista se sähkömoottoreja vastaan polkeminen nyt vaan oli.

Välillä tunsin kuitenkin olevani kuin mutteri, jonka piti sopeutua heidän koneeseensa. Mutterin asema tosin sopi minulle hyvin. Tiesin kuitenkin olevani hauras mutteri ja ymmärsin, että murtuisin heidän vauhdissaan, elleivät he hidastaisi tahtia koneiston heikoimman lenkin tasolle.

Tyynen valtameren rannalla päivien jokaista minuuttia varjosti paksun harmaa pilvipeite. Se tuntui miltei promoavan lääkeyhtiöiden masennuspillereitä. Maisemana oli toisaalla aavikon hiekkapeite ja toisaalla puolestaan villisti vellova meri. Rantakalliot olivat valkoisen linnunkakan, *guanon*, peittämiä. Valtavat aallot mäjähtivät kallioiden tummiin tyviin ja murskautuivat korkeiksi tyrskyiksi. Hiekan peitossa olevat vuoret näyttivät valtavilta mereen syöksyviltä hiekkadyyneiltä. Esteban ja Amalia kiipesivät innoissaan niille ja laskivat kikatellen alas.

Saavuimme outoon pikkukylään, Boca del Rioon, jonka loivaa hiekkarantaa hivelivät surffareita kutsuvat aallot. Meri oli kuitenkin lainelautailijoista vapaa, eikä suuren kylän kaduilla kävellyt kuin muutama ihminen. Talot ammottivat tyhjyyttä. En tiennyt, olivatko ne hylättyjä vai odottivatko kesän alkua ja omistajien lomaviikkoja.

Perheen vanhemmat eivät päässeet yhteisymmärrykseen ainoan auki olevan hotellin kalliista hinnasta, joten lopulta perhe siirtyi kysymään majapaikkaa poliisiasemalta. Seurailin taustalla ja katselin, mitä seuraavaksi tapahtuisi. Esteban käveli pian asemalta ulos rennosti hymyillen, olkapäitään täydellisen huolettomasti kohauttaen ja koska perhe ei ollut saanut sieltäkään majoitusta hän sanoi ”*C'est la vie* – sellaista se on!” Esteban oli ehdottomasti rennoin koskaan tapaamani matkailija. Hänellä ei näyttänyt olevan suunnitelmia, murheita tai unelmia. Hän ei edes tiennyt, missä maassa hän milloinkin oli, ja kun kysyin, mihin maahan siirrymme Perun rajalta, hän vastasi: ”Ööö, Australiaan kai.” Poika oli kuitenkin mitä innokkain matkamuistojen kerääjä: hänellä oli taskut täynnä kiviä, pullonkorkkeja, simpukoita, puukeppejä ja paljon muita rikkauksia, joita hän halusi näyttää kavereilleen kotona.

Auringonpaisteen puutteen vuoksi vanhemmat tarvitsivat yöksi sähköä, jotta saivat pyöriensä akut ladattua. Minuun, yksinkertaisilla varusteilla matkaavan kulkuriin, oli tuona iltana tarttunut kenties aavistus estebanilaista rentoutta ja perheen yhä neuvotellessa poliisien kanssa majapaikasta päätin mennä huilaamaan kaupungin edustan hiekkarannalle. Pystytin teltan tuulensuojaan rantamajan kuistille. Kokkasin ja istahdin kynnykselle tunnustelemaan tuulta ja kuuntelemaan aaltoja. Edellisinä päivinä minulla oli ollut vain tietoisuus siitä, että olin spartalaiseen tapaan jatkuvasti kiirehtimässä eteenpäin. Tuona hiljaisena hetkenä ymmärsin, kuinka eri tavalla esimerkiksi majapaikan etsintä tapahtui yksin ollessani kuin perheen vauhdissa kulkiessani. Kun minulla oli vettä ja ruokaa, saatoin nukkua käytännössä missä tahansa, ja jos saavuin kylään, otin mielelläni ensiksi hieman syötävää ja istahdin alas ja annoin siten kylän ottaa minut ohjaukseensa. Useimmiten majapaikka löytyikin sen enempää etsimättä tai miettimättä.

Oli kuin tähdenlento olisi viistänyt telttakangasta. Pian kuulin askeleita. Kurkkasin ulos teltasta. Vastaanotin kalastajan valonheittimen äärimmäisen kirkkaan tervehdyksen ja pian myös hänen hyvän yön toivotukset. Kymmenen tuntia myöhemmin heräsin sumusta nuhruiseen aamuun, söin aamupalan, kyykistyin pesemään kattilat viileän meren suolaiseen veteen ja sitten purin leirini. Kävin hakemassa sveitsiläiset poliisiaseman meluisalta lattialta syömään kanssani aamupalaa rantahietikon vienoon tuuleen.

Jaoimme perheen kanssa lukemattomia naurun hetkiä ja välillämme päivittäisiä toimia voiteli pehmeä mutkattomuus. Tien päällä oli kuitenkin kivuliasta elää heidän tahdissaan. Ajoin vahvasti, mutta aavistelin yhä, ettei minua saisi lyötyä suurimmallakaan lekalla mutteriksi tähän rykivästi etenevään koneistoon. Vaikka eteneminen pysyi siedettävänä, tiesin, että ajoittain toistuvat kovat kiihdytykset eivät pitemmän päälle olisi keholleni hyväksi. Tiesin joutuvani maksamaan rasituksista myöhemmin. Onneksi jaloissani oli kuitenkin vielä voimaa sopeutumiseen ja kaikesta huolimatta myös nautin polkemisen erilaisesta rytmityksestä. Pyysin toki perhettä hidastamaan vauhtia tarvittaessa, mutta useimmiten tuntui luonnolliselta vain sopeutua heidän rytmiinsä. He koettivat aina huomioida minut, mutta heidän tottumuksensa kulkea päättäväisesti eteenpäin oli niin vahva, että se kuljetti heitä kuin itsestään kohti vanhaa totuttua vauhtia ja pyöräilemisen aikatauluttamista.

Harmillisesti tullimiehet veivät tuoreet ruokani Chilen raja-asemalla. Ajoin suklaapatukoiden voimalla Arican kaupunkiin. Minusta tuntui, että olin alkanut maksaa veroja aiemmasta hurjastelusta ja jalkani tuntuivat nyt niin tahmeilta, etten edes yrittänyt pysyä perheen perässä vaan poljeskelin kevyesti pyöritellen ja minimoiden turhat lisärasitukset. Perhe meni menojaan, ja he hävisivät kauas pitkälle, jonnekin Arican lähiöiden liikenteeseen. Kaupungin laitamilla kohosi laaja alue suuria ja siistejä kerrostaloja. Ohitseni ajoi pääasiassa henkilöautoja. Vastaani käveli lippalakki- ja aurinkolasipäisiä muodikkaita nuorukaisia rullalaudat kainaloissaan. He olivat todennäköisesti matkalla läheiseen skeittiparkkiin. Kaakeloitu kävelykatu oli vaaleudessaan modernin säihkyvä. Nostimme pankkiautomaatista käteistä rahaa. Rahat eivät olleet enää rypistyneitä, pehmeitä ja sormirasvasta tahmeita, kuten muualla Etelä-Amerikassa, vaan huomattavan tukevia, tyylikkäitä ja syvin värein helposti toisistaan erotettavia uusia muoviseteleitä. Se, mitä kutsumme länsimaalaiseksi kehitykseksi, oli paikasta vahvasti nähtävissä.

Ystäväni jäivät kyllä odottamaan minua, mutta enpä ehtinyt taaskaan vetämään henkeä paikallani, kun jo aloimme etsiä majoitusta. Perheen kanssa oli kuitenkin mitä mukavinta matkustaa, sillä siinähän sitä ehti katsella kaupunkia heidän kanssaan kävellessäni. Heitä oli mukavan helppo seurata: minun ei tarvinnut itse ottaa suuntaa eikä kysellä tai ylipäätään tehdä mitään muuta kuin polkea. Chilen itsenäisyyspäivän kynnyksellä kaupungin majapaikat olivat täysiä, mutta huojennuksekseni löysimme lopulta majoituspaikan, joka maksoi jokaiselta vain yhdeksän euroa yöltä. Toki se oli kaksinkertaisesti Perun hintoihin verrattuna, mutta olin jo valmistautunut lepäämään tässä maassa kalliimmalla hinnalla kuin aiemmissa paikoissa.

Sveitsiläisten päättämä lähtöpäivä alkoi lähestyä. He vaihtoivat myöhemmin kalliimpaan majoitukseen, emmekä nähneet paljoa. Olin lepopäiviemme ajan tuntenut oloni kaupungissa rauhattomaksi. Olisin saattanut tutustua kaupungissa ihmisiin ja tutkia minua kiinnostavia paikkoja, mutta uuden kohtaaminen tuntui jotenkin raskaalta. Juuri sitä, mikä olisi varmasti piristänyt mieltäni, en siis osannut kohdata. Olisin tietysti voinut kirjoittaakin, mutta tarinat eivät olleet vielä selkiytyneet päässäni. Olin kummallisessa tilassa, jossa saatoin vain odottaa, että voimani palautuisivat ja jaksaisin taas keskittyä johonkin. Aikani Aricassa oli stressaavan hajutonta ja mautonta, tosin ei paikan vuoksi, vaan ainoastaan siksi, että olin itse kirjaimellisesti pystyyn kuivunut pyöräilijän raato tyhmän kovan pyöräilyn jälkeen. Tiesin olleeni kulkueemme heikoin lenkki ja olin jo pahasti murtunut. Vaikka olisin toki mieluusti nauttinut ystävieni seurasta lisääkin, ajattelin, että olisin alkanut voida heidän vauhdissaan vain pahoin. Sen takia päätin jäädä lepäämään Aricaan vielä muutamaksi lisäpäiväksi heidän jatkaessaan jo matkaa. Ehkä tapaisimme kuitenkin korkealla sijaitsevassa Putren kylässä, jonne he aikoivat pysähtyä sopeutuakseen korkeaan ilmanalaan.

Aricassa viettämieni lepopäivien jälkeen palasin takaisin vuorille. Matka alkoi vihreässä jokilaaksossa, jonka ansiosta tämä maailmaan kuivimpiin paikkoihin kuuluva alue aikoinaan asutettiin. Kylmän merivirran vaikutuksen johdosta ilma pysyi mukavan mietona keskellä aavikon kesää. Tuulen viilentävän ja ilmastoa tasaavan vaikutuksen johdosta Aricaa kutsutaankin ikuisen kevään kaupungiksi. Ohitseni ajoi rekka lähes joka minuutti, sillä Aricassa toimii Bolivian kansainvälinen satama, johon suurin osa rekoista varmasti suuntasi. Poljin sisämaavaltion pääkaupunkiin La Paziin johtavalla tiellä. Olin polkenut vain pari tuntia, kun päätin kääntyä kylttien mainostamaan eko-kylään.

Keskellä aavikkoa minua tervehti vihreä puutarha, lintujen laulu ja kauniit savesta luodut rakennukset. Istahdin rauhallisesti alas penkille. Nyt tuossa rauhallisuudessa ei kuitenkaan ollut energiaa vaan se oli tyhjyydestä raskas. Jalkani nykivät stressistä ja sen sijaan, että olisin etsinyt juttuseuraa, mielelläni vain istuin ja odotin, että tyhjän oloiseen paikkaan ilmestyisi joku. Pian eräs mies kävelikin luokseni tiluksiensa perältä. Sain majapaikan kauniista, pehmeälinjaisesta ja koristeellisesta savimajasta. Voisin kuulemma lahjoittaa maksuksi haluamani hinnan. Laskeutuminen palauttavaan hiljaisuuteen tapahtui nopeasti ja vaikka jalkani eivät olleet olleet näin huonovointiset kertaakaan tällä matkalla, aavistelin väsymyksen olevan kuitenkin verrattain pinnallista.

Paikalle saapui myös toinen, vanhempi mies, hänenkin takatukkansa solmittuna Hare Krishna -ponnariin. Hoilaamiensa ”Hare Krishna”-mantrojen lomassa he alkoivat valmistaa illallista ja antoivat keittiön ja sen kaikki tuoreet antimet käyttööni. Keittiön nurkan valtavasta tynnyristä minulle täytettiin suuri lasi itse pantua kehon puhdistavaa kombucha-sienijuomaa. Papujen kuorinnan lomassa nuorempi mies kertoi minulle, että on olemassa monia jumalia, mutta Krisna on heistä paras.

Makasin pitkällä penkillä jalat ylhäälle nostettuna huilaillen, kun hoikka, keski-iän viimeisiä vuosia elävä mies kysyi minulta pistävään, etäiseen tapaan: ”Sinä vain lomailet aina. Et tee töitä, eikö niin?” ”Niin se näyttää olevan. En ole tehnyt töitä. Entäs sinä, teetkös töitä?” vastasin ja kysyin puolestani häneltä. ”Kyllä. Kyllä minä olen aina tehnyt kovasti töitä.” Hän ei enää huomioinut minua ja jatkoi kulkuaan mantraansa hokien, aivan kuin tietonsa löytäneenä, silmät kiinnostukselle jo sulkeneena.

Olin joskus tien päällä ihmetellyt, kuinka riisi saatetaankin ravintoloissa keittää niin usein kuivaksi ja kovaksi. Saatuani miesten laulaen keittiössä valmistaman aterian eteeni ja pistettyäni suuhuni sen tuoreita ja huomiolla valmistettuja antimia, saivat mietteeni kirkkaan vastauksen ja kaivattua vaihtelua. Ruuan valmistaminen tarvitsee rakastavaa huomiota! Taidolla ja kärsivällisyydellä valmistettu ja kevyesti yrteillä maustettu pehmeä riisi suli nautinnoksi suuhun muutamalla puraisulla, ja yksinkertaisten kasvisruokien raikkaus imeytyi kevyesti ja hitaasti energiaksi sitä kovasti tarvinneelle keholleni.

Tilalla oli aiemmin sijainnut suosittu ravintola, joka vanhemman miehen mukaan oli tuottanut suuria summia rahaa ja tarjonnut työtä kolmellekymmenelle ihmiselle. Alueen vedessä oli aikanaan ollut viranomaisten mukaan kuitenkin liiaksi arsenikkia, ja heiltä oli sen vuoksi viety ravintolaluvat. Miehet ajattelivat viranomaisten todellisuudessa näpäyttäneen heitä siitä, että tilalla oli silloin viljelty ja poltettu kannabista.

Kylttien mukaan liha, alkoholi, tupakointi ja huumeet olivat tilalla kiellettyjä. Coca Colan juominenkin oli kielletty. Olin oppinut, että myös esiavioton seksi ja keittiössä syöminen olivat pannassa. Onneksi yhtä säännöistä, aikaista aamuherätystä, ei määrätty tilan ainoalle vieraalle, ja nukuin siten pitkät palauttavat yöunet. Aamulla en kuitenkaan jatkanut matkaa, sillä oikaistuani jalkani tiesin, etten voisi vielä nautiskella pyöräilystä. Enpä siten tohtinut ottaa itseäni niskasta kiinni vaan palasin sängynpohjalle ja päätin pitää lepopäivän. Pyöräilin päivällä pienen lenkin maaseutua kierrellen ja madellen, höpötin uusien ystävieni kanssa, kävelin katsomaan aitauksessa ruokailevia laamoja, söin paljon ja loppuajan makoilin jalat koholle nostettuna. Päivän aikana huomasin jalkojen hiljalleen palautuvan ja niiden kanssa eläminen oli taas ihan siedettävää.

Päivällä nuorempi mies kuori jälleen papuja. Istuin hänen viereensä ja ryhdyin myös kuorimaan. Aamulla miehen olemuksessa oli ollut läsnä luotansa työntävää jäykkyyttä. Nyt yhtenä hetkenä pöydän ääressä hänen silmänsä kohtasivat omani ja näin hänet ensi kertaa pysähtyneenä. ”Sinun siniset silmäsi ovat aivan kuin veljenpojallani!” hän sanoi. Mies kertoi enemmän veljenpojastaan ja alkoi kiinnostua myös minusta. Välillemme syttyi kommunikointi, jossa sain selviä vastauksia kysymyksiini ja jossa oli tilaa myös hymyt huulille nostaneille vitseille.

En ollut hänelle enää vain vieras, työtä tekemätön nahjus, ohitse pyyhältävä kulkuri tai vääräuskoinen tollo. Nyt hän katsoi ja kuunteli minua. Välillämme vaikutti olevan todellinen ymmärrys. Minun hidas ja rauhallinen olemukseni ei viestinyt hänelle enää laiskuutta. Hän ei puhunut minulle siitä mitään, mutta vaikutti, että nyt hän ymmärsi minun antavan huomiota levolle todellisten tarpeiden, en periksi antamattoman laiskuuteni vuoksi. Kenties hän oli ymmärtänyt, että maailman pisimmät vuorinousut vaativat kaiken kärsivällisyyden, huomion ja kokemuksien antaman tiedon hyödyntämisen. Uusi ystäväni toi minulle myöhemmin tyynyn pääni alle, käski minun levätä hyvin ja meni valmistamaan minulle herkullista ja ravitsevaa illallista. Illalla hän halasi minulle hyvän yön toivotukset ja siunasi etukäteen minulle antoisan matkan, sillä hän lähtisi jo varhain aamulla Arican kaupunkiin.

Majoittajallani oli selvästikin rahat vähissä, ja lupsakka

vanhempi mies kun hän oli, oli hän edellisenä päivänä kysellyt minulta rahan perään kuin lapsi joululahjoja miettiessään: ”Kuinka paljon aiot antaa meille rahaa?” Olin ihmeissäni, kuinka juuri tähän paikkaan Krishna oli luonut minua varten tällaisen hiljaisuuden ja ravitsevan ruuan tyyssijan, joka soi minulle mainiot puitteet kovin tarpeelliselle levolle. Annoin miehelle tyytyväisenä reilusti rahaa ja sain toisen pitkän vahvan halauksen, joka saatteli matkani alkuun.

Olin kohonnut jokea myötäilevällä tiellä 500 metriin, josta tie lähti nousemaan jyrkemmin ylös kuiville vuorille. Pyysin laakson viimeisestä talosta kymmenen litraa vettä ja yli 4700 metriin asti kohoavassa syrjäisessä nousussa jalkojani rasitti myös kahden vuorokauden ruuat. Kauempana rannikosta viileästi puhaltava tuuli ei enää täysin kompensoinut kirkkaasti paistavan auringon poltetta. En nähnyt ympäristössä elämän merkkejä. Kymmenen vuotta Hare Krishna -tilalla asunut mies oli kertonut, ettei hän ollut nähnyt paikassa kertaakaan sadetta. Vain sitkeimmät kasvit aavikolla saivat riittävästi juodakseen aamujen kasteesta.

Nyt vihreä jokilaakso näkyi kaukana alhaalla kuin aavikolla kiemurtelevana käärmeenä. Kapealla tiellä sain olla jatkuvasti tarkkana Boliviaan ajavien rekkojen kanssa. Useimmiten siirryin ajoissa ja suosiolla polkemaan tien varren hiekalle. Niskani väsyi taaksepäin vilkuilusta, ja olin ensimmäistä kertaa Etelä-Amerikassa sellaisella tiellä, jolla kaipasin taustapeiliä. Kylläpä Andit olivatkin jo hemmotelleet minua kuukausien ajan satumaisen hiljaisilla teillä!

Maisemat eivät tällä tiellä vaihdelleet. Kun olin päässyt vuorille, en niiden ahtaamassa loivassa ja kapeassa kuivuneen joen laaksossa rekkojen, hiekan ja kivien lisäksi muuta nähnyt. Vilkaistessani täysin kirkkaalle sinitaivaalle ainoa havaittava muutos maisemassa olivat noruvat hikipisarat, jotka kuuma iltapäivä oli puristanut aurinkolaseihini. Kun ajotietokoneeseeni kilahti viisi ajettua tuntia ja 2000 noustua metriä, työnsin pyöräni nojaamaan muinaisen joenuoman seinämään ja heittäydyin itse lepäämään sen tarjoamaan varjoon. Myöhemmin pystytin telttani viereisen vallin taakse. Aamulla valli tarjosi minulle mukavan auringonsuojan.

Keskellä kymmenien kilometrien täysin autiota taivalta saavuin suurelle talolle. En saanut selvää, oliko paikka myös ravintola, mutta kysyin pitäjämieheltä, olisiko hänellä tarjota kuppi teetä ja voisinko syödä omia eväitäni talon varjoisalla pöydällä. Punapipoinen ja valkopartainen mies, joka näytti viisaalta alkemistilta, kantoi minulle kupillisen yrttiteetä teräspillillä juotavaksi. Sitten hän käveli jörösti takaisin televisiota katsomaan. Myöhemmin pyytäessäni vettä hän jäi seuraani pidemmäksi aikaa ja alkoi avautua kysymyksieni edessä. Hän puhui useita kieliä ja kertoili, kuinka hän oli opiskellut elokuva-alaa Lontoossa ja asunut myös Saksassa, Tanskassa ja Ruotsissa. Hän oli saanut Euroopasta lopullisesti tarpeekseen parisenkymmentä vuotta sitten. Nyt hän haukkui, kuinka Euroopassa kaikki on säädeltyä, on lakia lain perään. ”Täällä ei ole Sarkozy-, Merkel- ja Berlusconi-idiootteja aukomassa paksuja päitään. Täällä kotimaani vuoristossa saan olla ja elää rauhassa”, hän jatkoi. Hän oli asunut siinä suurten vuorien autiossa ja naapurittomassa maassa perheineen lähes 26 vuoden ajan.

Talon kattoa kärvensi maailman vahvimpiin kuuluva ultraviolettisäteily ja vaikka näin korkealla sateita ropiseekin silloin tällöin, oli vuorten majesteettisuuteen asti nähtävissä vain kuivaa, harvojen kasvitöppösten rikkomaa aavikkoa. Katsellessani savitalon pehmeän linjakkaita muotoja, puisia huonekaluja, kiviasetelmia ja värikkäitä lasikoristeita, ymmärsin miehen olevan jonkinsorttinen taiteilija. Jälleen kerran uusi tuttavuus jäi kuitenkin lyhyeksi tuulahdukseksi. Miehen kädenpuristus oli merkki palata suorittamaan yksinäistä urakkaani vapaan taivaan polton alle.

Poljin Putren kylään asti. Saatuani puhelimeni yhdistettyä internetiin sain viestin Geraldinilta siitä, että perhe oli jatkanut Putresta matkaa samana päivänä. Kun tarkastelin hiljaisen tietoisuuden taivaalle räpiköinyttä suunnitelmaani siitä, että ajaisin perheen pikaisesti kiinni, huomasin sen olevan vain typeryyden kautta itseään vahvistava ajatus. Todellisuudessa vointini oli yhä tukkoinen ja minun oli parasta jäädä viettämään lepoa tähän vuoriston pieneen kylään; ainoastaan odottaakseni jälleen sitä hetkeä, kun kehoni voisi taas vaivattomammin edetä suurten vuorten vaativassa tahdissa. Lepäsin viisi yötä.

Lähtöaamuna Putressa edessäni oli viimeinen päivä tämän vuorihirmun ylöspäin viettävässä kaltevuudessa. Nyt pyörääni raskautti viiden päivän ruuat. Olin matkalla Pohjois-Chilen upeita pyöräilymaastoja lupaileviin kansallispuistoihin (Parque Nacional Lauca, Reserva Natural Las Vicunas ja Parque Nacional Volcan Isluga).

4500 metrissä näin kuuluisan Chungara-tulivuoren ja sen siskovuoren kauniit muodot. Saavuin vuoren juurelle seisahtuneen järven rantaan. Taivas oli tumman myrskyn myllertämä ja järven pinta pienokaisten aaltojen rikkoma. Lämpö oli nollan vaiheilla ja satoi räntää. En kuitenkaan pukenut päälleni enempää vaatteita, sillä tiesin saapuvani pitkän ajopäivän päätteeksi kuumalle lähteelle. Luonnonlähteelle oli rakennettu kivistä ulkoallas ja sen vierelle kasattu pieni mökki, jossa oli sisäallas ja sopivasti tilaa asettua yöksi. Voisiko räntäsateessa kulkenut kulkuri lempeämpää toivoa kuin kuuman lähteen lempeys? Kehoni kiitos ei olisi voinut olla suurempi sen nukkuessa kuuman altaan lämmittämän, ihmisten vapaaseen käyttöön rakennetun mökin suojassa kirpeältä pakkaselta.

Aamulla mökin oveen koputettiin. Työnsin jalallani kiven loitommalle ja avasin oven hoikalle ja hymyilevälle miehelle. Hän kysyi, olinko saanut hyvin levätyksi ja pyysi lupaa tulla aamukylvylle. Bolivialainen paimen oli jättänyt lampaansa vaimonsa hoidettaviksi ja kävellyt naapurimaahan Chileen kylvylle ja pesemään kuumassa lähteessä vaatteensa putipuhtaiksi. Kylvyn jälkeen hänen aikomuksensa oli kävellä kymmenen lisäkilometriä päätielle ja ottaa sieltä bussi Aricaan vieraillakseen sinne muuttaneiden perheenjäsenten luona. Jatkettuani matkaa kylmässä aamussa istui mies yhä kuumassa kylvyssä valtava hymy huulillaan.

Tämä Pohjois-Chilen vuoristoylänkö oli toista maata kuin Peru. Vuorilaskun jälkeen perulaiset tiet eivät lainkaan huilanneet ennen uutta massiivista nousua. Täällä reilun 4000 metrin korkuisella *altiplanolla* kaukaisten vuorten välissä oli runsaasti varsin tasaista maata ja varsinaisia vuorinousuja ei ollut lainkaan. Kun vielä selkääni puhaltava tuuli vauhditti menoani, oli kulku nopeaa tällä hyvällä hiekkatiellä. Luonnonpuiston poliisiasemalla minut otettiin vastaan erittäin lämpimästi: kokkasin lounaan heidän keittiössään ja sain ison pullon lähdevettä matkaani. Ajoin iltapäivän ajan muutaman asteen lämpöisen vesisateen alla.

Kymmenien poljettujen kilometrien päässä minulla oli taas

nälkä ja saavuttuani Salar de Suriren suolajärven kaivokselle päätin kysyä johtajan toimistosta lupaa syödä rakennuksen sisällä sateen suojassa. Johtaja tarjosi minulle mielellään suojaa, mutta hän käski kaverinsa kuitenkin saattaa minut muualle syömään. Otin eväslaukkuni mukaan ja seurasin miestä. Saavuimme suureen ruokasaliin, enkä ollut ehtinyt istua vielä edes alas, kun edessäni pöydällä oli iso annos kanaviilokkia ja kokki osoitti lisäkepöydän suuntaan hyvää ruokahalua toivottaen! Hylkäsin oman eväspussini alas lattialle ja aloin nautiskella antimista silmät ilosta ammollaan. Ja kyllä tämä kylmästä tärisevillä käsillä syöty lämmin yllätyslounas maistuikin herkulliselta! Täytin booraksikaivoksella vielä vesisäiliöni ja jatkoin kohti toisia kuumia lähteitä, joiden rannalla aioin yöpyä.

Kevyesti askeltavat hoikkapiirteiset, kamelieläimistä kaikkein pienimmät *vikunjat* tanssahtelivat tien yli. Ne olivat vuoristojen vahvoja asukkaita, jotka jatkoivat tien ylitettyään kulkuaan ylängön aavikon kasvitupsujen välissä ja puikkelehtivat kohti laakson suurten vuorten rajaamaa laitaa kohden. Edessäni, tumman taivaan ja vuorten alarinteiden välissä, levittyi korkeiden huippujen vaakamainen lumipeite. Tummat alarinteet vaihettuivat suola-aavikon samansuuntaiseen vaaleuteen. Poljin kohti tämän seepramaisen maiseman vaalealla juovalla höyryäviä kuumia lähteitä. Kuoppaisellakin tiellä etenin yhä hyvää vauhtia kauas 100 kilometrin päivämatkan tuolle puolen.

Varpaani maistoivat ensimmäisinä Polloqueren lähteen lämpimän veden helpotusta. Kun ne olivat painuneet pehmeän saveen, seurasivat sateessa paleltuneet polvenikin alas kaipaamaansa lämpöön. Raukeat lihakseni laskeutuivat hitaasti maailman parhaiden kuumien lähteiden kylpyyn. Annoin selkäni levätä luonnontilaisen altaan pehmeään saviseinämään, lepuutin niskani sen reunalle ja saatoin kutittavista kipristyksistä tuntea, kuinka ihoni viileys alkoi lähestyä lähteen veden lämpöä. Sateen lakattua pilviverho antoi tilaa auringonlaskun värikkäälle näytelmälle. Nautin nyt siitä samaisesta maan lämmöstä, joka oli ruokkinut laavallaan laakson laidalta ylös nousevat tulivuoret niin kovin suuriksi, lähes 6000 metrin korkuisiksi. Hieroin ihoni pehmeäksi puhtaan harmaalla savella ja kun aloin tuntea oloni tukalaksi – arviolta 45 asteisessa vedessä – uin lammen kaukaisemmalle laidalle jäähdyttelemään viileämpään veteen. Panin makuulle tämän satumaisen altaan keskellä olevalle saarekkeelle, jossa vesi oli niin haalean mukavaa, että olisin saattanut nukkua yöni sen mukavalla savipatjalla. Lähteen suun seuduilla vesi oli puolestaan niin kuumaa, että tepasteltuani sen matalaan veteen ottaakseni valokuvan lähteestä mielenkiintoisesta kuvakulmasta, sain hyvin pian pomppia palamisen pelossa pitkillä loikilla takaisin kuivalle maalle. Pystytin telttani piknik-paikan seinien suojaan ja öisen tuulen puhallettua kuuman lähteen suunnasta sain nauttia 4300 metrin korkeudessakin lämpöisestä, jäättömästä yöstä.

Aamulla tie lähti jyrkähköön kilometrien mittaiseen nousuun. Alamäen jälkeen matkani jatkui hiekkaisen maan tasaisessa maastossa. Alueen halki kulki monia samansuuntaisia reittejä, maastoajoneuvojen etsittyä epätoivoisesti helpotusta jo kuopiksi ajettujen pääväylien tärinään. Niin tein minäkin ja usein poljin villin maan kivisessä karheudessa päästäkseni pakoon reittejä, jotka autot olivat koulineet melkoisen hakkaavaksi tuskaksi. Tunnistin hiekasta sveitsiläisperheen jäljet. Mutkaisista renkaiden jäljistä päättelin heidän olleen tiellä pahoissa vaikeuksissa. Matkalla oli muutama autio kylä, joissa oli vierähtänyt jo tovin aikaa siitä, kun pienet valkoiset kirkot olivat heijastaneet valoansa viimeiselle toivonsa menettäneelle lähtijälle. Korkean erämaan aavikolla eli sitkeitä asukkaita, aavikon vihreitä värittäjiä: ne olivat jopa 3000 vuotta vanhoja *yareta*-kasveja, yksiä maailman vanhimpia eliöitä, jotka kukkivat vaaleanpunaisin kukin.

Myötätuuli alkoi puhaltaa yhä kovemmin ja etenin huonollakin tiellä mukavaa vauhtia. Saavuin matalaan kanjoniin, jonka joen halkoma vihreä maa tarjoili räikeän kontrastin kokemaani aavikon kuivuuteen. Joenvarrella ruokaili kymmeniä lehmiä ja kauempana joki leveni laajaksi satoja eläimiä ruokkivaksi matalan ruohon kosteikoksi. Ukkonen alkoi lyödä tahtia polkimiini. Kaikkialla ympärilläni ja välittömässä läheisyydessäni salamoi ja paukkui. Aistin sen suuren kuoleman riskin, jossa olin. Katsoin alhaalla laaksossa seisoskelevia laamoja ja olin varma, että salamat tiputtaisivat niitä tässä paljaiden, kivisten vuorten rajaamassa tasangon maassa kuin syysmyrskyn sadepisarat ruskan lehtiä vaahteroista. Aukea maa ei tarjonnut pyöräilijällekään paikkaa, mihin suojautua. Tunsin, kuinka ukkosen voimassa oli mukana eteenpäin kuljettavaa energiaa.

Ajoin hurjassa myötätuulessa erittäin kuoppaisella ja hiekkaisella tiellä pitkiä matkoja 25–45 kilometrin tuntivauhdilla. Hirmuisen myötätuulen suoman hurjan vauhdin avulla leijailin yli pehmeän hiekan ja tienpinnan karkeuksien. Jalkani toimivat kuin unelma ja koin kovan vauhdin tiheänä tärinänä kämmenissäni. Samalla tiedostin kuoleman kolkuttelevan olkapäitäni. Saatoin kuitenkin tarkan pyöräilyyn keskittymisen ohella ihailla myös ukkosen valtavan voiman olemusta ja sallia jylhän rytinän pyyhkäistä vapaasti lävitseni nautinnollisena musiikkina. Näin loitommalla sinitaivaan kaistaleen ja tiesin kansallispuiston poliisiaseman olevan jo lähellä, joten ajoin jokaisen mäen ja mutkan mahdollisimman teknisesti ja vauhdikkaasti voimiani kuitenkaan tuhlaamatta, jotta pääsisin suojaan myrskynsilmäkkeestä mahdollisimman pian. Tien varressa eläimet söivät rauhallisesti ruohoa.

Pienen kylän kaduilla en nähnyt yhtäkään ihmistä, mutta poliisiaseman pihalla minua tervehtivät sveitsiläisperheen pyörät. Ystäväni ottivat minut vastaan ikkunasta hymyillen ja ulos halaamaan rynnäten. He ohjasivat minut peremmälle mökkinsä lämpöön. Minä kehuin, kuinka sveitsiläisillä on kaikkea, mukavia vuorimökkejäkin maailman ääressä!

Poliisiasemalla ei ollut ketään töissä, mutta perhe oli saanut talon käyttöönsä aiemmalla poliisiasemalla luotujen suhteiden avulla. Geraldine pisti sisälle astuttuani risottolautasen eteeni ja sain oman huoneen. Vaikka olin aikonut polkea Boliviaan asti samana päivänä, jäin nyt mielelläni lepäämään. Perhe oli ollut pulassa huonoilla teillä. He olivat polkeneet erämaassa minua puolta hitaammin, vain 8 km/h keskinopeudella ja Amalian peräkärrypyörästä oli hajonnut osia. Perhe oli jatkanut tänä aamuna jo kertaalleen matkaa, mutta he palasivat poliisiasemalle kymmenen kilometrin polkemisen jälkeen, koska Oliver oli huomannut vuorten takaa lähestyvän ukkosrintaman.

He olivat polkeneet edellisenä päivänä samanlaisessa myrskyssä, joka ukkosen metelin jo tauottua paiskoi nyt kiukkuisesti rakeitaan pihamaahan. Rento Esteban oli kuulemma ottanut tavanomaiset päiväunensa peräkärryn tuolissaan rajusti hakanneilla teilläkin, eikä ollut sanallakaan valittanut vaativan taipaleen koitoksien keskellä, mutta hurjan ukkosen silmässä hän oli kysynyt: ”Tähänkö me nyt kuolemme?” Äiti Geraldine oli ollut kuulemma pelosta jäykkänä ja sanoi nyt, ettei hän haluaisi enää koskaan kokea mitään vastaavaa. Itse olin päässyt juuri ja juuri talon suojaan ennen sateen rankinta vaihetta, mutta perhe oli suojautunut kovalta sateelta kahdeksi tunniksi telttaan. Edellisellä kansallispuiston asemalla poliisit olivat kertoneet Geraldinille salamoiden tappaneen alueella ihmisiä ja suuren määrän eläimiä. Hän kysyikin, enkö minä pelännyt pyöräillä ukkosessa.

”Kun poljin keskellä salamoita, en olisi voinut suojautua niiltä mitenkään tässä avoimessa maassa. Ainoa asia, johon saatoin keskittyä, oli se, että polkisin sujuvasti eteenpäin. Pelko olisi peittänyt kauneuden myrskyn olemuksesta. Ilman pelkoakin saatoin toimia tehokkaasti tilanteen vaatimalla tavalla ja voin kaiken lisäksi vielä nauttia sateesta ihollani, tuntea ukkosen energian tehostavan vaikutuksen jaloissani ja kokea pamausten voiman musiikkina jokaisessa solussani”, vastasin hänelle.

Olin kertonut aiemmin Estebanille ja Amalialle, kuinka olin heille kateellinen siitä, että vanhemmat tekivät kaiken heidän puolestaan. Nyt lyhyeksi jääneenä ajopäivänä heidän vanhemmat, ammatiltaankin molemmat opettajia, pitivät heille koulua, tällä kertaa kahtena 15 minuutin pätkänä esikouluopiskelua karttavalle Estebanillekin. Lällättelin lapsille, kuinka 32-vuotiaana yksin matkustamisessa oli sentään jotain hyvääkin: ”Saatan syödä suklaata silloin kun huvittaa ja minun ei tarvitse käydä koulua!” Silitin heidän pellavaisia päitään ja sulkeuduin huoneeseeni katsomaan meksikolaista elokuvaa tietokoneeltani.

Aamulla heräsin aikaisin ja taas suonissani sykki välitön etenemisen vimma. Kun teltan sijaan hyppäsin ylös sängystä, sain pakattua laukut nopeasti ja olin tien päällä, kun aurinko oli vasta nousemassa vuorten takaa. Olisin hiekkaisella tiellä paljon perhettä nopeampi ja koimme viisaammaksi jatkaa taas eri teitä pitkin. Kaiken lisäksi, nyt kun heillä oli kokemusta hiekkateillä ajosta omilla kapearenkaisilla ja painavilla pyörillään, he olivat päättäneet kulkea Bolivian vaativimmat osuudet autolla. Hyvästelin siten perheen jälleen ja aloin polkea yksin kohti Boliviaa.

Aamulla kylän raitilla oli vain joitakin aamuvirkkuja vanhuksia. Kauppoja Enquelcan kylässä ei ollut ja suuri osa taloista vaikutti olevan tyhjillään. Kylä sijaitsee suurten tulivuorten välittömässä kauneudessa, mutta Chile on maana taloudellisesti pohjoisia naapureitaan niin paljon kehittyneempi ja kalliimpi, etteivät ruohomaata parturoivat sadatkaan kotieläimet saata elättää näinä päivinä enää kovinkaan montaa kyläläistä tässä upeassa maailman kolkassa. Komea koulu ei ollut enää käytössä ja kirkon matala savitorni oli rapistunut.

Tunnin päästä ylitin ihmisiä kuhisevan raja-aseman. Vaihdoin rahaa Bolivian pesoiksi, söin päivän toisen aamupalan nuoren tytön ruokakojulla ja jatkoin sitten matkaa kohti Coipasa-suolajärveä. Raja-asemalta kaarroin suoraan harvojen autojen villiin maahan luomalle reitille. Polulla olin taas läheinen puskien ja hiekan kanssa. Poljin seisovan veden peilimäisen pinnan kautta Coipasa-suolajärven valkoiselle kannelle. Valkoisen pannukakun kirkkaudessa siristin silmiäni aurinkolasienkin takana. Pyöräily kovalla suolapinnalla ja myötätuulessa oli Etelä-Amerikan matkani vaivattomin kokemus. Poljin hyvin kevyesti kampia pyörittäen lähes kolmeakymppiä.

Parinkymmenen silmiä sokaisevan vaalean kilometrin jälkeen käännyin järveltä takaisin hiekkatien upottavaan tahmeuteen. Saavuin syrjäiseen kylään höpöttämään ensimmäisten tapaamieni bolivialaisten kanssa. Syrjäisen paimentolaiskylän lyhyet ja tanakat ihmiset olivat hiljaista sorttia.

Paikoin poljin moottoripyörän renkaiden levyisillä poluilla, sillä autojen kulkemilla urilla tie oli usein kuin hiekkarantaa. Ohitseni ajanut auto neuvoi minua valitsemaan kaksisataa metriä taaempana olevan tienhaaraan, jonka reitillä olisi kuulemma vähemmän nousua ja hiekkaa. Nousua ei ollutkaan, mutta eipä ollut niitä kyliäkään, joista olin ajatellut saavani vettä. Ajoin tunnista toiseen tasaisessa ja monotonisessa pienten puskien rikkomassa hiekkamaassa. En tiennyt tarkasti, missä olin, eikä Oliverin minulle aamulla antamien ohjeiden merkitsemistä kylistä ja maamerkeistä ollut tietoakaan tässä ympäristössä. Avasin kännykän ja tarkistin sen GPS:llä, olinko menossa oikeaan suuntaan. Olin kyllä, mutta siinä suunnassa näytti kohoavan läpipääsemättömän suuri vuorijono.

Aloin laskea ajotunteja jo kahden käden sormilla ja veteni alkoi olla vähissä. Päätä pyöritellessäni saatoin nähdä satojen neliökilometrien kokoiselle alueelle, mutta en nähnyt edessäni olevia autonrenkaiden uria lukuun ottamatta yhtään merkkiä ihmisen elosta. Onneksi poljin näinä päivinä sellaisen voiman kanssa, joka ei hevillä loppunut. Saavutin suuremman tien ja ilokseni se kulki läpipääsemättömiltä näyttäneiden vuorten välissä poikittain kulkevassa tasaisessa laaksossa. Aikani poljettuani näin liikennemerkin, joka osoitti Llicaan olevan matkaa neljä kilometriä. Löysin taloudellisesti köyhän oloisesta kylästä hyvän majatalon ja pienissä kaupoissa oli tarjolla kasviksia, jopa mangoja ja ananaksia. Hinnat olivat edullisia ja myyjä niin iloisesti palveleva, etten voinut tunnistaa paikkaa siksi kuivamuonan ja hitaasti lämpenevien ihmisten maaksi, jonkalaisia muistoja täällä Altiplanolla kulkeneet pyöräilijät olivat minulle kertoneet. No, sitä en toki vielä tiennyt, että tämä tulikin sitten olemaan viimeinen paikka Boliviassa, jossa näin ihmisten katuelämää enemmän kuin ilmoilla pöllyävää hiekkaa, eikä minun tarvinnut sen koommin niitä hedelmiäkään tässä maassa sitten puristella.

Tulevana päivänä poljin maailman suurimman suolajärven Salar de Uyunin halki. Edessäni levittyi silmänkantamattomiin valkoista kuutiokuvioiden rikkomaa täydellistä tasaisuutta. Aurinko kimalsi järvenpinnan suolakiteet miljooniksi säihkyviksi timanteiksi. Pyöräilykokemus oli yksinkertaisuuden huipentuma. Pidin suuntani kohti Incahuasin saarta, joka näkyi vain mustana pisteenä järven keskellä, ja poljin. Minun ei tarvinnut pysytellä tiellä, väistellä autoja tai vaihtaa vaihteita. Tuuli puhalsi selkääni kulkien samaa tahtia kanssani. Siten viima ei puhaltanut lainkaan korviini ja kuulin ainoastaan renkaitteni rapinan suolan kovalla ja karkealla pinnalla.

Söin evääni järvellä istuen ja pistin kaurapuurooni ripauksen suolaa suoraan sen pinnalta. Sitten taas poljin, kokien tämän ainutlaatuisen paikan yksinkertaisen kauneuden. Polkeminen oli omalla tavallaan paikan luonteen mukaista. Niin kuin maisema oli koko ajan samaa valkoisuutta, oli polkeminenkin samankaltaisuudessaan kehoa puuduttava kokemus; olinhan tottunut hiekkateiden vaihtelevaan pujotteluun ja ylämäkien putkelta ajamiseen. Iloitsin vauhdista ja siitä, kuinka saatoin keskittyä täydellisesti vain polkemiseen. Leikinkin. Suljin silmäni testatakseni, mitä hyötyä niistä on: ne suljettuina en osannut kulkea suoraan kuin korkeintaan kahden sadan metrin matkan ja suistuttuani autojen tasaiseksi kuluttamilta reitiltä karkeammalle suolalle, avasi koventunut renkaiden rapina silmäni nopeasti.

Edelleenkin poljin vauhdikkaammin kuin olin villeimmissä unelmissani saattanut kuvitella. Poljin vasta neljättä päivää, mutta olin jo 200 kilometriä kauempana kuin minne olin ajatellut polkevani viidessä päivässä. Viiden päivän verran olin myös ostanut ruokaa laukkuihini lähdettyäni Putresta. Suolajärven jälkeen tie muuttui taas hakkaavaksi hitaudeksi ja tiellä ohitseni ajoi iso joukko suolajärveltä palaavia turistiautoja, joille kaikille minä tietysti kiltisti vilkutin. Olin tähän saakka polkenut Andien huikeissa maisemissa tuhansia kilometrejä ilman turistin turistia, ja nyt he näyttivät pakkautuneen kaikki tähän yhteen ja samaan kolkkaan. 145 kilometriä poljettuani pystytin telttani lampaiden kiviaitaukseen ja vaivuin levolle hämmästyttävän lämpimässä illassa.

Uuden päivän aamunkoittona tunsin, että hillitön huumani edetä saisi nyt huilata yhden päivän ajan. Autojen tekemiä reittejä kulki maisemassa sinne tänne ja reittivalintani oli usein vain hyvä arvaus. Poljin 30 kilometriä San Juaniin, otin sen kauniissa suolahotellissa makoisat päiväunet, pesin pyöräni ja vaatteeni ja lähdin sitten etsimään kylän hiekkaisten kadunvarsien kaupoista eväitä vajaan viikon mittaiselle kylättömälle taipaleelle. Bolivian autioilla taipaleilla en tavannut juurikaan ihmisiä ja lyhyet juttutuokiot kauppojen rouvien ja hotellin henkilökunnan kanssa olivat nyt elämäni ainoita sosiaalisen hellyyden hetkiä. Heidän kauppojensa tarjonta oli melkoisen kolkkoa kuivuutta, mutta yhdestä kioskista sain ostettua tiskin alta tomaatteja, porkkanoita ja sipulin.

Vanhat tottumukseni viestivät minulle, että tässä mukavassa paikassa olisi viisainta levätä muutama päivä, jotta jo kerätyt rasitukset jälleen kypsyisivät kasvaviksi voimiksi. Olin näillä pyörämatkaajan niityillä nyt kuitenkin kuin kiimainen sonni ja aamulla vedin jalkoihini taas pyöräilysukat. Matkani jatkui kuivan kauden auringon kovaksi polttamalla muta- ja suolatasangolla. 30 kilometrin päässä saavuin Bolivian armeijan syrjäiselle asemapaikalle, joka olisi pitkään aikaan viimeinen paikka saada vettä. Portilla ei ollut sotilaita, kuten ei ensimmäisissä sisälle kurkkaamissani rakennuksissakaan. Yhdestä peltisestä bunkkerista kuulin mutinaa. Kävelin mutinan suuntaan ja astuin erään sotilaan makuuhuoneeseen. Toivotin uneliaalle nuorelle miehelle hyvät huomenet ja kysyin, mistä saisin vettä. Sitä olisi kuulemma junaradan vieressä olevissa metallitankeissa. Hän kaatui takaisin sängynpohjalle ja minä menin ulos kauhomaan viisi litraa yön viilentämää vettä pussiini. Pidin lounastauon junaradalla ja sen kisko sai toimia tyynynä siestallani.

Pian tie lähti ylös hiekkaiseen nousuun. Ylhäällä maiseman valtavaa laajuutta rikkoivat tien varren kalliomuodostelmat, jotka loivat suurpiirteisyyden valtakunnassa läheisyyden tuntua. Nyt hiekka oli niin pehmeää, että minun tuli kiihdyttää vauhdilla läpi paksuimpien peitteiden. Käännyin muutamaksi kilometriksi suuremmalle Chilestä saapuvalle kansainväliselle hiekkatielle, joka jäikin sitten ainoaksi hoidetuksi tieksi matkallani Boliviassa.

Ensimmäistä kertaa sitten Kolumbian vastaani polki pyörämatkaaja. Erikoista, että tämä kovan tuulen, jäätävien öiden, huonojen teiden ja korkean ilmanalan syrjäinen taival on yksi suosituimmista retkipyöräilyreiteistä Etelä-Amerikassa: todellinen klassikko. Vaihdoimme japanilaispyöräilijän kanssa kuulumiset ja puolin jos toisin vinkit edessämme olevista reiteistä. Kun hän kysyi, minne asti aioin polkea iltaan mennessä, vastasin ajatelleeni Laguna Hediondaa, josta saisin vettä. Hän vastasi sen olevan mahdotonta ja lisäsi tehneensä matkaa sieltä kahdeksan tuntia, aamuvarhaisesta asti. Matkalla olisi kuulemma runsaasti talutettavia paikkoja, joissa ei voisi pyöräillä.

Mietin, että aurinko oli kyllä jo laskeutunut pitkän matkaa. Sitten vilkaisin miehen polkupyörän kapeaa käyrätankoa ja valtavan painavaa varustelastia. Huomasin myös kapeat renkaat. En ollut siis laisinkaan huolissani, ettenkö pääsisi illaksi seuraavaan vesipisteeseen asti.

Olimme ilmeisesti molemmat eteenpäin puskevan adrenaliinin pauhuissa ja sokaistuneet suorittamaan yksinäisiä kilometrejä aavikon hiljaisuudessa, sillä melko pian toivotimme toisillemme hyvää matkaa. Aloin polkea kohti muutaman nousun takana olevaa Hediondaa. Vuorinousun jälkeen iltapäivän navakka vastatuuli teki näyttävän tulonsa. Odotin niitä paikkoja, joissa japanilainen oli sanonut työntäneensä pyöräänsä pitkiä matkoja, mutta kaiketi poljin huomaamattani niiden ylitse. Kovassa tuulessa en päässyt hiekkaisessa alamäessä polkemalla juuri kymppiä kovempaa ja jo näkyvä, vaaleanpunaisten flamingojen täplittämä Laguna Canapa tuntui pysyvän paikoillaan.

Jalkojeni tankit vaikuttivat tämänkin päivän lopulla olevan kuitenkin täynnä, vaikka olin polkenut jo kahdeksan tuntia. Sieltä se Laguna Hediondakin sitten maalautui kimaltelevaksi helminauhaksi horisonttiin! Saapuessani sen rantojen auringonlaskun pehmentämille pastellimaisen kauniille väreille, olin tehnyt ruoka- ja valokuvaustaukoineen matkaa sitten japanilaisen tapaamisen vain reilut kolme tuntia.

Sen ilon lisäksi, että matkaajatytöt vilkuttivat minulle harvakseltaan ohitse ajaneista autoista iltapäivän tunteina, kiitin turistiteollisuutta nyt myös siitä, että se oli tuottanut tämän kauniin järven rantaan yhden hotellin. En toki raaskinut maksaa kalliista huoneesta, mutta sen ansiosta minun ei tarvinnut kantaa mukana päiväkausien vesiä. Sain telttailla hotellin takapihalla. Kokkasin illallisen ulkona olevalla pöydällä ja oloni oli kuin päinvastaisessa akvaariossa länsimaalaisten turistien tarkastellessa minua t-paitaisillaan hotellin ravintolan suurten lasi-ikkunoiden sisältä. Kaksi heistä viittoi käsillään kysellen, onko minulla kaikki hyvin; ja olihan minulla, sillä olin jo tottunut kylmiin öihin ja telttani oli minulle pakkassäässäkin mitä mukavin paikka levätä. Olin myös kokannut jo mitä maittavimman illallisen tuoreista kasviksista, valmisperunamuusista, kananmunista ja pähkinöistä.

Kun turistit aamulla vasta alkoivat heräillä, olin jo keittänyt puuron, syönyt sen, pessyt kattilan ja purkanut leirin. Aurinko teki nousevaa työtään vielä vuorten takana ja pakkasilma oli niin kirpeä, että polkiessanikin pidin päällä untuvatakkia. Hampaitani vihloi viimassa. Aavikkoiset vuoret piirtyivät aamutaivaan sinertämän tyynen järven pintaan.

Tulevien kilometrien aikana maisemassa oli niin monia kauniita, värikkäitä suolajärviä, että ne kannustivat pitämään valokuvaustaukoja kiusaksi asti. Järvien jälkeen maassa ei sitten ollutkaan taas kuin pelkkää hiekkaa. Poljin nyt maailman kenties leveimmällä valtatiellä. Maisemassa levittyi noin 60 kaistainen ja 500 metriä leveä maastoautojen maahan ajamana kulkureitti. Yritin etsiä sen kovapintaisinta kaistaa.

Vuoret rajasivat rikkaiden mineraalien loihtimilla väreillään maiseman kauttaaltaan puhtaan siniseen taivaaseen. Ajoin taas pidemmälle kuin saatoin olettaa. Alamäessä laskin hurjassa myötätuulessa viittäkymppiä, vaikka tie oli rajusti hakkaava. Saavuin turistien kansoittamalle, sedimenttien ja levän punertamalle ja flamingojen asuttamalle Laguna Coloradalle. Siniset rantavedet saivat alkunsa vaalealta suolarannalta ja vaihettuivat järven verenpunaiseen keskustaan kuin sodan lopetuksen taistelukentällä.

Majoittauduin majataloon ja juttelin lyhyesti sitä pitävän pariskunnan kanssa. He olivat asuneet siinä syrjäisessä, tuulisessa ja jäätävän kylmässä maailmankolkassa jo 40 vuotta palvellakseen ohitse kulkevia turisteja. Samoin tekivät kaikki muutkin, jotka olivat jäänet asumaan tähän kansallisreservin piskuiseen huoltokeskukseen. Keskuksen ympärillä oli jokaisessa suunnassa satoja kilometrejä autiota puutonta erämaata. Tanakka rouva keitti teetä vieraille ja lyhyt ja vanttera, auringon uurtama paksuihoinen ja punakasvoinen mies kuunteli radiota huoneessa, joka toimi yhtä aikaa heidän keittiönään sekä makuu- ja olohuoneenaan. Istuin hiljaisesti keittiön tuolilla ja tarkastelin vaikuttuneena heidän yksinkertaista, mitä ilmeisemmin samassa rauhallisessa rytmissä päivästä toiseen soljuvaa elämää.

Yhdessä muiden turistien kanssa syömäni spagetti-illallisen aikana huomasin ujoudessani jo väsymyksen ja kun aloin puhua enemmän, rasittivat sanat minut yhä syvempään haukotukseen. Menin nukkumaan aikaisin ja heräsin taas hyvissä ajoin ennen auringonnousua. Poljin vihreiltä järviltä kuumille lähteille ja oranssien vuorten luomassa aavikkomaisemassa ylös lähes 5000 metriin. Tie oli paikoin niin hiekkainen, että etsittyäni kovinta pintaa poljin kaistalta kaistalle ja niiden välissä olleiden hiekkakumpujenkin yli. Ilman paksupyörää ruoho tuntui aina olevan vihreämpää kumpujen toisella puolen. Oma 29x2.35 rengassettinikin kuljetti minua kuitenkin yhä taluttamatta eteenpäin, kovin hitaasti ja vaikeasti, mutta varmasti.

Sveitsiläisperhe ajoi maastoautolla ohitseni fillarit sen katolle köytettynä, sillä heidän pyöränsä eivät tässä maassa kulkisi eteenpäin edes sähkömoottorien täydellä voimalla. Sovimme tapaavamme San Pedro de Atacamassa jo samana iltana tai todennäköisemmin vasta tulevana päivänä.

Aurinko ylängöllä oli niin polttava, että olin repäissyt suikaleen vanhasta t-paidastani suojaamaan nenääni ja poskipäitäni. Olin ollut pitkään onnekas ilmavirtausten suhteen, mutta nyt vastaani puhalsi raju tuuli ja nopeuteni laski kävelyvauhtiin. Kun olin polkenut jo yhdeksän tuntia, aloin ensimmäistä kertaa tuntea kestävyyteni naksahtelevan. Näin Laguna Verden toisella puolella olevat majatalot. Päätin polkea tämän viimeisen bolivialaisen kostean kaunottaren ympäri villiä rantaviivaa pitkin sen sijaan että olisin valinnut tietä pitkin etenemisen. Järven vesi saattaa jäähtyä kymmenien pakkasasteiden lämpöiseksi, mutta pysyy sulana sen vihreäksi värjäävien mineraalien ansiosta. Sain majatalosta suojan jäätäviä tuulia vastaan. Öinen taivas piilotti bolivialaisen maiseman mahtavuuden. Huokaisin helpotuksesta ja suljin silmäni tietäen, että Chileen olisi vain kivenheiton matka ja seuraava päivä tien päällä olisi lyhyt ja helppo. Kehooni kerääntynyt rasitus korruptoi jo jokaista vuorokauden tuntia ja nyt nukahtaminenkin alkoi jo ottaa niistä oman aikansa.

Heräsin vaihteeksi myöhään aamupäivällä. Aurinko paistoi jo korkealla Altiplanon taivaalla. Kun edellisten päivien etenemishuuma oli laantunut, tuntuivat askeleeni hitailta. Olemukseni oli täysin kiireetön ja verkkaisen pehmeät liikkeeni suojasivat kehoani lisärasituksilta. Ajoin jäljellä olleet viisisataa nousumetriä ylös hyvin hitaasti, leimautin passini rajalla ja laskin Chilen puolella 45 kilometrisen alamäen 4650 metristä alas San Pedro de Atacamaan(2400 m). Puiden varjostaman aavikkokylän turistien täyttämillä kaduilla oli shortsikelit ja kaupoista ja ravintoloista saatavana kaikenlaisia tuoreita herkkuja. Kontrasti vain reilun tunnin takaiseen Bolivian taloudellisesti köyhään ja jäätävän kylmien yötuulten maahan oli dramaattinen. Nettikahvilassa vastaanotin Geraldinelta viestin saapua heidän valitsemaansa edulliseen hostelliin. Löysin nelikön pian ja tämä raju taival päättyi halauksiin ja valmiiseen ruokapöytään istahtamiseen.

Suurimmat suunnitelmat aavikon tomuksi

San Pedro de Atacama – Socaire - Paso Sico – Olacapato - San Antonio de los Cobres – Salta

Aivan kuin eläessäni hengitän, tunnen pyörää polkiessani tuulen aina kasvoillani. Nyt laskin vastatuulessa kovaa vauhtia Bolivian rajalta kohti Chilen puoleista San Pedro de Atacaman kylää. Kova tuuli sai poskeni lommolle. Katsoin laaksossa avautuvan Atacama-aavikon kuivaan laajuuteen ja tunsin, kuinka mieleni vapautui. Poltteeni polkea tuo erittäin vaativa, yksinäinen ja huolellista valmistelua vaativa reitti läpi syrjäisen aavikkoalueen laantui. Näkymä antoi minulle itsessään täyttymyksen, vaikka en vaativalle reitille lopulta lähtenytkään.

Tuo tulivuorten ja suolajärvien täplittämä karu Punan erämaan alue oli nimittäin aiemmin herättänyt minussa mitä suurimman innon ja jännityksen sekaisen kutkutuksen. Seikkailu Punassa oli se, mitä olin etukäteen eniten valmistellut Etelä-Amerikan retkelläni tutkimalla satelliittikarttoja ja ottamalla selvää, mistä saisin autiomaassa vettä. Menneinä viikkoina olin miettinyt, miten järjestän matkan ravinnon, reitin, varusteet ja veden, jotta saisin pidettyä pyöräni niin kevyenä, että voisin edetä hiekassa mutta en kuolisi erämaahan. Boliviassa olin lopulta saanut kaikki valmistelut ja logistiikan valmiiksi päässäni. Yllättäen minulla ei nyt paikan päälle saavuttuani kuitenkaan ollut minkäänlaista halua lähteä viikoiksi yksin polkemaan keskelle autiota vuoristoaavikkoa, jossa saattaisin vieläpä joutua työntämään pyörää pitkiä pätkiä. Ei, vaikka paikka olisi sitten kuinka uskomaton ja ainutlaatuinen tahansa. Sellainen ei vain tuntunut enää tarkoituksenmukaiselta.

Minulla ei siis ollut voimaa ottaa lisäaskelta kohti yhä vaativampia seikkailuja. Huomasin suuremman haluni olevan siinä, että säilyttäisin etenemisessäni ripauksen keveyttä ja saapuisin Argentiinan Saltaan hyvissä ajoin. Siellä voisin levätä kunnolla ennen suunniteltua yhteistä matkaa, jonka taivaltaisin ystäväni kanssa. Siispä valitsin Saltaan vieväksi tieksi Paso Sicon kautta kulkevan helpomman mutta yhä niin syrjäisen reitin, että jouduin lastaamaan pyöräni neljän päivän ruuilla.

Jälkeenpäin ymmärsin, että se hetki, jona vilkaisin Atacaman aavikon laajuuteen ja tunsin halun massiiviseen vuoriseikkailuun kuolevan, saattoi olla kaikkien matkojeni käännekohta, ikään kuin yhden aikakauden päätös.

Olin levännyt San Pedro de Atacamassa vasta kaksi päivää ja Bolivian kiihkeän rytminen ja runsas polkeminen painoivat yhä tuoreina rasituksina jaloissani. Poljin tasaisella tiellä halki maailman kuivimman aavikon, Atacaman. Keskipäivän kuumuus särki päässäni ja jalkoihini sattui. Haukottelin jatkuvasti. Tuulen pöllyttämän maiseman taivas oli samaa harmautta kuin rutikuiva aavikko. Joku lintu täälläkin kuitenkin lauloi. Ajatukseni soittivat minulle pysähtymisen säveltä. Ne sytyttivät kaipuun, joka kuljetti minut kohti varjoa ja lepoa.

Saavuin pieneen Toconao-nimiseen kylään. Kaupungilla käveli muutamia japanilaisia ja eurooppalaisia turisteja. Tervehdin nuoria hippejä, joiden ohitse olin polkenut maantiellä jo aiemmin päivällä. Istuin heidän seuraansa ja rupattelimme niitä näitä. Tyttö vastasi minulle olevansa chileläinen, mutta hoikka, vekkulimainen ja pörrötukkainen poika kertoi kuuluvansa esi-isiensä heimoon. Alueella oli ollut asutusta kuulemma jo tuhansia vuosia. Poika vilautti minulle viltin sisällä olevaa kaktusta kuin aarrettaan varjellen. Hän kertoi, että San Pedro kaktuksen sisältämän meskaliinin psykedeelisellä vaikutuksella hän saisi syvemmän yhteyden esi-isiinsä. He pakkasivat reppuihinsa leipää, ostivat lähdevettä mukaansa ja kävelivät yöksi aavikolle. Minutkin kutsuttiin psykedeeliselle kaktus-koktailille, mutta mielenkiintoisesta tarjouksesta huolimatta halusin tänään vain huilata ja nauttia illan ajan aavikon yksinkertaisesta kauneudesta. Jatkoin vielä pienen matkaa kylän ulkopuolelle ja pystytin telttani aavikon tarjoamaan kuoppaan. Tuuli pöllytti hiekkaa sellaisella voimalla, että hiekka puristautui teltan sisälle sen sisäosan verkkokankaan läpi. Hivutin teltan ylle tuulikankaan ja laskin hiekasta kivistelevät ja vetistävät silmäni sen alle suojaan. Auringonlaskun aikaan tuuli tyyntyi ja taivaan värikkäät tekeleet syttyivät laakean maan ylle. Nukahdin hyvissä ajoin miljoonan tähden hotellissani.

Aamulla tie kohosi 2500 metristä takaisin ylängön vähähappisiin korkeuksiin. Poljin nyt rennolla tahdilla ja ruokataukoni venyivät pitkiksi. Päätin kuitenkin tehdä pienen lisäkierroksen läheisten järvien kautta. Nousun huipulla ajoin ohi kansallispuiston maksuportin, jossa ei ollut ketään paikalla. Miscanti-järveä reunusti valkoinen suolahuivi ja sen takana kohosi kartiomaisia tulivuoria. Pystytin telttani järven läheisyydessä olevan kiviaidan taakse, ainoaan tuulensuojaiseen paikkaan, joka lähialueella oli tarjota. Kun olin saanut leirin valmiiksi ja ruuan kiehumaan, saapuivat kaksi naista kiviaidan vierelle. He puhuivat erikoisesti asioita kiemurrellen, mutta ymmärsin, etten saisi telttailla paikassa, enkä voisi edes jatkaa matkaa tiellä, jolla olin ajatellut kulkea.

Aavistelin toki, että nämä naiset, kansallispuiston vilpittömät suojelijat, olisivat täysin kaavoihinsa kangistuneita, mutta tilanne vaikutti niin hullunkuriselta, etten saattanut olla katsomatta naisia hiljaisesti silmiin ja selittää rauhallisesti:

”Katsotaanpa tätä tilannetta nyt sellaisena kuin se on. Täällä tuulee kovasti ja minä olen pannut leirini jo pystyyn alueen parhaimpaan mahdolliseen tuulensuojaan. Ruokani kiehuu tulella. Paikka on oikein mukava. Kaiken lisäksi minulla on sellainen tapa, etten jätä lainkaan roskia luontoon, joten tämäkin paikka näyttäisi aamulla siltä kuin en olisi täällä koskaan käynytkään. Yhtä paljon hiekkaan jää kenkieni jälkiä, jos jään nyt telttaani nukkumaan ja puran leirini vasta aamulla tai siinä tapauksessa, että jatkan nyt matkaa. Joka tapauksessa tuuli lakaisee kengänjälkeni tuossa tuokiossa. Pimeäkin on tulossa varsin pian, enkä ehtisi polkea kovin pitkälle kuitenkaan.”

Naiset kuuntelivat minua hetken aikaa hiljaisesti, mutta pian johtajanainen reagoi kuin olisin hyökännyt häntä vastaan väkivaltaisesti ja sanoi: ”Ei, ei, et voi jäädä tänne, sinun tulee lähteä. Paikka on arkkitehtuurisesti suojeltu ja vain eläimet saavat nukkua täällä – eivät ihmiset. Vierailijatkin tulevat aamulla aikaisin.”

Onnekseni sain häneltä erikoisluvan kulkea suljettua tietä pitkin takaisin päätielle. Kiitin rouvaa lämpimästi erikoisluvasta ja kerroin jatkavani mieluusti heti matkaa. Pakkasin leirini ja söin hieman. Kun olin lähtemässä, ajoi vierelleni auto, josta takaisin palannut rouva astui ulos ja sanoi: ”Ai niin ja sinun pitää maksaa kansallispuiston maksu.” ”Niin, ilman muuta. Kuinka paljon?” kysyin. ”3000 pesoa”, nainen vastasi tiukasti. Annoin hänelle 5000 pesoa, mutta nainen sanoi, ettei hänellä ollut vaihtorahaa. ”No mutta mikäs sen mukavampaa, sillä sittenhän saat pitää vaihtorahatkin”, sanoin naiselle, kiitin heitä huolenpidosta ja jatkoin polkemista. Autoa ajanut nainen oli hieman apean ja tylyn oloinen, mutta toinen nainen ei edes vilkuttanut minulle mennessäni, vaan seisoi mäen alla tumput suorana murjottaen.

Koko tapahtuma oli hymyilyttävän koominen. Olin menneinä kuukausina Andeilla kävellyt monien järvien rantaan ja telttaillut vapaasti samanlaisten kiviaitojen suojassa. En voinut kuvitella yhtäkään seikkaa, jolla olisin voinut aiheuttaa minkäänlaista kulumaa tai vahinkoa paikkaan. Säännöt ovat kuitenkin sääntöjä, sitä ei voi kiistää.

Jatkoin eteenpäin rauhallisesti pyöräillen. Välillä pysähdyin katsomaan maisemaa, jota illan lämmin valo pehmensi, ja Laguna Miniques -järven tasaista sinistä pintaa, jota kova tuuli rikkoi. Aurinko sytytti taivaan pilvenhattarat keltaisiksi liekeiksi. Tuuli oli viedä telttani taivaalle, mutta sain teltan hallintaani suurten kivien avulla. Illan pimeys oli ilokseni tuulelle merkki lopettaa työt. Lämmittelin makuupussini suojassa ja katselin hiljaisesti maailman minulle esittämää ylvästä kauneutta. Sitten lämmitin kiviaitojen suojassa keittämäni ruuan uudelleen, söin ja vaivuin palauttavaan lepoon.

Auringon aamuinen valomerkki sai minut aloittelemaan touhujani siinä samassa rauhallisessa tahdissa kuin vuoriston tuuli oli aloittamassa jokapäiväistä uurastustaan. Ajoin takaisin päätielle pitkin sitä samaa suljettua tietä, jolla olin saanut erityisluvan kulkea.

Salar de Aguas Calientesin suolajärvellä täysin harmaan hiekan peitossa olevat puhdaslinjaiset vuoret piirtyivät kaksoismaisemaksi tyynen veden pintaan. Ajoin pitkin suolaista niemeä turkoosin veden rantaan. Istahdin syömään niemen valkoiselle suolalle. Taianomaisen autiomaan yksinkertaisen kauneuden hiljaisuutta rikkoi ainoastaan vesilintujen siipien humina. Nautin maiseman mahtavuudesta olemalla mahdollisimman lähellä sen ihmeellisyyttä. Kiersin järven toiselle puolelle villiä rantaviivaa seuraten. Toisinaan pystyin ajamaan kovalla suolalla ja vikunjoiden mutaan tekemillä reiteillä, mutta usein työnsin pyörääni kivikoissa.

Saavuttuani myöhemmin toiselle turkoosille järvelle alkoi onneni tuulen kanssa kääntyä ja ajoin pitkästä aikaa vastatuuleen. Minun tuli polkea seuraavalle vesipisteelle, läheiselle kaivokselle asti. Kaivos oli seisokissa ja koko paikassa töissä vain kaksi huoltomiestä. Sain ystävällisiltä miehiltä majapaikan heidän ohikulkijoille varaamastaan huoneesta. Pääasiassa vierailijat olivat kaltaisiani pyöräilijöitä, joille paikka on reitin yksi harvoista vesipisteistä. Pyöräilijöitä kulki tiellä kuulemma yksi tai kaksi kuukaudessa, ja minä tunsinkin lähes kaikki viime aikojen pyöräilijät, joista pomo Alex jutteli ja näytti minulle valokuvia. Pohdin miesten elämää ja sitä, kuinka he viettivät pitkiä aikoja satojen, jopa tuhansien kilometrien päässä perheistään keskellä maailman karuinta autiomaata, joka on talviaikaan kaiken lisäksi yksi maailman kylmimpiä paikkoja. Voin vain ihmetellä miesten kärsivällisyyttä ja nauttia siitä lämmöstä, joka heidän sydämistään säteili ohikulkijoille. Täällä maailmankatolla elämä oli karua ja harvat ihmiskohtaamiset suuria, jaettuja rikkauksia.

Minulla oli menossa jo kolmas pitkä pyöräilyviikko putkeen. Sen aikana olin polkenut tunteja samaa tahtia kuin ammattipyöräilijät Ranskan ympäriajossa. Suurimman osan kilometreistä olin taittanut 3500–5000 metrissä hitailla, upottavillakin hiekkateillä. Kertyvä rasitus alkoi tuntua kehoni olemuksessa. Pyöräilin vielä verrattain vaivattomasti 5–6 tunnin ajopäiviä, mutta aamuisin liikkeeni olivat jo hitaanlaisia ja haukotukset syviä. Päivittäisten asioiden hoidossa kuten ruokien järjestämisessä ei ollut enää läsnä selkeyttä ja toimeni tuntuivat hetkittäin ponnistelulta. Havainnoinnissani ei ollut herkkyyttä ja puuduttavan olemuksen kuorruttivat päässäni hyrräävät ajatukset. Ajatella, että väsynyt mieleni pohti tulevia pyörämatkojakin, vaikka se ei jaksanut keskittyä kunnolla käynnissä olevaankaan!

Huomasin ajatusten olevan vain vanhoja savuja, joiden tuli vielä sumentaa tietoisuuteni taivas hetkeksi. Väsyneen miehen hourailevat päiväunet saivat liitää omille teilleen, mutta yksi tuntemus pysyi kirkkaana. Tämä ensimmäinen kerta Etelä-Amerikassa, kun ajoin pitkiä raskaita viikkoja perätysten, saisi jäädä myös viimeiseksi. Minun tuli vain käydä se kaikki lävitse, mutta sitten se olisi siinä.

Olin polkenut edelliset viikot vahvasti kuin sankaritarinoissa, mutta aikansa kutakin. Tunsin, että sen tilan, jonka kova fyysisen työ oli vienyt, oli nyt aika täyttyä jollain muulla. Ajatus oli kuin jatko sille tuntemukselle, jonka myötä olin aiemmin päättänyt jättää Punan suuren seikkailun tekemättä.

Ylängön kuumaisen harmaat maisemat jatkoivat muodoiltaan selkeää, poutapilvien varjojen eloisaksi rikkomaa kumpuiluaan ylängön horisontin kaukaisuuteen saakka. Syvän sininen taivaankatto piirtyi horisontin rajaan asteittain vaalenevalla pehmeydellä. Myötätuuli saattoi minua eteenpäin. Poljin sen helppoudessa sulavasti. Päivät olivat hiljaisia ja yksinkertaisia. Olin Argentiinan erittäin syrjäisellä raja-asemalla paikan ainut asiakas. Jatkoin matkaa halki laajan aavikkoisen laakson, jonka laidalta tie lähti taas nousuun kulkeakseen jälleen ylös 4500 metriin. Tuon mäen takana saavuin ensimmäiseen argentiinalaiseen kylään. Ihmiset olivat punaposkisia, lyhyitä ja tanakoita vuoriston alkuperäisasukkaita, aivan erinäköisiä ihmisiä kuin millaisina olin tottunut argentiinalaiset kaupunkilaisystäväni tuntemaan. Olacapaton kaivoskylä oli pölyinen ja köyhän oloinen kuin Boliviassa konsanaan. En löytänyt kylästä kauppaa, eikä ravintolassa ollut vielä ruokaa, joten sain täytetyksi vain juomapulloni. Lensin hurjassa myötätuulessa vielä pitkän matkan ja sain yöpyä mukavasti tuulensuojassa, hylätyn kylän tiiveimmässä autiotalossa.

Seuraavana päivänä saavuin virtaavan puron varteen ensimmäistä kertaa yli tuhanteen kilometriin. Makean veden ja tuoreen kasvillisuuden tuoksu kantautui nenääni ja virtauksen lotina korviini. Täytin juomapulloni vuoriston kristallinkirkkaalla vedellä. Huipulta tie laski alas ensimmäiseen pikkukaupunkiin San Antonio de Los Cobresiin. Ajopäivä jäi lyhyeksi jäätyäni syömään ja lepäämään kaupunkiin, jossa niin sanottu kehitys vaikutti suurilta osin pysähtyneen kolmekymmentä vuotta aiemmin.

Abra Blancalla, valkoisella huipulla, olin 4080 metrissä ja edessäni oli pitkä alamäki Saltan kaupungin 1250 metriin. Olin huipulla tyytyväinen siitä, että pian saisin levätä. Kumarsin myötätuulelle kiitoksen sen tarjoamasta avusta. Enpä olisi huipulla istuessani uskonut, minkälaisia metkuja maailmalla olikaan tälle veijarille vielä tarjota samana iltapäivänä.

Laskin niin nopeasti asvaltoidussa alamäessä, että uumoilin saapuvani 130 kilometrin päähän Saltaan vielä samana päivänä. Myötätuuli kääntyi kuitenkin rajunlaiseksi vastatuuleksi. Vuorenrinteillä törrötti kymmeniä tuhansia suuria kaktuksia. Laskin jylhässä laaksossa samansuuntaisesti joen kanssa. Alamäessä pääsin polkemalla kuitenkin vain 10–12 kilometrin tuntivauhtia. Tuuli riepotti pyörääni ja päässäni humisi niin, etten kuullut edes omia ajatuksiani. Olin jo miltei luopunut toiveestani saapua Saltaan vielä saman päivän aikana, kun yhtäkkiä jaloissani ikään kuin napsahti jokin kohdilleen. Huomasin, kuinka jalkani alkoivat polkea kovempaa. Minua ei pysäyttänyt mikään!

Tuulenpuuskista huolimatta poljin läpi tehokkaasti pyörittämällä. Lyhyet ylämäet kiihdytin seisoen ja hiekkatien pätkät ajoin täysillä yli syvimpienkin kuoppien. Kaikki tapahtui kuin itsestään. Ajoin tunnista toiseen kovaa. Hurjasta rasituksesta huolimatta vointini pysyi rennon avoimena ja olemukseni puhtaasti hengittävänä. Vauhtini oli huimaa. En saattanut uskoa, mitä siinä hetkessä tapahtui.

Kuten matkatarinoitani aiemmin lukeneet tietävät, olin

vuosikausia elänyt jonkinlaisten vaivojen kanssa, joiden myötä kuntoni oli romahtanut. Kuin itsestään, ilman minkäänlaisia uudenvuodenlupauksia, rantakunnon himoitsemista tai itsestä niskasta kiinni ottamista, oli kuntoni noussut huiman kovaksi. Puhtaasta intohimosta poljin nyt vahvemmin kuin koskaan ennen. Kun luulin polkevani kovaa, lisäsin taas vauhtia. Huiman korkeaan ilmanalaan tottuneilla keuhkoillani ei ollut rajoitteita työssään, vaan ne pumppasivat vaivattomasti niin paljon happea jalkoihini kuin ne suinkin kestivät polttaa.

Vastatuuli tyyntyi ja Saltan kaupunki alkoi lähestyä. Valuvasta hiestä tiesin työskenteleväni kovaa. Vihreä ympäristö oli raikas. Sade oli lakannut vain joitakin minuutteja aiemmin. Karun aavikon herkistämä nenäni tunnisti kukkien tuoksun. Tietä reunustivat suurten omakotitalojen laajat nurmikot ja puutarhat uima-altaineen. Vauraan loisteen keskeltä Argentiinan pitkään jatkuneet taloudelliset ongelmat vilkuttivat minulle sieltä täältä hylättyjen talojen hämähäkin seittien, villiintyneiden pihojen ja kasaan lysähtäneiden autojen välityksellä.

Vieläkin ihmettelin sitä, miten poljin tasaisella reitillä ja kevyeen vastatuulen henkäykseen jatkuvasti huimaa 30–40 kilometrin tuntivauhtia. Vasta 150 kilometriä poljettuani tunsin kammen painamisen tuottavan ensimmäistä kertaa jumittavaa happoa ja löysäsin välittömästi vauhtia, jotta en saapuisi vieraaseen kaupunkiin rasituksessa ajelehtivana maitohappotukkina. Poljin viimeiset kymmenet kilometrit verkkaisesti.

Saavuin viileässä tihkusateessa ja hiljaisessa sunnuntailiikenteessä suurehkon kaupungin rauhalliseen keskustaan. Viikkojen mittainen keskittyminen sammui omilla jaloilla perille saapumisen suunnattomaan iloon! Kysyin lähes autiolla kävelykadulla seisovalta poliisilta, josko hän tietäisi halpaa paikkaa yöpyä. Reppureissaajien hostelli löytyi hänen neuvostaan heti korttelin kulman takaa ja pääsin pian lepäämään. Hostellin vastaanoton suloinen tyttö huomasi kasvoillani sykkivän ponnistelun punan ja hänen uteliaasti kyselevässä seurassaan kertasin heti päivän uskomattomat tapahtumat. Rasitus ja ihmetys seurasivat kuuman yhteismajoitushuoneen pehmeälle patjalla pitkälle yöhön asti. Pyöräilykuntoni, joka ei ollut koskaan aiemmin pyörämatkoillani puhjennut, oli nyt täydessä kukassa. En kuitenkaan halunnut pitää siitä kiinni, saati yrittää parantaa sitä edelleen, vaan tunsin, että se saisi lakastua hoidon puutteeseen.

NAANTALISSA 21. TOUKOKUUTA 2015

Viisitoistaminuuttisemme naisten huomiossa ja huolia vuoristossa

Salta – Cafayate – Fiambala – Paso San Fransisco

Suurenmoinen pikkupoika Esteban saapui huoneeseeni sivuluisussa, sukkasillaan kaakeleilla liukastellen. Hän katsoi minua kultakutriensa alta kysyvästi ja pyysi minut mukaan leikkeihinsä. Saltalaisen hostellin yhteismajoitushuoneen toisessa päässä argentiinalaiset pääkaupungin pojat nukkuivat vielä, vaikka aurinko vajosi jo kohti iltapäivää. He olivat nauttineet nuoruudestaan taas aamuun asti. Huoneessani oli niin kuuma, että minun oli pakko pitää suuria ikkunoita ja ovia auki. Liikenteen melu kantautui sisään. Kakofonisessa ja rähjäisessä hostellissa tyttöporukka oli aloittanut päivänsä soittamalla musiikkia kovalla volyymilla.

Makasin sängyllä ja surffasin siellä täällä, sivulta toiselle internetissä hyppien. Esteban veti minua pyytävästi kädestä. Vastustin hänen kutsuaan. Sen huomattuani hymyilin ja ymmärsin 5-vuotiaan Estebanin kyllä tietävän. Ikään kuin Esteban halullaan leikkiä ja olla kanssani herätti minut luihin asti tunkeutuvasta itsekeskeisestä horroksesta. Vietin ensimmäisen viikon Saltassa sveitsiläisperheeni seurassa ja pääelinkeinoni oli pitää itseäni hengissä huilaamalla ja syömällä.

Chilen puolella San Pedro de Atacamassa olin hylännyt suunnitelmani polkea useiden viikkojen mittainen äärimmäisen vaativa taival Puna de Atacaman syrjäisessä vuoristossa. Siitä eteenpäin poljin vahvasti ja varsin vauhdikkaasti, mutta Saltaan saapuessani olin tuntenut, etten nyt tahtoisi ylläpitää tätä ”huippukuntoa” ja erittäin kovat polkaisut saisivat olla tämän matkan osalta siten tehdyt. Ystäväni Tomi, jolla ei ole pyörämatkailusta kokemusta, oli tulossa kulkemaan kanssani ja aistin, että nyt minulla olisi nahanluonnin aika. Hänen seurassaan ei olisi nimittäin tarkoituksenmukaista elää vanhoihin raskaisiin tapoihini kangistuneena.

En kuitenkaan tiennyt, mihin olin valmistautumassa, sillä en saattanut kuvitella minkälaisia käänteitä matka ottaisi ystäväni saapuessa peesaamaan minua. Olin vain innostunut siitä, että maltoin päästää irti vanhasta tavastani edetä juuri silloin, kun olin vahvimmillani. Ja vaikka rasitus painoi kehossani, luotin, että olin arvioinut palautumiseen tarvittavan ajan täsmällisesti ja voisin hänet tavatessani taas polkea kepeästi, kulkea kaduilla jalat puutumatta ja istua puiston penkillä pidempiäkin aikoja ilman ryhdin romahtamista.

Suuri ystäväni Esteban, hänen siskonsa Amalia ja heidän

vanhempansa Geraldine ja Oliver jatkoivat vuoden mittaiseksi suunniteltua matkaansa kohti Etelä-Amerikan eteläisiä osia ja sittemmin meren ylitse Aasiaan. Minä jäin yksin kaupunkiin. Vaihdoin lepopaikkani rauhallisempaan hostelliin. Levon myötä silmäni alkoivat avautua Saltan katujen tarjoamille ihmeille ja sydämenikin oli taas uusien ystävien saavutettavissa.

Istuin vuoden 2005 joulukuussa Kutan hiekkarannalla paikallisten balilaisten rantapoikien seurassa, kun aloin kuulla bahasa indonesian seassa suomen kieltä. Paikalle oli saapunut kolme surffaavaa suomalaista karpaasia. Olin juuri aloittanut ”pyörällä maailman ympäri” retkeni muutamaa kuukautta aiemmin. Pojista Petri ja Lauri olivat oikein kiinnostuneita suunnitelmistani polkea maailman ympäri ja siitä, kuinka olin jo polkenut Thaimaasta läntisen Indonesian kautta Balin saarelle asti. Tomi sen sijaan heitti lyhyemmin läppää ja jatkoi pian omia touhujaan. Hänen katseensa kävi lävitse kaikkia ohitse kulkevia tyttöjä ja hän lähti empimättä niiden puheille, joiden olemus herätti hänessä ihastusta. Takaisin seuraamme palattuaan hän kertoili, mistä päin maailmaa kukin tyttö oli kotoisin. Yhtä tyttöä hän saikin pussattua jo samana päivänä, vai olisiko ollut vasta seuraavana, mutta kertoi, kuinka hän suudellessaankin ajatteli jo seuraavaa askelta.

Tapasin Tomin sen viikon aikana vielä muutaman kerran. Samalla kun uumoilin hänen olevan kipuja kutsuva, viettien sokaisema idiootti, ihailin sitä puhtaasti palavaa ja peittelemätöntä liekkiä, joka kuljetti häntä maailman nautinnoilta toisille. Kuuntelin tarkkaavaisesti hänen tarinoitaan juhlimisesta, seikkailuista ja naisista, ja olin harmistunut, kun hän ei halunnut lukea minulle enempää näitä runojaan.

Eräänä iltapäivänä tapasimme sattumalta Kuta beachin kadulla ja istuimme ensimmäisen kerran yhdessä alas kivetykselle katselemaan ja kuuntelemaan ohitse liitävän elämän sykettä. Vain muutaman päivän kuluttua Tomi tapasi tytön, joka lopulta hirtti hänet kaikkien maailman naisten murheeksi avioliittoon ja minun kohtalokseni tuli kuristaa itseni kiertämään polkupyörällä koko maailma.

Kutan matkaa seuraavina vuosina ajauduimme muutaman kerran yhteen, kun erinäisten pyörämatkojeni välissä vierailin kaksi kertaa hänen luonaan Balin saarella. Vaikka olimme fyysisesti kaukana toisistamme, kommunikointimme jatkui pitkästä välimatkasta huolimatta. Olimme joskus puhuneet yhdessä matkaamisesta ja tuo ajatus alkoi elää vahvemmin puhelumme aikana, jonka jaoimme minun oltua Perun vuorilla. Nyt reilut kolme kuukautta myöhemmin olimme taas yhdessä tarkastelemassa maailman menoa.

Tomin varusteet olivat jääneet Rooman lentokentälle, joten niiden yli viikon mittainen odotus tuki hyvin yhteisen matkamme verkkaista aloitusta. Salta oli suureksi kaupungiksi ilmapiiriltään varsin leppoisa. Ihmiset kävelivät hitaasti ja iltapäivisin vietettiin siestaa. Saltan sydän on yksi Argentiinan parhaiten säilyneitä koloniaalisen ajan vanhoja kaupunkikeskustoja. Sen tyylikkäille kujille ja suurille aukioille varjoa ja raikkautta suovat vanhat mahtavat puut, hyvin hoidetut pensaat ja nurmet.

Minulle oli muodostunut Saltaan jo pieni ystävien joukko, joiden kanssa vaihdoin puistossa istuskellessani usein kuulumiset. Olin tutustunut rastapäisiin ystävyksiin, jotka olivat 15 vuoden ajan myyneet itse tehtyjä koruja, mutta jotka nyt perheellisinä miehinä havitellessaan parempaa tuottoa koruista olivat siirtyneet kiinalaisissa tehtaissa valmistettujen metallisten korujen myyntiin. Ohitse kulkeva nuoriso tervehti heitä Bob Marleyna ja Gorditona (Paksukainen). Heidän myymänsä korut kävivät kaupaksi niin kuumasti, että nurmen reunalla omia käsitöitään kauppaavat, nukahtelevat ja raskaan oloiset hipit olivat kateudesta vihreinä. Kaksi kaunotarta käveli myyjien ohi ja Paksukainen huusi heille, että vaihtaisi mieluusti Bob Marleyn sellaiseen naiskauneuteen. Kaverusten kaupankäynnissä oli läsnä iloinen leikki, joka veti ostajia kimaltelevien korujen luokse ajoittain magneetin lailla. He säälivät minua, kun olin aina yksin ja ottivat minut ikään kuin opetuslapsekseen. Profeettani Bob Marley oli kaupanteon ohella napannut kuulemma jo viisi naista niinä kolmena viikkona, jotka olimme tunteneet, ja hänen suurin opetuksensa ja syvin viisautensa oli käskeä minun yksinkertaisesti vain rohkaistua puhumaan tyttöjen kanssa – se kuulemma riittäisi. Jos en muuta keksisi, voisin vaikka vain pysähtyä kysymään, mikä on oikea tie museolle…

Olimme Tomin kanssa taas ostoksille mennessämme unohtaneet, että kaupat sulkeutuivat siestan ajaksi, ja siten iltapäivämme kului jälleen kahvilassa istuen. Kun peppumme alkoivat puutua kahvilan tuolilla, pakenimme iltapäivän kuumuutta viereisen puiston valtavan korkeiden puiden suomaan varjoon. Vastaamme käveli jo vaihdettujen katseiden kautta tuttu, kepeän huolettomasti askeltava, heleän oloinen, ryhdikäs ja solakka tyttö. Hän kauppasi meille suitsukkeita. Saman, jonka Grecia aisti naisen herkkyydellään olemuksessamme, me tunsimme omissa hellyyden kipeissä sydämissämme; oli selvää että suitsukkeista se, mitä eniten tarvitsimme, oli ”rakkauden ja makeuden” yhdistelmä. Ostimme sellaisen. Grecian olkavarren tatuointi sai meidät juttelemaan perhosista. Kuuntelimme yhdessä lintujen laulua, ihastelimme puita, sekä havainnoimme yhdessä kaupunkielämää, joka meitä ympäröi. Grecia sanoi tämän kaiken olemassa olevan riittävän ja että siinä piili täysi kauneus. Samalla hetkellä kirkontornin ärsyttävä jäätelöautomainen kello kilahti ja hän tuohtui ja sanoi sen sorinan kyllä olevan hetkeen kuulumatonta meteliä! Hymyilimme Tomin kanssa.

Tämä venezuelalainen tyttö sanoi matkanneensa yhtäjaksoisesti jo kolmen vuoden ajan. Hän kertoi aiemmin eläneensä trooppisella saarella kotimaansa rannikon edustalla, ja totesi, ettei ihminen tarvitse edes kenkiä. Ilman omaisuuttakin ihmiset voivat kuulemma olla yhdessä ja rakastaa toisiaan. Tyttö katsoi meitä molempia syvälle silmiin. Kehuessaan sinisten silmiemme kauneutta, hän pisti merkille niiden samankaltaisuudessa yhden eron, Tomilla oli iiriksen ympärillä kuulemma tummempi reunus. Nauroimme yhdessä makeasti ja olimme toisina hetkinä kaikki hiljaa. Ihastuneet silmämme mittailivat kauniin, intiaanimaisen tytön piirteitä ja juttelimme hänelle parhaiten taitamaamme runolliseen sävyyn. Pian tyttö jatkoi matkaa samalla kevyellä askeleella, jolla hän oli saapunut luoksemme. Grecia jatkoi suitsukkeiden kaupittelua ja me tunnustelimme taas askeliemme kulkua puiston kivetyksellä. Linnut ja koirat joivat vesilähteestä. Turistit ottivat veistoksellisen vesilähteen edessä valokuvia iltapäivän kuuman auringonpaisteen rikkomassa kontrastisessa valossa.

Istahdimme toisen, karismaattisen ja spontaania teatraalista energiaa hehkuvan, heinäsirkkataideteoksia puistossa kauppaavan ystävämme vierelle. Hän kiipesi silloin tällöin selkänsä takana olevaan, kaupungin keskusaukiolla seisovaan valtavaan palmuun ja katkoi sen huipulta lehtiä. Niistä hän työsti heinäsirkkakäsitöitä. Yhtenä päivänä näin poliisien hätistelevän häntä alas puusta. Ikäistään vanhemmalta näyttävä 24-vuotias Gabriel oli kotoisin Argentiinan San Miguel de Tucumanista ja elänyt vaiherikkaan, hampaat jo loppuun kuluttaneen elämän. Raikulipoika oli saapunut muutamaa viikkoa aiemmin Saltaan kokemaan uusia asioita. Hän nukkui kadulla ja omisti vain repullisen vaatteita ja patjan. Hän söi halvinta katuruokaa, useimmiten teollisia nakkisämpylöitä Super Panchoja. Gabriel halusi säästää rahaa matkatakseen seuraavaan kaupunkiin.

Puiston väylän toisella puolella aikaansa kuluttivat myös kaksi tyttöä. Toisen tytön olemus ja kurvikas keho viestivät seksikkyyttä, johon silmäni tuon tuosta tarttuivat. Hän katseli usein meitä. Pitkän istuskelun jälkeen kättelimme ystävämme ja sanoimme näille tuntemattomille tytöillekin jäähyväiset. He aloittivat kuitenkin keskustelun ja niin istahdimme nurmelle. Kun toinen siskoksista kysyi, mitä tein työkseni, sanoin olevani espanjankielen tulkki ja kun tässä parhaillaan käännän keskustelua teidän ja ystäväni Tomin välillä, veloitan jokaisesta käännetystä sanasta yhden peson! Tytöt olivat huvittuneita. He kyselivät yksinkertaisia juttuja meistä ja vastauksemme hämmensivät heidät useimmiten epäuskoiseen hymyyn.

Fernanda, siskoista se, joka keräsi suurimman osan miesten katseista, makasi vieressäni kyynärpäät maassa olkavarsiinsa nojaten. Hänen suuret pyöreät rintansa kurkottivat kohti taivasta ja laineileva lantio jatkui pehmeänä sylinä aina nurmella suorana lepääviin kauniisiin sääriin saakka. Hänen pehmeillä kasvoillaan oli tumman polttavaa sähäkkyyttä ja ujostelevassa olemuksessa lapsimaista raikkautta. Kaikki ystävämme seurasivat keskusteluamme omiin asioihin keskittymisen lomasta ja elivät siinä mukana.

Koko ystäväporukassa vallinnut energia kuitenkin muuttui, kun yhdessä sivulauseessa Fernandan hieman takavasemmalla pysytellyt sisko, jonka nimen olen jo unohtanut, viittasi meillä gringoilla olevan paljon rahaa. Aivan kuin yhdessä olon täydellinen rakkaus olisi peitelty halun tukehduttavaan viittaan. Pian he kysyivät, lähtisimmekö heidän kanssa oluelle. Käänsin Tomille kysymyksen ja lankesin vastuun sen myötä hänelle. Hän vastasi minulle Suomeksi: ”Emmekö ole menossa pyöräilemään?” Sanoin siis tytöille olevamme menossa pyöräilemään ja iltapäivän ollessa jo pitkällä, emme voisi odottaa lenkille lähtöä enää pitkään. Tytöt olivat pettyneitä. Fernandan olemus painui raskaasti maata kohden. He inttivät vielä hetken vastaan: ”Vain yhdelle oluelle.” Kun ymmärsin, että meidän tulee kulkea syömään ja polkemaan, saatoin pehmein sanakääntein sammuttaa kipinät välillämme. Viimeiseksi sanoin olevani toiminut tulkkina jo niin pitkään, että Tomilta on nyt pesot loppu, emmekä voisi enää keskustella. Tytöt ymmärsivät jo apean hiljaisesti, että meidän tulee lähteä polkupyörälenkille. Halasimme, ja kuorrutimme jäähyväiset poskisuukoilla. Jatkettuamme matkaa ystäviemme keskuudessa vallinnut odotus vaihettui hiljaiseen hämmennykseen siitä mitä oli tapahtunut. Kaikki olivat hiljaa, epäuskoissaan siitä, että saatoimme päästää tytöt lipumaan sormistamme.

Me pojat lähdimme sitten polkemaan polkupyöriä. Teimme lenkin Saltan Andien puoleisilla rinteillä olevaan tiheään metsään. Tomi ajoi vahvasti tasaisella, mutta kun lisäsin vauhtia siellä missä olen vahvimmillani, eli jyrkissä ylämäissä, jäi hän kauas taakseni. Hymähtelin tyytyväisyydestä tietäessäni, että voisin jatkaa levosta nautiskelua edessä olevilla vuoriseikkailuillakin.

Vastaamme tuli tälläkin pyörälenkillä niin paljon kauniita ja flirttailevia tyttöjä, ettemme oikein tienneet, mitä ympärillämme tapahtuu. Saatoimme vain nautiskella näkemästämme. Nauroimme kippurassa maailman meille tarjoamalle kauneuden hupaisalle näytökselle. Jokainen kohtaaminen jäi pitkään tai lyhyempään katsekontaktiin, vaihdettuihin hymyihin, vilkutuksiin ja silloin tällöin silmäniskuihin. Tiesin, ettei Salta ole paikkana erikoinen, vaan meidän omien halujemme toteutuminen järjesti meille tämän naiskauneuden ja heidän antaman huomion poikkeuksellisen näytöksen. Kerta toisensa jälkeen kauneus lipui ohitsemme, jättäen jälkeensä kutkuttavan hymyn ja hetken räpiköiviä vatsaperhosia.

Samana iltana mieleni alkoi tarttua Fernandan kauneuteen. Ajatukseni tunnustelivat hänen sylinsä pehmoisuutta. Hymyilin sille, kuinka tämä halu järjesti minulle nyt oman näytöksensä. Katselin ajatuksiani ja naureskelin koko tilanteen outoutta, kun äärimmäisen hurmaava tyttö pyytää oluelle ja me lähdemme Tomi-pojan kanssa polkemaan polkupyöriä. Tapahtunut tilanne oli kuin kaikkien miesten unista. Fernanda oli niin kaunis, että monet miehet opiskelevat pitkälle, luovat uraa, opettelevat käyttäytymään, pukeutuvat hyvin, treenaavat vartalonsa, ostavat auton, rakentavat talon ja jalostavat iskemisen taitojaan pitkälle pyydystääkseen jotakin hänen kaltaistaan. Me vain istuimme puiston penkillä.

Vielä viimeisenä iltana Saltassa ollessamme hotellin rouva sanoi, että eräs meille tuntematon tyttö haluaisi lähteä esittelemään meille kaupunkia. Voi pojat, meidän oli tosiaan aika polkaista karkuun!

Ennen lähtöämme tapasimme vielä kerran ystävämme heinäsirkkakauppias Gabrielin. Hän tuli kadulla vastaamme ja hänen vaaleanruskeat silmänsä kiilsivät kuin vasta kiillotettu hopea. Hän halasi meitä ja huusi riemukkaasti: ”Arvatkaa mitä, yksi ranskalainen mies maksoi minulle yhden yön teidän hotellissanne!” Hän oli innokas kuin lottovoiton saaneen kansalaisen mieli kuvaillessaan, miten hän oli voinut rojahtaa sängylle selälleen makaamaan ja asettaa kädet niskansa taakse rentoutumaan. Hän teki sydämensä pohjasta asti pursuavan maalikuninkaan railakkaan tuuletuksen näyttääkseen, kuinka hän pisti TV:n ja ilmastoinnin käyntiin kaukosäätimen nappia painamalla. Kun Gabriel kertoi, miten hekumallisen ihanalta kuuma suihku oli tuntunut, ammensi hän kaiken mahdollisen näyttelijänlahjoistaan. Kerratessaan sitä ihmettä, että aamulla hänellä oli kahvi pöydässä valmiina keitettynä ja sen lisukkeena tarjolla ilmaisia korppuja, ei hän tainnut enää itsekään uskoa mitä oli tapahtunut!

”Ensin ne eivät olleet perhana päästää minua hotelliin, kun minulla ei ollut henkilöllisyystodistusta, mutta hemmetti, olihan minulla kerrankin rahaa ja kyllähän se heille tietysti kelpasi!” hän jatkoi velikultamaisella tavallaan naurussaan räkättäen. Ystävämme, vallaton pienikokoinen katupoika, kuin Bruce Springsteen parikymppisenä rokkarina, halasi meitä taas ja jatkoi matkaansa kaikkia vastaantulevia ihmisiä tervehtivä huoleton hymy huulillaan. Oli päivä, jonka aamuna aurinko oli noussut hänelle aarrearkusta.

Reitti ulos Saltasta oli tasainen, myötätuulinen ja liikenne sen varrella rauhallista. Tomi tuli perässäni tasapainoisesti, vaikka ajoi ensimmäistä kertaa elämässään pyörälaukuin lastatulla pyörällä.

Saavuimme muutaman tunnin kuluttua raukeina Colonel Moldesin kylänraitille ja istahdimme penkille. Hieman vastentahtoisesti rentouteni rikkoutui Tomin hoputtamiin askeliin. En jaksanut ajatella minne jatkaisimme matkaa ja kävelin hupaisasti hakemaan neuvoa viereisestä turisti-infosta. Esittelin itseni ja sitten pyysin hiljaisen toimiston naista neuvomaan minulle paikan, jossa me olisimme Tomin kanssa kaikkein onnellisimpia! Auttamisen sijaan hän kuitenkin mutkisti asioita kysymällä, mitä me haluaisimme. No sitähän me emme juuri silloin tienneet, mutta päätimme naisen kanssa myöhemmin yhteistuumin, että olisi parasta laskea yöpymään läheiselle järvelle.

Embalse Cabra Corral -järven ympäristön kasvillisuus oli trooppisen vihreää hedelmäpuineen, puutarhoineen ja palmuineen. Telttailimme kirkasvetisen ja lämpimän järven rannalla. Uimisen poliisi oli kieltänyt kuitenkin jo kymmeniä vuosia aiemmin. Kukaan paikalla olleista ei tiennyt miksi. Pyöritimme painavia päitämme ihmetyksestä ja otimme kiltisti suihkun leirintäalueen kylpyhuoneessa. Paikan hoitaja, vanha yksinäinen mies, peitti lintujen laulun laittamalla stereot soittamaan kovalla äänellä länsimaista pop-musiikkia, kenties ajatellen tarjoavansa meille tutun ja turvallisen kuuloisen äänimaailman, jossa tuntisimme olomme kotoisaksi. Aiemmin soinut rauhallinen argentiinalainen musiikki oli kuitenkin ollut mieleemme.

Argentiinan pitkään jatkuneet taloudelliset huolet peilautuivat talojen pihoilla. Pihoissa oli patinoituneita huonekaluja, antiikkisina yhä käytössä olevia autoja, rapautuneita rakennuksia ja pieniä perheputiikkeja. Kylät olivat hiljaisia ja myötätuuli puhalsi meitä vauhdilla kohti etelää. Maastollisesti helpompaa aloitusta

Tomin pyörämatkaajaurheilijan ura ei olisi voinut saada. Erään perheen viihtyisässä takapihakahvilassa joimme kahvit ja söimme Argentiinan kansallisaarteita *empanadoja*, eli yhdenlaisia rasvaisia pasteijoita. Pehmeällä penkillä perheen arkea seuratessamme olimme vaipua syvään iltapäiväuneen.

Pian vihreän maaseudun avarat pellot kuristuivat kanjonin ahtauteen. Lähes täysin kuivunutta jokea ympäröivät värikkäät vuoret ja sen vierustaa suojasi matalien puiden lehvästöjen haalean vihreä vaippa. Saavuimme noin kymmenen perheen asuttamaan Alemanian kylään. Kylän juna-asemalla kuolleen oloisesti nukkuvat koirat istuivat täydellisesti kylän sisustukseen.

Lähes sata vuotta aiemmin kylä oli elänyt kukoistusaikaa, jollaista ei ollut näillä vuorilla aiemmin nähty. Junarata Saltasta Alemaniaan oli juuri valmistunut. Kylä oli uuden toiveita nostattavan junaradan viimeinen pysäkki keskellä villin luonnon mahtavuutta. Viiniä oli virrannut enemmän kuin puhdasta juomavettä, mahdollisuuksiin oli uskottu, junaradan laajentaminen oli tuonut töitä ja jo solmitut sopimukset olivat antaneet tukuittain rahaa. Kokeneita kullankaivajia oli virrannut kylään Perusta ja Boliviasta asti. Juhlat olivat olleet pitkiä ja maalliset nautinnot niin kipeitä, että Alemanian asukkaat pitivät tapahtumia pirun työnä ja kylää kirottuna. Sitten toinen maailmansota oli syttynyt ja taloudellisen tilanteen muututtua yhtäkkisissä ongelmissa rypevät investoijat olivat pikaisesti lähteneet uusien mahdollisuuksien perään.

Haaveet eivät siis koskaan rakentuneet junaradaksi viinikeskus Cafayateen saakka, kuten oli suunniteltu, ja sitä myötä junaradan syrjäisin pysäkki, Alemania, autioitui pikku hiljaa. Tänään yksi perhe piti museoituneella juna-asemalla pientä kauppaa. Kenties kylän ainoiden teinityttöjen ainokainen ystävä oli heidän vaatimaton tietokoneensa, jonka hitaasti pyörivän pelin takaa he nostivat päänsä tarkkailemaan välinpitämättömän ujosti meitä. Joimme heidän äidiltään ostamamme tuoremehun aseman kuistilla ja ihmettelimme keskellä puhdasta luontoa, suuria vuoria ja täydellistä hiljaisuutta sijaitsevan kylän seisahtunutta olemusta.

Rikkonaiset punaiset vuoret tummenivat huippuansa kohti asteittain. Ne kohosivat ylöspäin suoraan vierestämme ja saavuttivat huippunsa vasta tuhansia metrejä korkeammalla kuin missä sillä hetkellä pyöräilimme. Suuret liitäjät, kotkat ja haukat, kaartelivat kanjonin lämpimissä nosteissa ja etsivät tarkoilla silmillään lounasta maassa vipeltävistä jyrsijöistä ja matelijoista.

Toinen yhteinen yömme ei ollut yhtä onnellinen kuin ensimmäinen. Telttamme oli pieni ja jouduimme nukkumaan molempien mielestä hieman liiankin lähekkäin. Olimme pystyttäneet teltan piikkipuiden varjostamaan lehtoon ja kärsimme molemmat flunssan oireista. Aivan telttamme vieressä eräs koira haukkui meidät hereille monikymmenminuuttisella esityksellään jo ennen auringonnousua. Perässä seurasivat vuohet ja kanat. Koira lopetti räksyttämisen heti kun se tajusi, että olimme varmasti heränneet päivään pysyvästi. Uusista koiraystävistämme pienin, Pikku-Pancho, oli nukkunut telttamme seinään käpertyneenä hiljaisesti koko yön ajan, mutta heräsi nyt tekemään pahojaan. Ylivirkeänä se terrorisoi ruokiamme ja toisaalla söi pesusienemme. Kun Pancho ei jättänyt meitä rauhaan, otin sitä niskasta kiinni ja kannoin sen puuhun. Sen ystävät seurasivat minua silmin nähden huolestuneina, miettien mitä teen Pancholle. Kun asetin Panchon matalan puun tasaiselle ja paksulle oksalle, jossa ei olisi vaaraa, alkoivat kaikki viisi rivissä ollutta koiraa heiluttaa samalla hetkellä häntiään ilosta hehkuen. Vaikka he olivatkin kovin huolissaan siitä mitä tekisin heidän pienimmälle veljelleen, olivat hekin näemmä saaneet tarpeekseen pienokaisen metkuista ja pitivät pojan puuhun panemista hyvänä ideana.

Aamuleirissämme vallitsi yleinen kaaos. Pancholta ja muilta sisaruksilta tavaroita kiireesti piiloon laittaessamme olivat ne lopulta liian hyvässä piilossa. Jouduimme etsimään tarvitsemiamme tavaroita. Keittimen auki ollut polttoainepullo oli höyrystänyt lähes kaiken ruuan bensanmakuiseksi. Emme saaneet syödyksi paljoakaan. Kerta kaikkiaan söhlimme sinä aamuna jokaisen asian kanssa. Päästyämme viimein ulos leiristä monen tunnin säätämisen jälkeen olimme nälkäisiä ja väsyneitä kuin kovan työpäivän tehneet. Huomasin maassa puiden oksien tipahtaneita piikkejä, mutta en jaksanut irrottaa pyörän laukkuja ja kantaa niitä ja pyörää erikseen takaisin tielle. Seurasin edellisen päivän renkaidenjälkiä työntäessäni fillaria läpi lehdon ja toivoin laiskasti parasta. Tielle päästyäni takarengas tyhjeni suuren piikin seivästämänä. Tomi vaikutti yskiessään väsyneeltä ja hänellä oli ollut omat säätönsä, mutta saipahan nyt hetken huilata rengasta paikatessani. Nälkäni oli niin kova, etten voinut vastustaa kiusausta syödä bensanmakuisia pähkinöitä ja rusinoita.

Päivä oli kuuma ja maisemat Rio las Conchasin laaksossa turisteja houkuttelevan kauniit. Pysähdyimme ”Pirun kurkulle” katsomaan veden punaiseen vuoreen uurtamaa, suultaan kapeaa, mutta takaseinältään valtavaa pyöreää rotkoa. Paikalle alkoi lapata bussilasteittain argentiinalaisia löysänoloisia, varakkaita kaupunkilaisturisteja, jotka nautiskelivat vuoden kenties ainoasta lomastaan kulkemalla alueen nähtävyydeltä toiselle. Nähtävyydellä ihmiset hyppäsivät bussista ulos, ottivat muodollisen selfien tai ryhmävalokuvan ja palasivat sitten kaupunkilaiselle tuiki arkisen hätiköityyn tapaan istumaan takaisin ilmastoidun ajoneuvon pehmeille penkeille. Kuljimme kahden bussin kanssa samaa tahtia ja ihmiset toimivat aivan samoin seuraavalla näköalapaikalla. Kaiketi valokuvaa voi katsella sitten paremmalla ajalla, ajattelin.

Huiman kaunis ympäristö, sen punaiset vuoret, vihreät jokivarren niityt ja syvän sininen taivas olivat sinä päivänä kaikki peiteltyinä kehoa kiduttavaan kuumuuteen. Vesipullot tyhjenivät vauhdilla, kehoni tuntui tahmealta ja pääni houraili polttavan auringon höyrystämänä. Pysähdyin jäähdyttelemään matalaan, läheisen viinitilan rinteiltä alas laskevien kastelukanavien muodostamaan lampeen. Pyörätietokoneeni lämpömittari oli näyttänyt puolittaisessa varjossa jo 49,6 asteen lukemaa ja vesi virkisti siten mukavasti. Sain päivän parhaat naurut seuraani liittyneestä Tomista, jonka selkä pelästyi kaarelle varpaiden lähettämästä kylmyyden shokista. Hän oli tottunut upottamaan varpaitaan Balin trooppisella saarella äidinmaidon lämpöisiin aaltoihin. Nyt syvemmälle veteen itseään asetellessaan hänen hengityksensäkin alkoi haukata tyhjää. Olin tottunut uimaan avannossa useita minuutteja kerrallaan, eikä tuskin mikään olisi antanut minulle nyt parempia nauruja, kuin tropiikin miehen kivuliaan vääntelyn katselu arviolta 22 asteisessa lämpöisessä vedessä.

Cafayaten pikkukaupungin ympärillä kolme massiivista kanjonia yhtyivät tasaiseksi laaksoksi. Osoitin sormellani laakson jylhimmän laidan lumihuippuista vuorta, 6380 metristä Nevado de Cachia, ja sanoin Tomille, että tästä ne jylhimmät Andit nyt sitten alkavat. Hän ei ollut koskaan aiemmin nähnyt yhtä korkeaa vuorta. Päivä rikkoi Tomin muitakin ennätyksiä. 90 kilometrinen oli hänen pisin ja kuumin kokemansa pyöräilypäivä. Aloimme molemmat väsyä. Bensassa marinoitu ruoka ei ollut maistunut meille ja matkalla ei ollut ollut yhtäkään ruokapaikkaa.

Kaupungin lähestyessä epämääräisen kauniit villin luonnon pusikot vaihtuivat viiniköynnösten tasarivisiin monoviljelmiin. Viinitilojen upeat rakennukset ilmoittivat läheisten viljelysten takovan harvoille ja valituille suurta rahaa. Viimeiset kilometrit tuntuivat pitkiltä. Kehoni huusi ruokaa ja pyysi viileää varjoa. Pian jäätelöbaari poisti pinnallisimmat huolemme. Hortoilimme ympäri kaupunkia, emmekä osanneet tehdä päätöstä suuntaan jos toiseen. Lounaspaikat olivat jo myöhäisen iltapäivän siestalla, samoin ruokakaupat, emmekä löytäneet mieluista majapaikkaakaan. Lopulta istuimme alas ja ostimme toiset jättimäiset jäätelöt. Hiljentyminen antoi tilaa pahimman rasituksen laskeutumiselle ja sokerin suoma energia antoi ajatuksiemme keskittyä taas hetken ajan johonkin muuhun kuin ruokaan ja sen etsimiseen.

Jatkoimme rauhallisesti majapaikan etsimistä ja hiljaisella kadulla auto pysähtyi kohdallemme. Letkeän oloinen mies kutsui meidät majataloonsa ja sinne saavuttuamme olimme varmoja siitä, että saatuamme suuren ilmastoidun huoneiston kahdeksaan euroon per lärvi, oli kaupungin paras tarjous hakenut meidät luokseen suoraan kadulta. Aivan kuin aamusta asti kaikki olisi tapahtunut vaikeimman kautta. Jäätelöä syödessämme olimme kuitenkin hymyilleet, että tällaista tämä välillä on. Nyt saatoimme taas vain levätä ja Tomi paranteli flunssaansa neljän päivän ajan.

Jatkoimme matkaa koko Argentiinan halkaisevalla mystisellä tiellä numero 40, joka on yksi maailman pisimpiä teitä ja kulkee 5000 kilometrin matkan halki tarumaisten maisemien Patagoniasta Boliviaan saakka. Viereiset viinipellot olivat niitä alueen juhlittuja luomuksia, joita paikalle tullaan katsomaan. Cafayate on Argentiinan toiseksi suurin viininviljelyalue ja vierellämme levittyikin tuhansia kilometrejä köynnösrivejä. Kaupungissa viinitilojen työläisten yksinkertaiset ja pienet, usein maalamattomat tiilitalot oli rakennettu vieri viereen. Täällä laajalla maaseudulla suuret loisteliaat viinitilat ja niiden omistajien huvilat sijaitsivat kaukana toisistaan. Viinirypäleet eivät olleet vielä kypsiä, joten emme päässeet varkaisiin; sen sijaan kysyin Tomilta, menisimmekö vierailemaan viinitilalla. Ajatuksissani haistelin ja maistelin viiniä kevyesti sormenpäilläni lasia kallistaen ja opitulla herkkyydellä aromeja arvostellen, kuten hienostuneet, aistinsa hyvin tarkkaan valikoiviksi kouluttaneet sivistyneet ihmiset mielikuvissani tekevät. Tomi pyöritteli junttimaisesti päätään, enkä havainnut hänessä hinkua tutustua viinin saloihin, mutta eipä tuota tahtoa ollut todellisuudessa minussakaan. Maisema viininviljelyalueella oli yksitoikkoista. Viiniköynnökset olivat vallanneet elintilan kaikilta muilta kasvilajeilta. Valtavien tilojen liepeillä ei näkynyt ihmisiä juuri lainkaan. Miljardit rypäleiden alut imivät alueen vesivaroja tyhjäksi.

Vastaamme ajoi hirmuisella vauhdilla ja metelillä tumma, ylväs ja lihaksikas mies massiivisella moottoripyörällä. Hän jätti taaksensa tuulahduksen voimasta ja vallasta. Kuuman auringon alla utuiset mielikuvani alkoivat taas ratsastaa kielikuvallisesti. Ahtaissa rajaavissa ajatuksissani nahkaliivinen moottoripyöräilijä oli yhden viinitilan omistaja, hetken menestyksellä sokeasti ratsastava, omaan mahdottomuuteensa lopulta hukkuva, nyt kalliimpien huorien pakaroilta kokaiinia vetävä voittaja.

Kuinka hauraita ja heikkoja monotoniset viljelmät ovatkaan: veden loppuessa tai tuholaisten saapuessa kaikki menee kerralla. Viljelijät käyvät jatkuvaa taistelua luontoa vastaan saadakseen enemmän ja enemmän tuottoa, pärjätäkseen yhä paremmin ailahtelevilla markkinoilla. Peltoja laajennetaan niin pitkälle kuin vesi suinkin saadaan taloudellisesti kannattavasti kulkemaan. Työläiset valittavat omaa kurjaa ja köyhää asemaansa. Vallanpitäjät ovat ahneita ja korruptoituneita. Ihmiset ovat siirtäneet onnensa auktoriteeteille, aina itseään näennäisesti korkeammalle taholle. Niin maailma maalaa, tekee makeista menestystarinoista yhä rikkaampia, kiivaammin tavoiteltavia, ja seuraavista kivuista yhä viiltävämpiä, kasvavalla halulla paettavia. Kuvittelin sitä tarinoiden määrää ja rikkautta, joita tämä moottoripyörällään vastaamme kulkenut sankari tuli herättämään hiljaiseen pölyiseen kaupunkiin saavuttuaan.

Me emme lopulta vierailleet ollenkaan viinitiloilla, jotka olivat tehneet Cafayaten pikkukaupungista kuuluisan. Jatkoimme matkaa, joka myötätuulessa sujui niin nopeasti, että saatoimme huilata tuntikausien ajan seuraavan pikkukaupungin aukiolla. Teimme eväitä ja keittelimme kahvia. Venyneestä paussista huolimatta poljimme vielä pitkän ajopäivän. Suurten viinitilojen kuivuttua pois maisemasta matkamme jatkui puoliaavikolla. Jo kaukana laajoilta plantaaseilta, maan tarjoamien harvojen vesilähteiden kohdalla oli vielä muutamia perheiden hoitamia pieniä viinitiloja, joita ympäröi myös muiden kasvilajien asuttamat eloisat puutarhat. Erään suuremman joen kohdalle oli keskittynyt tiheämpää maaseutuasutusta. Lähellä jokea kasvillisuus oli lähes trooppisen vihreää, mutta kuivan kauden lopulla tie pöllysi hiekkaa. Monet savitalot vaikuttivat hylätyiltä.

Vastaamme kävelleet ihmiset vastasivat tervehdyksiimme lämpimästi ja huomioivat meidät vastaanottavin katsein. Monet nostivat peukun pystyyn meidän poljettuamme ohitse. Kylissä oli lämminhenkinen ja rento tunnelma. Yhden kylän penkillä taas eväitä syödessämme pysähtyivät kirkkoon kukkia kantavat vanhat kyttyräselkäiset rouvat kohdallemme vaihtamaan kuulumisia. Silmäkulmat pilkkeessä he näyttivät meille ylpeänä kirkon oven avainta ja kehuivat sen olevan yli sata vuotta vanha. He olivat saaneet osakseen luottotehtävän, jota he kantoivat ylpeydellä. Vaikka kirkkoon oli enää matkaa vain 30 metriä, toinen muoreista komensi tiukasti sormia näpäyttämällä vielä kerran ystäväänsä olemaan tarkkana valtavan kokoisen avaimen kanssa, ettei se vain hukkuisi. Mummot aloittivat tulevien kirkonmenojen valmistelut. He toivottivat meille jumalan siunausta.

Santa Marian laitamalla kioskin edustalla istuskelleet tytöt huusivat meille kutsuvasti rakkauttaan. Me kuitenkin ujostelimme niin ettemme saaneet jarrua painettua. Ja mihin meillä oli muka kiire. Ujoutemme alkoi harmittaa pyöriessämme ympäri kaupunkia majapaikkaa etsiessämme; kenties tytöt olisivat voineet auttaa meitä. Viimein eräs pyöräilijämies otti meidät kadulta varjelukseensa ja saattoi meidät omistamaansa hotelliin, jossa kaikki sisustuksen pienimpiä yksityiskohtia myöden vaikutti pysähtyneen 80-luvulle, siihen päivään, kun hotelli oli avattu: Kirjanpito hoidettiin yhä taskulaskimella ja käsin tehtävillä kuiteilla.

Asiakkaat istuivat olkiverkolla verhoilluilla teräsputkituoleilla. Telenovelat katsottiin yhä kuutionmuotoisesta putkitelevisiosta, joka oli nyt toimettomana peitelty valkoisen pitsiliinan suojaan. Priimakunnossa olevat huonekalut viestivät, että kylän pääaukiolla sijaitsevassa hotellissa vuosikymmenet olivat pyörineet pääasiassa näissä samoissa nyt havaittavissa merkeissä, eli odottavassa hiljaisuudessa. Olimme paikan ainoat asiakkaat.

Minä en ole pyörämatkaajana kunnostautunut kunnianhimoisena kilometrien kerääjänä ja koska Tominkaan identiteetti ei muodostunut ylenpalttisen touhuamisen tuloksista, oli meillä matkoillamme aika usein hyvä syy pysähtyä tai pitää lepopäivä. Tomi oli nukkunut yön heikosti ja tunsi flunssan yhä kipristelevän kurkussaan, joten puhalsimme aikalisän vielä yhden lepopäivän muotoon.

Vietimme leppoisan päivän pikkukaupungissa. Vierailemieni Etelä-Amerikan maiden kaupungeissa elämä keskittyy ihastuttavasti kaupunkien tyylikkäille pääaukioille. Santa Marian pääaukio oli valtavine puineen kuin trooppinen keidas keskellä kaupungin muuten kuivaa ruutukaavaa. Argentiinassa oli kaikista muista vierailemistani maista eroava elämänrytmi. Iltapäivällä puisto oli hyvin hiljainen ihmisten nukkuessa siestaa. Perheet tulivat lapsiensa kanssa leikkimään puistoon vasta ilta kymmenen jälkeen. Keskiyön tunteina perheet nauttivat live-musiikista ulkosalla ja illastivat aukiolle kannetuilla pöydillä valtavia pihvejä kermakastikkeella ja ranskanperunoilla. Aamulla asukkaat kulkivat työpaikoilleen kuitenkin kiltisti kello aamuyhdeksäksi. Hieman lyhyemmät yöunet kuitattiin päiväsaikaan neljän tunnin siestan aikaan nukkumalla.

Santa Mariassa päähäni välähti yhtäkkiä sellainen ajatus, ettemme jatkaisikaan matkaa polkupyörillä, vaan ottaisimme bussin etelämmäksi lähelle Andien vuoria. Edessämme olisi muuten kuuma, suora ja aavikkoinen reitti, jonka kokeminen polkemalla ei nyt houkuttanut. Suotta kärvistelisimme kuumuudessa keskellä piikkisiä pusikkoja, jos voisimme polkea saman ajan vuorilla. Tomi kannatti ideaani. Toisaalta emme halunneet matkata bussilla, joten päätimme jatkaa polkien eteenpäin ja pysähtyä liftaamaan matkan varrella. Se vaikutti minullekin uudenlaiselta ja innostavalta tavalta seikkailla.

Aamulla huomasin valinneeni väärän tien kohti etelää, eikä siltä saisi liftattua yhtään kyytiä sinnepäin, jonne tahdoimme kulkea. Ihan hyvä niin, sillä maaseudun kapeaa ja lähellä luontoa olevaa idyllistä tietä pitkin oli mukava polkea. Tie kulki joka tapauksessa oikeaan suuntaan ja kun tulimme sen päähän, poljimme yli erittäin leveän, mutta täysin kuivuneen joenuoman ja pian saavuimmekin asvaltoidulle päätielle.

Pysähdyimme tienreunaan pumppaamaan renkaita asvaltoidun tien vaatimaan kovuuteen. Vilkuilin sivusilmällä ohitse ajavia autoja. Muutaman minuutin kuluttua pohjoisen suunnasta saapui tarpeisiimme sopivan oloinen lava-auto. Pysäytin auton tienvarteen ja kysyin, mihin pojat olivat menossa. Ensimmäisen pysäyttämäni auton kaksi noin kolmekymppistä vuorikiipeilijää olivat matkalla Paso San Franciscolle huiputtamaan yli kuusitonnista vuorta. Me mahduimme kyytiin ja pian olimme matkalla kohti niitä vuoria, jonne olisin tahtonutkin viedä Tomin. Päästäksemme sinne olisimme pyörien päällä vain joutuneet polkemaan ensin satoja kilometrejä etelään ja kääntymään sitten pari sata kilometriä takaisin pohjoiseen toisessa laaksossa kulkien. Tuon pitkän kierron takia olin hylännyt ajatukseni sinne polkemisesta. Matkatessamme autolla sataaneljääkymppiä viivasuoralla tiellä halki aavikon kuivan maiseman hymyilimme tyytyväisyydestä. Olimme matkalla tulikuumasta pätsistä kohti vuorten viileyttä.

Uusien ystäviemme Adolfon ja Carlosin kanssa juttu luisti ja puhuimme pääasiassa elämän kaikkein makeimmista herkuista: vuorista, naisista ja musiikista. Pojat kertoivat kaupunkielämän puristuksesta San Miguel de Tucumanissa, työelämän vaativasta sitovuudesta, parisuhteiden monimutkaisuudesta ja henkilökohtaisista haluistaan kulkea vuorilla vapaasti ja useammin, aivan kuten minä heidän mielikuvissaan kuulemma tein. Ajattelin kuitenkin, että kunpa he vain tietäisivät, miten vanhoihin ajatustottumuksiini kahlittua elämää näennäinen vapauteni onkaan. Saavuimme hevosenkenkämäiseen risteykseen, käännyimme valtavaan laaksoon ja tie alkoi kohota kohti suuria vuoria.

Pojilla oli kova kiire kohti korkeuksia, jotta he saisivat iltaleirin pystyyn ennen pimeää. Tämä autokyytiin johtanut nopea käänne matkallamme sai minut lukemaan intohimoisesti karttaa ja Pikesin (andesbybike.com) pariskunnan muistiinpanoja Paso San Franciscon alueen teistä. Minun piti laskea tarkkaan, kuinka paljon ostaisimme ruokaa Fiambalasta, sillä vuorilla edessämme olisi ainakin viisi autiota pyöräilypäivää ennen seuraavaa kylää. Fiambalassa kaikki ruokakaupat olivat siestalla, mutta saimme rouvan avaamaan meille pienen myymälän.

Laskin näppituntumalta tulevina päivinä tarvitsemiamme kaloreita ja yritin poimia kaupan hyllyjen yksinkertaisesta annista riittävästi ravitsevaa, mutta myös helposti syötävää muonaa. Pojat olivat hektisiä, aivan kuin heillä olisi ollut tuli perseen alla, eikä minulla ollut siten aikaa jäädä mietiskelemään ostoksiani sen paremmin. Syrjäinen kauppa oli periaatteessa hintava, mutta iloksemme Argentiinassa sai käteistä pimeillä markkinoilla vaihtaessa euroille 50 prosenttia paremman hinnan kuin pankkikortin kursseista, ja Tomin tuomien käteiseurojen ansiosta saatoimme nauttia halvoista hinnoista.

Fiambalasta sukelsimme kapeaan, jylhien ja moniväristen vuorten rajaamaan laaksoon, joka oli monin paikoin kanjonimaisen kapea. ”Nyt olemme Andeilla”, sanoin Tomille. Yhteen iskeytyneet mannerlaatat olivat poimuttuneet karkeiksi harmaiksi vuoriksi ja tulenpunaisiksi pyramidimaisiksi mäiksi. Katseemme olivat liimattuina lähellä olevien vuorten magneettiseen jykevyyteen. Pojat soittivat kovalla voimalla maisemaan täydellisesti istuvaa Apocalyptican rauhallista, mutta vahvaa suomalaista sellomusiikkia. Hetki oli taianomainen.

Päätimme jäädä vuorten kulkijoille suojaa antavaan Refugioon, turvamajaan. Ryhmä patikoijia oli jo vallannut 3720 metrissä sijaitsevan majan lattian makuupatjoilleen, joten me pystytimme telttamme ulos viileähköön iltaan. Laakeiden vuorten taustalla loimuavan purppuranpunaisen iltataivaan sammuttua kömmimme makuupusseihimme.

Aamulla en herännyt kovinkaan raikastaneesta unesta, mutta olin yllättyneen iloinen siitä, että Tomi oli nukkunut sikeästi ja pitkään, vaikka hän ei ollut koskaan aiemmin ollut näin korkeassa ilmanalassa. Tällä reitillä ei ollut ainuttakaan kylää 1200 metrin yläpuolella, eikä meillä ollut riittävästi ruokaa tai haluakaan jäädä totuttautumaan korkeaan ilmanalaan päiväkausiksi tähän keskellä kiviä olevaan autiomajaan. Tiesin tulevan 4750 metrin huipun olevan Tomille kenties liian korkealla.

Maailman korkeimpien tulivuorten puuttomassa maassa etäisyydet olivat silmiä hämäävän valtavia. Purkaessani leiriä ja tehdessäni aamupalaa pyysin Tomia hakemaan vettä läheisestä joesta. Hän tuli takaisin noin tunnin kuluttua. Näytti että joki on aivan vieressämme, mutta sinne lieneekin ollut lähes parin kilometrin mittainen kivinen kävelymatka!

Adolfo ja Carlos jatkoivat autolla matkaa kohti korkeuksia ja aamupäivän aikana Tomi tunnusteli ensipolkaisuillaan suurten vuorten todellisuutta. Vaikka nousu oli loiva ja tienpintana sileä asvaltti, oli vastatuuli niin kova, että usein nousimme kävelyvauhdilla ja maiseman suuruudessa pieneltä vaikuttava nousu olikin todellisuudessa tuntikausien mittainen urakka. On kaksi eri asiaa polkea neljä tuntia tasaisella tai polkea neljä tuntia vuorilla ylämäkeen. Jalkamme eivät saaneet hetkenkään lepoa, tuuli ja nousun kulma eivät suoneet helpotusta ja kampia oli käskytettävä jatkuvalla painamisella. Täällä ylhäällä tulivuoria kohden nousevien laaksojen täydellisen karua kivisyyttä rikkoi vain kasveista vahvimpien, sitkeiden heinätupsujen keltaisuus.

Kohoamamme laakson suuntaisen joenvarren ruoho soi eläimille kuitenkin hieman ravintoa. Tienvarressa keskellä täysin kasvitonta kivikkoa seisoi paikoillaan kaksi aasia. Ehkä ne olivat syöneet aamulla vatsansa täyteen tasangolla ja tulleet katsomaan iltapäiväksi heidän versiotaan televisiosta tienvarteen. Joenvarren kaikki lounaskaverit taisivat olla niille jo tuttuja, mutta tienvarressa kulki autoja kovaa vauhtia ohitse muutaman kerran päivässä ja kenties muutaman viikon välein joku pyöräilijä saattoi madella ohitse, ja kuten me, jopa pysähtyä uteliaisuuttaan ihmettelemään, minkä pirun vuoksi kaksi aasia kököttää täysin paikallaan keskellä maailman suurinta kivikkoa. Ehkä ne puolestaan ihmettelivät, miksi me hitaasti kulkevat raukat emme hanki autoa kuten muutkin ihmiset.

Saavuimme neljään tonniin. Ympäristön avaruutta ja vuorten puhtaiden muotojen valtavaa kauneutta katsellessamme saatoimme ymmärtää, miksi aasit vain olivat, tarkkailivat ja nautiskelivat kokemastaan. Tien lännen suuntaan tekemän käännöksen ansiosta tuulensuunta vaihtui suotuisaksi ja samalla pelin henki muuttui täysin. Ajatus Argentiinan raja-asemalle saapumisesta ei ollut enää odotus monituntisesta kampeamisesta. Kun tuuli puhalsi suoraan selkiimme täsmälleen samaa vauhtia kuin poljimme, saimme tuulisessa säässä illuusiomaisen kokemuksen täydellisestä tyyneydestä. Korvissa ei enää suhissut kaiken aikaa ja aurinko lämmitti kasvojamme. Kun vain kevyt painallus joudutti matkaamme, avautui pyöräilyyn keskittymiseltä tilaa aistia kellertävän ruohomaan, harmaan kiven ja sinitaivaan muodostaman ympäristön yksinkertaisen taikavoimaista olemusta. Yllätykseksemme päivän polkaisu päättyi monikilometriseen alamäkeen. Saavuimme Argentiinan raja-asemalle vauhdilla ja hymyillen.

NAANTALISSA 10. HEINÄKUUTA 2015

Kehittynyt maailma laajensi pupillimme

Paso San Francisco - Fiambala - Mendoza - Chile - Los Andes - Con Con

Argentiinan raja-asemalla virkailijat surffasivat rennosti internetissä. He leimasivat letkeästi passimme ja koska olimme heidän ainoat asiakkaat, oli heillä myös aikaa rupatella kanssamme. He jakoivat vinkkejä edessämme olevasta taipaleesta. Pienen matkan päässä raja-asemalta asetuimme lepäämään majataloon. Viikonloppu helli aluetta kenties koko vuoden suotuisimmalla ulkoilusäällä. Lumet olivat sulaneet jo yli 6000 metrin korkeudestakin, kesäaurinko paistoi, eivätkä vuodenvaihteen tienoille ajoittuvat vuotuiset ukonilmatkaan olleet vielä saapuneet alueelle. Majatalo oli täynnä vuorikiipeilijöitä. Kymmenet kaupunkilaiset olivat tulleet testaamaan taitojaan ja tahtoaan vuorilla.

San Franciscon huippu lähellä raja-asemaa on yksi maailman helpoimmin kiivettäviä kuusitonnisia vuoria, jonne pääsee periaatteessa niinkin yksinkertaisesti kuin kävelemällä ylös kivistä mäkeä pitkin. Korkea ilmanala tekee tehtävästä kuitenkin niin vaativan, että kovin moni patikoijista palaa alas vuoristotautisena ja haaveenaan yhä elämänsä ensimmäisen kuusitonnisen huiputus. Alueen lähes seitsemäntonniset huiput, vaikkakin ovat teknisesti helpohkoja, vaativat kokeneen kiipeilijän lahjakkuutta.

Majatalon tunnelma henki energisyyttä. Ihmiset tulivat ja menivät vauhdilla. Keittiön yleisessä kaaoksessa vallitsi kuitenkin rauhallinen järjestys. Kaikki pesivät kiltisti kattilansa ja antoivat seuraavalle kokkaajalle tilaa. Me kokkasimme hirveän makuisen pastan. Minä pistin siihen järjettömästi chiliä ja Tomi pilasi sen lopullisesti kohtuuttomalla määrällä juustoa. Makaronitkin keitimme limaisiksi. Juuri kun tarvitsimme kipeimmin energiaa, onnistuimme loihtimaan täydellisen pohjanoteerauksen, jota emme saaneet syötyä juuri lainkaan. Kymmenien ihmisten tuhannet varusteet olivat omalaatuisessa järjestyksessä pitkin paikan nurkkia. Olimme tyytyväisiä siitä, ettei meille riittänyt tilaa huoneesta, johon oli pakkautunut korkeassa ilmanalassa huonosti nukkuvia ja hermostuneita kiipeilijöitä ja ohjauduimme siten nukkumaan kaksistaan ulos sivultaan avonaiseen ja keskeneräiseen, mutta ilmaiseen huoneeseen. Auringon laskettua alkoi viereisessä huoneessa jyristä aseman suuri aggregaatti. Onneksi se kuulemma sammutettaisiin ennen puolta yötä.

Aggregaatin sammuttua sain hyvin nukutuksi. Tomia puolestaan oli nipistänyt heikon hapen kirous 4000 metrissä, eikä hän ollut nukkunut lainkaan. Edessämme oli vuorinousu 4750 metriin.

Ajattelin olevani kaksikostamme vahvempi, joten otin kantoon lähes kaikki neljän päivän ruokamme ja köytin takatarakalle 20 litraa vettä, koska emme saisi matkalta vettä ainakaan kahteen vuorokauteen. Pyöräni oli kenties painavampi kuin koskaan ennen. Emme olleet sopeutuneet hitaasti ja kärsivällisesti korkeaan ilmanalaan, ja minua huoletti hieman, olisiko huippu Tomille liian korkealla. Kokeilimme kuitenkin onneamme.

Aloitimme polkemaan kohti hurmaavaa tulivuorta. Nevado Ojos del Saladon kartiomainen, mutta loiva huippu kurottautui 6893 metrin edestä kohti sinitaivaan ainoaa pilvenhattaraa. Mineraalien punertavat läikät ja mustat juovat koristivat kaunottaren vaaleanharmaita rinteitä sieltä täältä. Ruohotupsut levittyivät pehmeän keltaisena mattona sen loiville alarinteille asti. Korkeinta huippua koristi lumen täplä.

Tauotta puhaltava hirmuinen tuuli heitti meidät muutaman kerran ulos tieltä. Olin antanut Tomille ohjeeksi hengittää syvään ja polkea niin rauhallisesti kuin mahdollista. Hän ei voinut enää polkea rauhallisesti, mutta hänen jokainen hengenvetonsa oli nyt pakostakin syvä. Tomi sanoi täällä olevan varmaankin huikeat maisemat, mutta hänen tapauksessaan fyysinen kipu peitteli kuulemma mahdollisuuden kokea mitään muuta.

4400 metrissä söimme eväitä ympäristön ainoan suuremman kiven takana sen tarjoaman vähäisen tuulensuojan vuoksi ja 4500 metrissä Tomi oli jo niin uupunut, että heitti selälleen tienvarteen ja alkoi horista syvällisiä sanoja: ”Oloni on kuin äärettömän kovassa krapulassa, ainoastaan krapulassa minulle ei tulisi mieleenikään lähteä polkemaan vuorille tajuttoman kovaan vastatuuleen. Makaisin sängyssä ja korkeintaan söisin sipsejä ja harrastaisin seksiä.” Ja minä poika nauroin kippurassa ystäväni viisauksille.

Itse jatkoin vuorilla rallattelua ja nautiskelin vuoden aikana Andeilla vahvistuneista jaloista. Tomin vointi kuitenkin huononi jokaisen noustun metrin myötä. Hän joutui jo taluttamaan pyöräänsä. Hänen askeleensa olivat raskaita ja ainoan lyhyen helpotuksen pahaan oloonsa hän näytti saavan painautuessaan ohjaustangon päälle lepäämään. 4500 metriä osoittautui juuri siksi rajaksi, jonka yläpuolinen maailma oli arveluttanut minua. Tomi kärsi nyt vuoristotaudista.

Saavuimme 4750 metriin. Tomi vetäytyi kipujen kourissa makuulle Refugion (turvamajan) lattialle. Jäin ulos miettimään, mitä meidän olisi parasta tehdä. Oli aivan selvää, ettemme voisi vielä seuraavanakaan päivänä jatkaa matkaa polkien kohti Chilen puolista Copiapoa, sillä matkaa kaupunkiin oli yhä lähes 300 kilometriä täysin tyhjässä autiomaassa. Lisäksi tie olisi hiekkainen ja reitti kulkisi miltei koko matkan ajan lähes 4000 metrissä ja vastaamme puhaltaisi hirmuinen tuuli. Huipulla kanssamme oli yksi espanjalainen vuorikiipeilijä, ja punnitsimme yhdessä eri vaihtoehtoja siitä, mitä meidän olisi viisainta tehdä. Hänen kyydissään Tomi olisi päässyt alas takaisin raja-asemalle, mutta päätimme, että jäämme tarkkailemaan tilannetta aamuun asti ja odottamaan, jos vaikka saisimme kyydin Chilen raja-asemalle 120 kilometrin päähän. Tomi möllötti tyhjää makuupussissaan. Hän ei ollut hereillä, mutta ei saanut nukuttuakaan. Hänellä oli kylmä, eikä hän saanut syötyä.

Itsekään en saanut yöllä juurikaan nukutuksi. Yövyin pitkästä aikaa näin vähähappisessa ilmanalassa. Ajatukset vilisivät päässäni ja pyörin makuupussissa jonkinmoisessa tokkuraisessa tilassa unen ja valvetilan rajamailla. Aivan kuin kaikki viimeisten kuukausien tapahtumat olisivat vilisseet pääni lävitse kerralla. Oli kuin olisin katsonut telkkaria.

Aamulla olin keittänyt puurot ja pakannut kaikki varusteemme valmiiksi jo ennen kuin ensimmäiset auringonsäteet alkoivat lämmittää mökkiämme, jossa oli aamulla yksi aste pakkasta. Ulkona oli paljon kylmempi. Asetin makuupatjan lämmöksi tienvarteen ja istahdin odottamaan ohi kulkevia autoja. Katselin ympärillä kohoavia vuoria ja kuulin, miten aamun tyynessä hiljaisuudessa ne kutsuivat tulla kokemaan niiden julmaa kauneutta lähempää. Mietin, minkälaisia reittejä näiden puhdaslinjaisten vuorten tuolta puolen saattaisinkaan löytää. Vain yksi auto ajoi Chilen ja Argentiinan välisen rajan ylitse aamunpäivän tunteina. Nekin kiipeilijät palaisivat Chileen vasta kahdeksan tunnin kuluttua, emmekä olisi edes mahtuneet pyörinemme heidän autoonsa. Kävin tuon tuosta kysymässä, miten Tomi voi. Kun yhtenä hetkenä huomasin hänen vointinsa menneen huonompaan suuntaan ja kuulin muutoksen hänen äänensävyssään, päätimme lähteä heti alas. Pakkasin pyörämme todella nopeasti ja lähdimme laskemaan alas sinne mistä olimme edellisenä päivänä nousseet.

Fiambalassa olimme uupuneita. Olin touhunnut ja keskittynyt täysillä niin moneen asiaan kuluneen vuorokauden aikana, että siinä missä Tomin vointi parani välittömästi täyteläisessä hapekkaassa ilmanalassa, aloin itse voimaan pahoin. Kirjauduimme mukavaan majataloon. Istuimme ravintolan terassilla syömässä pizzaa 28 asteen lämpöisessä lempeässä illassa ja olimme puulla päähän lyötyjä vuoriseikkailumme rikkaasta annista. Tomikin oli ihastunut vuoriin niin, ettemme antaneet Andeille periksi, vaan päätimme yrittää vuoriston ylitystä uudelleen matalammalla kulkevan tien kautta kulkien. Fiambalassa kysyimme ihmisiltä, missä voisimme vaihtaa rahaa laittomasti pankkeja paremmalla kurssilla. Meidät ohjattiin etsimään herra Johnsonia. Hänen toimistonsa, joka sijaitsi kylän pääaukion kulmassa, oli suljettu, mutta löytäisimme hänet kuulemma poliisiasemalta. Siellä Fiambalan monitoimimies ja alueen rikkain tietopankki olikin juttelemassa poliisien kanssa. Hän kävi pankissa, palasi poliisiasemalle ja vaihtoi mielellään laittomasti rahaa kanssamme. Nyt meillä oli rahaa ottaa moottoroitu kyyti Mendozaan. Sieltä käsin aioimme ylittää Andit tiellä, jolla ei olisi riskiä vuoristotaudista.

Mendozassa oli alkamassa Indio-nimisen rokkibändin konsertti, jonne odotettiin 150 000 kuulijaa. Uutisen kuultuamme annoimme periksi majapaikan etsinnän ja poljimme ulos suuresta, siististä ja eurooppalaistyylisestä kaupungista. Kaupungin ulkopuolella levittyi valtavia viiniköynnösviljelmiä. Täällä viiniä pantiin suurissa tehtaissa, jotka oli suojattu suurten muurien taakse. Kaikkialla oli piikkilanka-aitaa, eikä ympäristö tarjonnut yhtäkään hyvää telttailupaikkaa. Sanoin Tomille pyytäväni meille majapaikan viinitilalta. Uusi tehtäväni tuntui innostavalta, mutta hullunkuriselta. Olimme nimittäin taas maailmassa, jossa oli paljon rahaa ja sen mukana tuomaa byrokratiaa. Kuvittelin etukäteen, miten tilanne mahdollisesti etenisi. Ensin minun pitäisi painaa viinitilan ovikelloa, esitellä itseni porttivahdille ja selittää halumme telttailla heidän puutarhassaan. Sitten minun pitäisi odottaa, kun hän soittaisi tehtaasta vastaavalle pomolle. Pomo ei tietysti voisi tehdä tällaisia päätöksiä, koska hän ei ole tilan omistaja. Tilan omistajaa pomo ei viitsisi vaivata tällaisella pikkujutulla. Siten porttivahti ilmoittaisi meille, ettemme valitettavasti voisi telttailla tilalla, ja sanoisi pahoitellen, että jos se olisi hänestä itsestään kiinni, olisitte tietysti oikein tervetulleita. No, enpä näiden aiempiin kokemuksiin pohjautuvien mielikuvien jälkeen lopulta jaksanut kolkutella massiivisten ja loisteliaiden viinitilojen korkeita, napeilla ja elektroniikalla avautuvia muurien ovia, vaan sanoin Tomille, että kysyn majapaikkaa vain sellaisesta paikasta, jossa on portit valmiiksi avoinna. Poljimme 20 kilometriä Andeja lähemmäksi ja tuolla matkalla kaikkien viinitilojen portit olivat suljettuja. Olimme niillä Andien juurella tasaisesti levittyvillä viininviljelyksen sydänmailla, josta suurin osa argentiinalaista viiniä Suomeenkin tuodaan.

Vihdoin tien vieressä oli vaatimattomat rinnankorkuiset metalliportit selkosen selällään ja poljimme suoraan peremmälle. Viinitilan valtavan kokoinen koira vaikutti haluavan syödä minut, mutta hyvin pian sen olemus huokui sitä samaa rauhallista lempeyttä kuin tilanhoitaja Jeesuksen vieraanvaraisuus. Jeesus salli meidän pystyttää telttamme minne tahdoimme. Kun olimme pystyttäneet leirin ja suihkutelleet puutarhaletkulla, hän toi meille evääksi vaimonsa valmistamaa hilloa, oman tilan mehukkaita nektariineja ja ison pussin tuoreita pistaasipähkinöitä.

Tilan toisen hoitajan lapset viettivät illan leirissämme, ensin ujosti tarkastellen ja lopulta uteliaasti kaikkea maan ja taivaan väliltä kysellen. Sillä samalla tavalla minäkin kyselin Jeesukselta seikkoja tilan elämästä. Tilukset olivat erään Buenos Airesista kotoisin olevan rouvan omistuksessa. Viinitila tuottaa 200 000 pulloa viiniä vuodessa, mutta Jeesus sanoi tilan olevan kovin pieni verrattuna ympäröiviin plantaaseihin. Tila tuottaa myös muita rahakkaita lajeja kuten saksanpähkinöitä, pistaasipähkinöitä ja pienissä määrin hedelmiä. Hyvin hoikka, nuorekas ja huomattavan pehmeästi puhuva Jeesus suosi henkilökohtaisesti pähkinöiden viljelyn viinin edelle, sillä ne olivat kuulemma yksinkertaisempia, luonnonmukaisempia ja terveellisempiä. Hän kehui tilan omistajaa rennoksi ja reiluksi rouvaksi. Perheensä kanssa hän asui tilan tarjoamassa talossa peltojen toisella puolen, jonne hän painui illan suussa lepäämään. Pieni sateen ropina vei mennessään kuumuuden ja saatoimme nukahtaa aikaisin viilentyneen illan raikkauteen.

Olimme 800 metrissä ja edessämme kohosi nousu 3200 metriin. Nousu olisi selvästi pidempi kuin yksikään Tomin aiemmin kokema ylämäki. Olin polkenut taas tuhansia kilometrejä hyvin harvaan liikennöidyillä tai autioilla teillä, mutta nyt ohitsemme olkapäitämme hipoen kohti Chileä huristi satoja rekkoja ja vielä nopeammin yläilmoihin kiitäviä henkilöautoja lomalaisineen. Kapealla tiellä oli huima määrä tienvarrelle kuolleita ihmisiä muistavia ristejä. Tienpenkassa lojui tuhansia, todennäköisesti useimmiten tehotuottavan yhteiskunnan aikataulujen kanssa kamppailevien rekkamiesten täyttämiä kusipulloja. Niskani alkoi jäykistyä, kun tarkistin päätäni jatkuvasti taaksepäin kääntäen, ettei joku kiireinen rekkamies ole kaartamassa pippeli kädessään vahingossa minun kymmenen sentin levyiselle turvakaistaleelleni. Poljimme ylämäkeä karussa vuorimaisemassa muutaman tunnin ajan ja löysimme sitten täydellisen lepopaikan muutaman neliön kokoisesta autiotalosta. Pohdiskelimme keskenämme, kuka oli saattanut rakentaa sellaiseen täysin syrjäiseen paikkaan karun betonikopin ja minkä pirun tarkoituksen tähden. Omituisesti autiomajan lattia oli viimeistelty kaunein marokkolaisin kaakelein. Myöhäisillan pimeys vaimensi liikenteen sekä tuulen ja soi nyt hetken, jossa tiedostin oman hiljaisuuteni lisäksi myös ympäristön hiljaisuuden.

En halunnut tarjota Tomille ainoastaan kipua ja pakottaa häntä alituiseen spartalaiseen suorittamiseen. Seuraavana päivänä sallin hänen nauttia hetken ajan jopa elämän pikkunautinnoista, kun pysähdyimme maistiaisille hirsiseen suurten mäntypuiden ympäröimään suklaapuotiin.

Argentiinalainen elämänrytmi ei tue sitä aikatauluttamisen kaavaa, johon me pyörämatkaajina olemme taipuvaisia. Elämä tässä maassa alkaa räiskyä iltaisin juuri siihen samaan aikaan kun me tahdomme painaa päämme tyynyyn ja ruokakaupat viettävät siestaa juuri niinä iltapäivän tunteina, kun saavumme kaupoille ja haluaisimme täyttää laukkumme eväillä. Niinpä pysähtyessämme laskettelukeskuksen kupeessa olevassa lomakylän pahasessa, Uspallatassa, emme saaneet siestan aikaan ostettua muuta kuin kuivaa leipää, spagettia ja juustoa. Argentiinalainen vahvasti lihaan pohjaava ravintolakulttuurikaan ei tukenut raikkaita kasvispainotteisia mieltymyksiämme. Nautimme kuitenkin pitsan antamasta makuelämyksestä ja sen valtavasta määrästä energiaa, jonka voimalla jatkoimme polkemista kohti kaikkein jylhimpiä ja korkeimpia Andien huippuja. Poljimme loivaa mäkeä ylös vielä jokusen tunnin ajan ja vietimme yön hylätyn juna-aseman seinien suojassa.

Mitä lähemmäksi Andien vedenjakajaa saavuimme, sitä kovemmin tuuli alkoi puhaltaa vastaamme. Korkeimmat vuorista olivat keskikesälläkin lumihuippuisia ja niiden alarinteet loistivat mineraalien rikkaita värejä. Kilometrit kuluivat nyt todella hitaasti, ja kun jatkuva painaminen riepottavaan tuuleen alkoi syödä jalkojemme kestävyyttä, oli meillä hyvä syy pysähtyä hyvissä ajoin iltapäivällä lepäämään vanhalle juna-asemalle tehtyyn majataloon. Maksoimme pulskan pyöreälle ja syötävän suloiselle joogatytölle pienen hinnan telttaillaksemme heidän pihallaan. Vaikka olimme tytön mukaan jo vanhoja, etenkin Tomi, olivat sielumme kuitenkin kuulemma vielä nuorekkaita! Läheisillä kallioilla oli kuulemma parantavia voimia, mutta pystytimme telttamme silti tasaisemmalle betonille. Muut vieraat kävelivät syrjemmälle mäkeen odottamaan lähes joka ilta laakson taivaalle syttyviä ufojen aikaansaamia valoilmiöitä. Me kovasti urheilleet ja raukeat emme jaksaneet moisesta juuri nyt innostua ja vaivuimme omien uniemme maailmaan.

Haukotuksen lomassa katsahdin pilvettömällä taivaalla aamuauringossa hohkaavan Aconcaguan, Etelä-Amerikan korkeimman vuoren lumiseen jylhyyteen. Matkalla kohti huippua poljin yhä kevyenlaisesti. Tomikin ajoi tasaisen varmasti, mutta saatoin aistia, että koville hän joutui tässäkin nousussa. Vasta oikeastaan nyt ymmärsin, kuinka vahva olin ollut vuorilla. Olin todellakin ollut kuin kotonani Andien jättiläisillä, enkä ollut ainoastaan taistellut kunnianhimoisesti päästäkseni väkisin niistä yli odottaessani ponnistuksiltani jotakin muutakin palkintoa kuin sen hetkinen polkeminen. Aistin, ettei Tomillakaan olisi väsyneenä jääräpäistä halua puskea tahdonvoimalla yli vuorten. Häntä ei varmastikaan kuljettaisi eteenpäin kerättävät kilometrit tai muutkaan ennätykset. Ymmärsin myös sen, että häneltä kuluisi vahvistumiseen kuukausia, jotta hän voisi kulkea vuorilla viikosta toiseen sillä tavalla pehmeästi ja rennosti kuin minä olin saattanut tehdä. Meidän pitäisi siis edetä vuorilla hyvin hitaasti, jotta Tomille jäisi aikaa vahvistua niiden antamien haasteiden tasolle luonnolliseen tahtiin.

Tunsin, ettei sille olisi nyt tarvetta, koska se veisi huomiomme kaikilta muilta asioilta.

Aiemmin hahmottelimme polkevamme pääasiassa vuoristoalueilla mantereen eteläkärkeen, Ushuaiaan asti. Olimme puhuneet siitä jo aiemmin, mutta ajattelin, että meidän olisi jo nyt matkamme alkuvaiheessa aika yhdistää yhteiset harrastuksemme: pyöräily ja surffaus. Ajattelin ehdottaa Tomille, että lentäisimme Brasiliaan jo vuorten takana olevasta Santiagosta. Halusin vielä kuitenkin kokeilla, olivatko ajatukseni vain illuusiota. Pistin isomman vaihteen päälle ja lähdin kiihdyttämään vauhtia. Lensin vaivattomasti ylös rinnettä. Kiihdytin vauhtia tasaisesti noin kymmenen minuutin ajan, polkien lopussa niin kovaa kuin pystyin. Hölläsin hurjaa vauhtia tasaisemmalle osuudelle tullessani ja nähtyäni Tomin olevan jo todella kaukana alhaalla, sydämeni täytti rauhallinen varmuus aiemmista tuntemuksistani; kulkisimme sinne, jossa olisimme molemmat kuin kotonamme. Laskin takaisin alas ja ehdotin Tomille, että pysähtyisimme syömään. Kerroin Tomille ajatukseni Brasiliaan lentämisestä ja hän vastasi: ”Ai nytkö jo? Kyllähän se sopii.”

Poljimme sitkeästi Paso de La Libertadoresin (3149 m) viileälle huipulle. Chilen puolelle ei saisi kuljettaa elintarvikkeita ja ne pitäisi heittää raja-aseman roskakoriin. Aluksi tylynoloiset ja ronskit rajamiehet pitivät jutuistani lopulta kuitenkin niin paljon, että he jättivät ruokamme rauhaan ja itse asiassa antoivat meille evääksi niitä ruokia, jotka he olivat ottaneet sääntöjen mukaisesti pois muilta rajanylittäjiltä! Rajamiehet olivat kiinnostuneita erikoisista tavaroistamme ja kerroimme heille matkoistamme. He juttelivat meille rajamiesten arjesta karulla asemalla, kehuivat kotimaansa komeutta ja antoivat vinkkejä, missä vierailla Chilessä. Kun pitkään jatkunut jutustelumme kääntyi chileläisten naisten kauneuteen, kaikki miehet myhäilivät ylpeydestä.

Chilen puolella haisi raha. Betoninen, kymmenine leveine neulansilmineen kiemurteleva tie oli insinöörin voimannäytteen harmaa helmi. Laskettelukeskuksen pramean hotellin uima-allas kimalsi kirkkauttaan sinisen vuorijärven rannalla. Vuoritiellä liikenne pysäytettiin luksus-Mercedeksen mainoskuvausten vuoksi. Edellisenä iltapäivänä Argentiinan puolella emäntänämme toiminut joogatyttö oli kertonut meille, kuinka ulkomaalaiset kaivosyritykset yrittävät päästä louhimaan alueen luonnontilaisten vuorten rikkauksia. Chilen puolisilla vuorilla koneet kävivät jo täysillä. Iltapäivällä ohitsemme ajoi lava-autoillaan satoja patohankkeiden ja kaivosten työntekijöitä. Tien varren jokaisella metrillä yksityisomaisuus oli suojattu korkealla aidalla ja telttapaikkaa oli siten vaikea löytää.

Ylängön viileys ja kivisten rinteiden karuus vaihettui pikkuhiljaa lämpimään ilmaan ja jokivarren kasvillisuuden vihreyteen. Kiitos argentiinalaisen kaupat sulkevan siestan, olimme syöneet kaksi päivää heikonlaisesti, pääasiassa valkoista leipää ja muita vehnätuotteita. Nyt pysähdyimme hienoon ravintolaan. Suuri salaatti, perunamuusi ja lohi tillikastikkeella upposivat nopeasti kurniviin vatsoihimme. Ateria oli kuin perisuomalainen makuelämys ja vehreässä ja lämpimässä puutarhassa vietetty luksusmainen hetki niitä matkan pieniä rikkauksia, joita tulisimme muistelemaan kenties vielä vuosien kuluttua.

Poimimme makeita aprikooseja suoraan tienvarrelta. Saimme telttapaikan vanhan pariskunnan lähes hoitamattomasta, suurelta osin villien kukkasten ja hedelmäpuiden värittämästä puutarhasta. Kuinka hienoa olikaan tarkastella puutarhaa, joka ottaa muotoaan omaan tahtiinsa. Vaikka ihmiskäsi ei ollut tässä puutarhassa hallinnut tietoisesti jokaista yksityiskohtaa, voisin sanoa sen olleen täydellisen harmonisessa sekavuudessaan hyvin kaunis. Jo ensimmäisenä iltapäivänä Chile oli tehnyt meihin puhuttelevan vaikutuksen kontrasteillaan.

Illalla juttelin kaivoksilta majataloon lepäämään palanneiden työmiesten kanssa. Aluksi he olivat vaikuttuneita matkoistamme ja päivittelivät elämäntapamme vaativuutta. Heidän silmänsä syttyivät täyteen roihuun kuitenkin vasta kun keskustelumme kääntyi työläiselle tutumpiin puheenaiheisiin, niihin, joilla kenties tuhansien työpäivien kahvituntien hiljaiset hetket täytetään; aloimme keskustella erinäisten asioiden hinnoista ja palkoista kotimaissamme. He olivat lentää perseelleen kuullessaan, mitä ravintolaruoka, autot ja omakotitalot Suomessa maksavat, mutta menivät kateudesta vihreiksi, kun saivat tietää kuinka paljon kokenut ammattimies Suomessa tienaa. Keski-ikäiset raavaat miehet olivat kanssamme uteliaita, pohdiskelevia, läsnä olevia ja mietteliäitä. Aivan kuin he olisivat tulleet ensimmäistä kertaa tietoisiksi siitä, että on olemassa hyvinkin toisenlaisia rytmejä elää kuin se, mihin he ovat työelämässä tottuneet.

Aamulla heräsimme puutarhassa lintujen lauluun. Majatalon rouvat valmistivat jo lounaaksi lasagnea. Vieraiden hellimiseen vuosikymmenien varrella annettu huomio ja vakavuus maistuivat rakkautena yksinkertaisissa raaka-aineissa. Me nautimme omassa keittiössä leivotun aamupalan: sämpylöitä, juustoa ja tomaatteja. Tässä mummomaisessa puutuolien ja pitsiliinojen koristamassa puutarhassa Nescafékin maistui poikkeuksellisen pehmeältä.

Matka painoi jo jaloissamme ja päätimme polkea lyhyen päivän läheiseen kaupunkiin Los Andesiin. Puskaradion avustuksella kolkuttelimme ihmisten ovia löytääksemme halvan majoituksen maassa, joka on jo selvästi edellisiä Etelä-Amerikan maita hintavampi. Saimme majapaikan suuresta, kylmästä talosta, joka vaikutti vanhalta sairaalalta ja jossa asui nyt kaikessa hupaisuudessaan varsin värikäs ja omalaatuinen perhe.

Parin päivän kuluttua jatkoimme matkaa kohti rannikkoa. Yhdet maailman suurimmista hedelmätarhoista reunustivat tietä. Pienissä tien varren kojuissa myytiin edullisia ja uskomattoman makeita hedelmiä; ostimme kirsikoita, mansikoita, chirimojia, persikoita ja avokadoja. Tien jokaista kilometriä aitasivat edelleenkin piikkilangat tai vahvemmat suojamuurit. Jokainen talo oli jollakin lailla suojattu, vähintäänkin kosmeettisin aidoin. Suuryritysten rakentamilla asuinalueilla sadat identtiset elementeistä tehdyt valmistalot levittyivät neliökilometrien kokoisilla alueilla viivasuorin rivein siten, että humalaisen lienee vaikea löytää omaan kotiinsa. Nämä keskiluokan yksityiset asuinalueet olivat muurein ja hälytysjärjestelmin suojattuja. Vartija tarkasti portilla jokaisen sisäänpyrkijän. Joillakin asuinalueilla muutaman metrin päässä toisistaan olevat talot oli erotettu vielä niiden välissä kulkevalla betonimuurilla. Yksityisyys oli turvattu ja keittiön ikkunasta saattoi aamukahvin lomassa katsella harmaata muuria. Ihmiset olivat toteuttaneet unelmansa turvallisuudesta, mutta asuivat omaisuuteensa kahlittuina, koteihinsa vangittuina.

Oli lauantai-iltapäivä ja tuhannet ihmiset jonottivat autoissaan pääsyä suurten laatikkomaisten ostosparatiisien parkkipaikoille.

Tänä vapaapäivänä he voisivat poimia kovan työn hedelmiä kauppojen hyllyiltä, niitä utukuvia, joista haaveillen he jaksaisivat ponnistella tehtaissa, kaivoksissa, toimistoissa ja plantaaseilla taas yhden arkisen viikon ajan.

Chilen pääkaupunkialue vaikuttaa taloudellisesti huomattavasti kehittyneemmältä kuin jo tuntemani alueet tällä mantereella. Chileläiset tekevätkin työtunteja keskimäärin paljon enemmän kuin lähes kaikkien muiden teollisuusmaiden ahertajat ja maan talous on kasvanut vauhdilla viime vuosikymmeninä. Tuloerojen olen kuullut olevan tässä maassa korkeammat kuin missään muussa teollisuusmaassa.

Tervehdin maantiellä vastaantulevia jalankulkijoita. Takanani ihmisten reaktioita tarkkaileva Tomi naurahti toivottomalle yritykselleni saada vastatervehdyksiä. Illalla saavuimme La Caleran kaupungin laitamille. Söimme ravintolassa argentiinalaisia kollegoita huomattavasti suuremmat ja rasvaisemmat juusto-empanadakset. Kysyimme lupaa saada pystyttää teltta suureen puutarhaan. Tyhjän jo sulkeutumassa olevan ravintolan työntekijä soitti asian tiimoilta pomolleen. Korkeampi taho ei sallinut meidän asettua majaksi paikkaan. Tyttö neuvoi etsimään telttapaikkaa kivenheiton päästä alueelta, joiden talojen pihoilla olisi runsaasti tilaa.

Hetkeä myöhemmin pyysinkin vettä ja majapaikkaa eräästä talosta, jonka avulias isäntä ohjasi meidät kuitenkin hylätylle virkistysalueelle, jossa meidän olisi kuulemma rauhallisinta levätä, vaikka olisimme hänen puolestaan toki voineet telttailla pihapiirissäkin. Kysyin vesipussia täyttäessäni mieheltä alueen vesitilanteesta. Viereiset vuoret oli viljelty niin korkealle asti kuin vain suinkin oli taloudellisesti kannattavaa ja laaksot olivat kauttaaltaan viini- ja hedelmäviljelmien täyttämät. Sikäli olikin odotettavaa, että kysymykseni oli tunteita nostattava aihe. Vedensaanti oli monille jatkuva ongelma ja pohjavesien päällä vesihanaa kääntävä omistaja voi kuulemma vittuilla mielensä mukaan kenelle tahansa ja veloittaa vedestä käytännössä mitä vain, kertoi mies. Tuumimme Tomin kanssa, että puhdas makea vesi olikin mainio syy riidellä ja hyvä väline haalia valtaa omistajalleen, koska se liittyy sillä tavalla kaikkiin ihmisiin, että jokainen tarvitsi sitä elääkseen. Otimme miehen neuvosta vaarin ja jatkoimme koirien ja kanojen asuttamalta pihalta mielellämme luonnon rauhaan.

Virkistysalueen talot oli poltettu, tanssilattia survottu hajalle, joutsenlampi kuivatettu ja sen soutuveneet pirstottu päreiksi. Etsittyämme ympäristöstä sopivaa majapaikkaa aiheuttamamme äänet pelästyttivät tietämättämme erään pariskunnan. Yhdestä rähjäisestä pikkutalosta astui vauhdilla ulos hämmentynyt mies. Tervehdimme molemminpuolisesti. Pian talosta tuli ulos myös nainen, joka oikoi vaatteitaan, puhdisti peppuaan ja selkäänsä pölystä. Vaikka pariskunta jäi rysänpäältä kiinni, ei se alkuhämmennyksen jälkeen haitannut heitä laisinkaan, vaan he pysähtyivät rennoin mielin keskustelemaan kanssamme niitä näitä.

Tuumimme myöhemmin mikä voisi olla se fantasia, joka oli kuljettanut pariskunnan harrastamaan seksiä lekoilla romuksi lyötyyn, nyt kaakelin sirpaleiden verhoamaan rikkinäiseen, pölyiseen ja likaiseen vessaan. Kenties tämä oli klassinen sihteerijuttu, jossa mikä tahansa piilopaikka täytti tarpeet? Vai oliko tämä hetki kenties heidän nuoruudessaan syttyneen fantasian täyttyminen, kun he olivat nähneet samassa, silloin vielä täydessä loistossa olleessa paikassa juhlittavan, tanssittavan ja käveltävän romanttisesti käsi kädessä joutsenlammen puutarhassa? Emme tienneet, mutta hauskan tilanteen seikkaperäinen analysointi antoi meille hyvät naurut. Pystytimme telttamme vehreälle nurmelle ja vaivuimme omien fantasioidemme värittämään lepoon.

Tyynen valtameren kylmän merivirran kalsea henkäys kantautui Quillotan kaupungin harmaaseen, paksun pilvipeitteen verhoamaan ytimeen saakka. Torilla vastaamme käveli aurinkoinen nainen. Hän katsoi pyöriämme tarkkaavaisesti, tervehti meitä suurella hymyllä ja pysähtyi juttelemaan kanssamme. Tämä aasialainen nainen oli kummajainen harmaan ja hymyttömän kaupungin kylmässä ja kosteassa aamussa. Istahdimme Tomin kanssa kaakelien ja loistelamppujen valaisemaan kylmään baariin kahville. Saimme kupillisen kuumaa vettä ja pienen kertakäyttöpussillisen pikakahvia. Jatkoimme matkaa helppokulkuisella mutta puuduttavalla moottoritiellä.

Jäsenissämme alkoi painaa pitkän matkan mukanaan tuoma luonnollinen väsymys, mutta silmämme jaksoivat yhä ihmetellä näkemäänsä. Tuskin kukaan pystyy kiistämään sitä, etteikö uutisissakin usein esillä oleva aihe, talouden kasvu ja sen myötä kukkiva menestys, loisi ihmiselle rakastumisen ohella vahvimman illuusion turvallisuuden tunteesta. Siten ei olekaan ihme, että ihmiset tavoittelevat menestystä kanssaihmisten välisessä kilpailussa monin eri tavoin. Kaikki näkemämme sinänsä heijasteli ainoastaan sitä samaa, minkä olimme nähneet jo kaikkialla muualla, mutta yhä uudelleen ja uudelleen saatoimme yllättyä niistä elämän kummallisista ja ainutlaatuisista muodoista, joiksi maankuoren rikkaudet olivat ihmiskäden kautta kulkeneina muovautuneet tässäkin maailman kolkassa.

Vaikutti siltä, että monilla chileläisillä alkoi jo olla ihannoidun länsimaisen elämäntyylin koko paletti kasassa. Vakuutus antaa suojaa elämän vahingoille. Sairaalat ovat niin kehittyneitä, että rikkaimmat, autoilla liikkuvat, kotinsa antibakteerisilla pesuaineilla kiillottavat, päivät toimistoissa istuvat ja pitkälle prosessoitua teollista ruokaa nauttivat kansalaiset saavat hoidettua syöpänsä moderneissa kymmenien tuhansien eurojen hintaisissa myrkyllisissä lääkehoidoissa. Oppilaitokset, etenkin yksityiset, kouluttavat kansan tulevaisuuden toivon, nuorison, niin tehokkaasti, että lahjakkaimpien oppilaiden vanhemmat saattavat saada vesansa opiskelemaan ulkomaiden arvostettuihin opinahjoihin. Sieltä saatu tutkinto toimii uraa aloittavalle nuorelle tärkeänä korttina taistelussa kohti hyvää yhteiskunnallista asemaa. Korkean aseman antama taloudellinen turva suojaa sitten samalla myös vanhempien vanhuuden päivät, vaikka toki hekin ovat jo säästäneet eläkettä, jotta voisivat työuran loputtua vain olla ja päästä tekemään vihdoin itselleen rakkaita asioita. Ne ovat olleet sellaisia, joista he ovat aiemmin vuosien varrella joutuneet luopumaan saadakseen tehtyä töitä, maksettua lastensa koulutuksen ja mittavan asuntolainan.

Täälläkin onni on ulkoistettu unelmille. Pelkäävä ihminen valjastettu mainosmiehen, papin, terapeutin, opettajan, vanhempien, esimiehen, julkkisten, virkamiesten, poliitikkojen ja lähimmäisten armoille. Lapset tuodaan kouluun piikkilangan ja kalterien taakse opiskelemaan ylhäältä ojennetun opetussuunnitelman, jota opettajat hienovaraisin väkivallan keinoin hakkaavat pienokaisten aivoihin. Oppilas, jolla on paras kyky muistaa kielioppisääntöjä, paikannimiä, vuosinumeroita, ilmastovyöhykkeitä ja matemaattisia kaavoja sekä tottelee auktoriteettia kilteimmin, palkitaan vuoden päätteeksi stipendillä. Ne menestyneet yksilöt, jotka ovat saaneet stipendejä jo vuosikymmeniä sitten, opettavat esimerkillään, ettei yksikään elinympäristön vuorenseinämä ole itsessään sen arvoinen, etteikö sitä kannattaisi tuhota taloudellisen voiton tähden.

Katselimme ja kuuntelimme Tomin kanssa kadulla ohi kulkevia ihmisiä. He käänsivät katseensa pois kanssaihmisistä, eivätkä tuntuneet tietävän, miten tulisi käyttäytyä, kun ventovieras katsoo suoraan silmiin ja kysyy suuntaa. Ihmiset kulkivat elinympäristössään sokeina sen ilmiöille. Kukaan kulkijoista ei vaikuttanut kyseenalaistavan, kuka tai mikä tätä peliä ohjaa. Oli vain selviydyttävä, pelättävä ja toivottava parempaa tulevaisuutta. Tämän pelin hahmot eivät pelänneet mitään niin paljon kuin todellisuuden katsomista niin kuin se on, sillä se olisi kuolema heidän omalle hahmolleen tässä sotapelissä, jota myös ”elämäksi” kutsutaan.

Tällaisia kielikuvia meille molemmille heräsi, kun katselimme ja tutkailimme ympärillä olevaa näkymää. Siitä huolimatta emme kaiketi kokeneet henkilökohtaisena uhkana näkemäämme elämän väkivaltaista olemusta, eikä meille siten noussut minkäänlaisia ideoita siitä, miten voisimme yhdessä parantaa näkemäämme maailmaa. Oikeastaan iloitsimme tavattomasti näkemästämme ja nautimme sydämenpohjasta sekä karuista että makeista herkuista, joita paikka meille tarjosi. Oli kaunista vain katsella sitä, mikä on ja tapahtuu: aivan kuin olisimme katselleet oman ytimemme monivivahteista olemusta peilistä.

Saavuimme Tyynen valtameren rantaan. Tomi näki surffaajia meressä ja yllätyksettömästi ei enää muuta sitten vähään aikaan nähnytkään! Minun tuli pidätellä häntä hetken aikaa omalla hiljaisuudellani, sillä huomasin, että hän halusi heti surffaamaan. Onneksi Tomi kuitenkin malttoi tarkastella merta itsekin hiljaisesti ja huomasi pian, ettei kymmenistä vedessä olevista surffaajista huolimatta meressä ollut juurikaan surffattavia aaltoja. Meillä oli parempaakin tekemistä kuin odottaa mahdollisia parempia aaltoja, joten jatkoimme matkaa Con Conin kylästä rannikkoa pitkin etelän suuntaan, kohti Valparaisoa. Sininen valtameri liplatti pieninä aaltoina rannikon rikkonaisille rantakallioille ja sen poukamien hiekkarannoille. Tienvierustalla oli tavanomainen lomakylän meininki: kaikkialla näkyi vain loma-asuntoja, hotelleja ja ravintoloita. Ruokakauppaa emme rantatieltä löytäneet. Ihmiset ottivat aurinkoa rannoilla maaten. Tulimme niemennokkaan, josta avautui näkymä taiteilijoista ja vapaamielisestä elämästä kuuluisaan Valparaisoon ja sen nuorempaan ja modernimpaan siskoon Vina del Mariin. Suurkaupungit levittyivät korkeine kerrostaloineen kuin harmaana syöpänä vuorenrinteillä. Kysyin Tomilta, halusiko hän todella polkea nyt tuonne sekamelskaan etsimään paikkaa, jossa levätä. Kysyin sen kuulemma juuri sillä hetkellä, kun Tomi oli itse havainnut, ettei hänellä ole minkäänlaista halua polkea sinne. Käännyimme ympäri ja poljimme yhteistuumin takaisin pieneen ja rauhalliseen Con Coniin.

Vietimme Con Conissa eriskummallista aikaa. Emme tehneet paljoakaan, mitä minä nyt tarinoita rahanhimossani kirjoitin. Päiviemme kohokohta oli ruokaostoksilla käynti, jolloin saimme päiviemme ainoat ihmiskontaktit. Kassojen liukuhihnoilla päivästä toiseen istuvat tytöt olivatkin usein hämmästyneitä, kun gringot puhuivat heille ja kysyivät, mitä kuuluu tai utelivat onko tänään ollut kiva päivä tehdä töitä. Sillä tavalla heidän ja yhtä lailla meidän monotoniset päivämme rikkoutuivat lyhyeen ja iloiseen kommunikointiin. Con Conissa suuri osa taloista oli loma-asuntoja tai vähintäänkin vain osan vuodesta asuttuja. Kadut olivat varsin hiljaiset ja ihmiset etelä-amerikkalaisittain oudon etäisiä. Kenties olimme vain itse sulkeutuneita omaan kuoreemme ja maailma näyttäytyi meille sen mukaisena. Oli miten oli, kymmenen rauhallista päivää Con Conissa olivat täydellisen leppoisia. Vietimme kahdenkeskistä aikaa valmistautuessamme hiljaisesti Brasilian seikkailuumme vuoden 2014 viimeisinä päivinä. Olin ollut Etelä-Amerikassa tien päällä jo vuoden ja kolme kuukautta.

Siellä missä molemmat olivat kuin kotonaan

Fortaleza – Iguape – Prainha do Canto Verde - Aracati – Natal – Pipa - Baia Formosa

Niin siinä sitten kävi, että Brasilian aurinkoiset rannat houkuttelivat meitä enemmän kuin Patagonian jäiset syyssateet. Olisimmehan me tietysti voineet hytistä jäätikköjen rajaamilla Tyynen valtameren rantavesien kallioilla pingviinien kanssa, mutta emme mieltäneet siinäkään olevan mitään väärää, jos nauttisimme Atlantin lämpimillä aalloilla surffailusta bikinityttöjen seurassa. Suunnittelimme yhdistävämme yhteiset harrastuksemme, polkupyöräilyn ja surffaamisen. Pohjois-Atlantin talvimyrskyt pumppaavat tammi-helmikuussa aaltoja Brasilian pohjoisrannikolle, joten päätimme lentää Fortalezan kaupunkiin.

Olimme ajatelleet chileläisten suhtautuvan ohikulkijoihin ja matkailijoihin viileästi. Ensimmäinen tulkintamme osoittautui kuitenkin vääräksi, kun astuimme Santiagon lentokentälle kulkevaan bussiin. Lähetin sen ikkunasta lentosuukon meille liput myyneelle söpölle tytölle ja vilkutin jäähyväiset hänen työtoverilleen, vanhalle miehelle. Olimme jutelleet heidän kanssaan bussia odotellessamme. Nappisilmäinen tyttö vastasi meille sylintäydeltä lähetetyin valtavin lentosuukoin. Hän teki sormillaan sydämen sydämensä kohdalle ja vilkutti meille iloisesti. Vanha mies katsoi vierestä ilmehtien ”Voi teitä hupsuja nuoria!” ja vilkutti myös lempeät jäähyväiset. Jos olimmekin jo vetäneet jonkin sorttisia päätelmiä pääkaupunkialueen chileläisestä kansanluonteesta, saivat ne kärjistetyt ajatuksemme jälleen kerran napakan näpäytyksen todellisuudelta.

Lentokentällä pääsimme taas tehokkaalle, iloksemme halpoja, ostettavissamme olevia lentoja tuottavalle yhteiskunnan liukuhihnalle. Lähtöselvitystiskillä kävimme läpi monimutkaisen prosessin saadaksemme polkupyörät lentokoneeseen. Asian hoitaminen kesti lopulta tunnin, koska virkailijoilla tuntui olevan yleinen tarve saada asiat sujumaan kaikkien kirjoitettujen ohjesääntöjen mukaisesti.

Kaksi yötä ennen lentoa oli ajatus Brasiliaan siirtymisestä kutkuttanut vatsanpohjaani. Tuntui kuin olisin ollut uuden matkan alussa. Vuorilla olin oppinut polkemaan alamäen jälkeen ylämäkeä, mutta Brasilia oli kuuluisa aivan erilaisista tempuista: Amazonista, jalkapallosta, karnevaaleista, surffauksesta, musiikista, seksistä ja sambasta. Sydämeni pomppasi tyhjää ajatellessani, kuinka monen tuntemani matkaajan toimesta maailman kauneimmiksi ja ihanimmaksi tituleeratut naiset ottaisivat vastaan minut, sinisilmäisen ja pellavapäisen, vauraasta maasta kotoisin olevan matkamiehen.

Saattaisin olla monille heistä aivan samanlainen mieltä kutkuttava eksoottinen ilmestys kuin mitä rentojen sambatyttöjen lanteiden keinutus olisi minulle, yli kolmekymppisenä vielä isänsä luona asuvalle, tyttöjä ikänsä karkuun polkeneelle peräkamaripojalle.

Noin kaksitoista vuotta aiemmin Tomi oli suunnitellut ystävänsä kanssa matkaa Brasiliaan. Tuota nuorta miestä lienee polttanut halu kokea Brasilian juhlat, seikkailut ja naiset. Kävi kuitenkin niin, että hänen ystävänsä lyöttäytyi silloin muuan tytön kanssa tiukasti yhteen Suomessa ja heidän suunniteltu yhteinen matkansa ei sen vuoksi tapahtunutkaan. Tomi matkasi Brasilian sijaan yksin Aasiaan ja pysyi sillä tiellä yli kymmenen vuotta. Itsekin olin joskus haaveillut Brasiliassa matkaamisesta, ajatuksissani harhaiset mielikuvat sen vapaamielisestä ja rennosta elämästä. Itse asiassa muistan vuosia sitten olleen ajanjakson, jolloin ajattelin, että maailman ympäri matkani olisi hienoa päättää Brasilian rannoille ja kenties sen sambakarnevaaleille.

Tuona yönä, kaksi päivää ennen kohti Brasiliaa nousevaa lentoa, olin varma, että Brasilia olisi se paikka, joka tarjoaisi meille erilaisia seikkailuja. Olisiko Tomilla vielä halua ja virtaa narrata naisia, juhlia villisti, päihtyä huumeilla ja surffata itsensä näännyksiin? Pystyisinkö minä ensimmäistä kertaa elämässäni vapautumaan elämän tarjoamille nautinnoille? Antaisinko päihteiden viedä mennessään, antautuisinko Samban rytmiin ja heittäytyisinkö himon vietäväksi naisen avaamaan syleilyyn? Mistään muusta minua ei liene tässä maailmassa niin paljoa moitittu kuin ensiksi siitä, että olen monien ihmisten mielestä työtä tekemätön laiskuri, ja toiseksi siitä, etten kuulemma koskaan päästä irti kontrollistani ja elä. No, sillä ei ollut niin väliä, mutta tiesin nyt, että moni tyttö odottaisi meitä Brasiliassa ja juhlat olisivat pitkiä meidän niin halutessamme. Ainoa asia, mistä en ollut varma, oli se, halusimmeko me niitä juhlia ylipäätään. Aika näyttäisi.

Saavuimme Brasiliaan Salvador de Bahian lentokentällä, jossa meillä oli koko yön mittainen Fortalezan jatkolennon odotus. Oli uudenvuoden yö. Lentokentän ulkopuolella olisi pian käynnissä yhdet maailman suurimmista uudenvuodenjuhlista, mutta me jämähdimme sisätiloihin, sillä matkatavaramme eivät siirtyneet suoraan seuraavalle lennolle, emmekä saaneet niitä minnekään säilöön yötä vasten hiljentyneellä lentokentällä. Niinpä meidän piti olla pyöränrojujemme seurassa läpi koko yön. Olin elätellyt pientä toivetta siitä, että sujuva espanjankielentaitoni auttaisi minua kommunikoimaan myös Brasiliassa, mutta ei, en näet ymmärtänyt mitään ihmisten portugalinkielisestä puheensorinasta ja minun tuli selvittää sanomani ihmisille pääasiassa muilla tavoin kuin sanoin.

Seuraavana päivänä otimme Fortalezan lentokentältä taksin kolmen kilometrin päähän erään perheen talolle, jonka olimme löytäneet pyörämatkaajien Warmshowers-sivuston kautta. Auridebsonin perhe ei ollut kotona, mutta haimme heidän talonsa avaimen kivenheiton päästä perheen äidin siskon luota. Saimme siis perheen talon omaan käyttöömme muutamaksi päiväksi, vaikka he eivät tunteneet meitä laisinkaan. Asetuimme taloksi alakerran meille varattuun huoneeseen ja suihkun jälkeen suuntasimme etsimään ruokaa. Uudenvuoden lomapäivän takia kadut olivat hiljaisia. Ilma oli trooppisen kuuma ja kostea ja iltapäivän aurinko porotti taivaan täydeltä. Niinpä päädyimme kulkemaan sillä puolen katua, jota rakennusten antamat varjot suojasivat.

Uusi kotikatumme oli samalla tavalla totinen kuin monet näkemämme asuinalueet Chilen pääkaupunkiseudulla. Tällä keskiluokkaisella alueella puut olivat harvassa ja talot kasattu halvoista ja heiveröisistä tiilistä vieri viereen. Täälläkin betoniaidat, kalterit ja nato-langat suojasivat asukkaita mahdollisilta taloudellisilta menetyksiltä. Taloissa oli maalausten perusteella myös monenlaisia kauppoja, mutta ne olivat nyt kaikki suljettuina peltiovien takana. Vain muutama edellisen illan juhlimisesta ulos asti toipunut ihminen kulki kadulla hitaasti. Paikasta huokui rauhallisesti soljuva elämänrytmi.

Kysyimme ruokaa vaatimattomasta kulmabaarista, joka oli sisustettu muovituoleilla ja saippuasarjaa huudattavalla televisiolla. Paikka ei ollut ruokaravintola, mutta rouva pyysi meitä odottamaan, jotta hän voisi valmistaa meille jotakin syötävää omista ruuistaan. Baarissa oli kikkarapäisen, miesmäisen romuluisen mutta pehmeäkasvoisen omistajan lisäksi kaksi muutakin naista: vanha ja elämää nähneen näköinen nainen sekä hänen nuori ja heleä veljentyttärensä. Kommunikointimme oli tietysti varsin vähäsanaista yhteisen kielen puuttumisen takia, mutta saimme kyllä selitetyksi vastaukset jollakin tavalla kaikkiin meille esitettyihin kysymyksiin. Ennen saapumistamme naiset olivat kaataneet jo muutaman iltapäiväoluen ja juoruilivat kovaan ääneen meidän saapuessamme paikalle. Nyt heidän täysi kiinnostuksensa vaikutti kohdistuvan meihin. He ymmärsivät, että olimme juuri saapuneet Brasiliaan, emme tunteneet kaupunkia saati kaupunkilaisia lainkaan ja että asuimme kahdestaan talossa, jonka omistajia emme olleet koskaan tavanneet. Tilanne kuulosti heistä epätodelliselta ja he päivittelivät meidän rohkeuttamme. Silloin tällöin heidän suora kiinnostuksensa meitä kohtaan vaimeni ja he alkoivat supista jotakin keskenään. Ajoittain puhe säkenöi kiihkeänä kiistelynä, aivan kuin he olisivat kinastelleet siitä, mitä meille pitäisi oikein tehdä.

Olimme jo syöneet. Ilmapiiri pöydän ympärillä alkoi muuttua. Vanhin ja villein naisista vinkkaili alituiseen, että jotakin pitäisi tapahtua minun ja hänen veljentyttärensä välillä. Tyttö katseli minua ja jos silmämme kohtasivat, veti hän katseensa sisäänpäin ujosti hykerrellen. Hän vastusti tätinsä ehdotuksia sanomalla, ettei häntä kiinnostaisi mikään senlaatuinen juttu, ei laisinkaan, mutta hänen tissit pystyssä vaivaantuneesti pyöriskelevä olemuksensa viesti oikeasti jotakin aivan muuta. Rempseä omistaja, joka oli aikoinaan ollut jalkapallonpelaaja mutta telonut sitten jalkansa pahasti, elehti letkeään ja teatraaliseen tapaansa sitä näytelmää mitä hän ja toinen vanhempi nainen olivat suunnitelleet meidän nuorikkojen välille. Hän näytti, miten pussataan, teki puisen pullonavaajan kädensijasta itselleen pippelin ja osoitti silmät säihkyen, mutta opettavaisella vakavuudella, että muistaisin sitten sujauttaa omaan vastaavaani kondomin. Sitten naiset taas nauraa räkättivät kovaa, paitsi nuorin heistä, jonka posket vain hymyilivät kevyesti punastuksen alla. Sitten vanhempi, ryppyisen rapistunut akka alkoi vähän kuin ehdotella, että hän voisi omasta puolestaan pitää huolta Tomista. Kulmiensa alta myhäilevä Tomi ei näyttänyt laisinkaan innostuvan ajatuksesta!

Kerta toisensa jälkeen vanhemmat naiset kannustivat minua pussaamaan prinsessaa ja siihen minut olikin varsin helppo yllyttää. Naiset olivat kai päätelleet meidän olevan huolettomia kulkureita ja heittelivät ilmoille lauseita siitä, kuinka tärkeää on elää hetkessä ja nauttia siitä mitä on. Meille oli siis tarjolla seksiä, huolenpitäjät ja ruuanlaittajat, mutta sanoimme lähtevämme kotiin huilaamaan. Kyllähän minua alkoi tytön upeita, esillä olevia muotoja katsellessa panettaa, mutta emme kai sittenkään olleet hetkessä eläjiä, eivätkä haluni voineet kuljettaa minua iloista iltapäivää ja yllytettyjä, outoja, mutta spontaanin nautinnollisia pusuja pidemmälle.

Kävelimme takaisin kotiimme ja huomasimme jälleen, kuinka olimme kenties maailman huonoimmat naistenmiehet. Saatoimme hymyssä suin todeta, että me pojat taidamme tykätä kiimaisten kivestemme kiputiloista. Tällaisesta naisten spontaanisti tarjoamasta hoivasta, hellyydestä ja huolenpidosta olimme molemmat ilmiselvästi joskus kuitenkin haaveilleet, joten saatoimme kyllä nauttia täysin siemauksin toteutuvista unelmistamme, vaikka sulkeuduimmekin seisovan ilman tunkkaiseen poikamiesboksiimme ihan vain kahdestaan. Minä en ollut tämänlaisiin tarjolla olleisiin seikkailuihin vieläkään kypsä ja Tomi oli kypsynyt niistä ulos, sillä hänellä oli oma murusensa kaukana maailman toisella laidalla. Ottihan Brasilian retkemme lentävän lähdön ja jos ei muuta niin ainakin yritti täräyttää meidät hereille!

Vaikka emme tehneet todellisuudessa moniakaan asioita, tuntui että meillä oli kaupungissa ollessamme aina jokin rauta tulessa. Pyöräilimme kaupungin vilkkaassa ja pakokaasujen katkuisessa liikenteessä 300 kilometriä etsiessämme surffilautoja. Rakentelimme yrityksen ja erehdyksen kautta muovisista viemäriputkista surffilaudan kantotelineitä pyöriimme. Niin sanottuina väliaikoina opiskelin portugalin kieltä ja Tomilla oli omia asioita, jotka hänen piti käydä lävitse ennen kuin palaisimme tien päälle. Vietimme Auridebsonin varauksettoman vieraanvaraisessa viisihenkisessä perheessä kaksi viikkoa.

Emme olleet löytäneet Tomille vielä sopivaa surffilautaa, joten pakkasimme tavaramme ja siirryimme kaukaisesta lähiöstä lähemmäksi ranta-alueiden surffikauppoja, jotta voisimme keskittyä etsimiseen huolellisemmin. Oma surffilautani, kuus-nelonen hybrid-fisu, oli jo kannossa pyöräni sivulla. Viemäriputket kannattelivat lautaa hyvin, pyörä kulki sivutuulessakin yllättävän vaivattomasti ja ihmiset tsemppasivat meitä surffaajien hang-loose tervehdyksellä ohi ajavista autoista ja katujen varsilta.

Olen puhunut paljon matkalla näkemästäni betonista. Fortalezan Praia do Futurolla koin taas yhden pykälän verran kehittyneemmän kauhean kaupunkirakentamisen asteen. Harmaasta todellisuudesta huolimatta alueella oli paljon hotelleja ja niiden hinnat niin korkeita, että meidän oli pakostakin uskottava ympäristön olevan houkutteleva. Maksoimme 25 euroa vaatimattomasta ja erittäin likaisesta huoneesta. En lainkaan väitä, etteikö paikka olisi ollut tarpeemme täydellisesti täyttävä, mutta mietin silti itseäni hauskuuttaakseni, olinkohan koskaan aiemmin saanut markkinatalouden termeillä ajateltuna yhtä vähää vastinetta euroilleni.

Meillä ei ollut heti käteistä, jolla maksaa huoneemme. Ei se mitään, hotellissamme oli vieraana myös kaksi suurieleistä miestä, jotka olivat kierteleviä keittiövälinekauppiaita. He viikkasivat tulevan päivän kaupattavia liinoja pienen huoneen sängyllä. Toinen heistä lupasi heittää meidät autollaan Fortalezan keskustaan, jossa olisi lähin meidän korteillamme toimiva pankkiautomaatti. Sillä koko pääbulevardin kuuden kilometrin mittaisella matkalla ihmiset olivat aidanneet itsensä ja rakennuksensa metrien korkuisten betoniaitojen taakse. Trooppisesta ilmastosta huolimatta vihreää vehreyttä näki vain harvojen muurien takaa kohoavien puiden latvoissa. Näyttää siltä, että ihmiset haluavat pitää kynsin ja hampain kiinni kaikesta siitä rumuudesta, jonka he ovat lähes poikkeuksetta lainarahalla rakentaneet.

Selkäpiitä karmivassa kolkkoudessa ja kustannustehokkaan arkkitehtuurin keskellä kohosi muutama valtavan kokoinen, mutta sielultaan pienempien kanssaveljiensä kanssa samanmoinen viiden tähden hotelli. Niiden seinien sisäpuolella ihmiset taisivat nauttia rauhassa elämän tarjoamista makeimmista herkuista, jotka he olivat omalla työllään ansainneet. Pohdimme Tomin kanssa keskenämme, saattoiko kaupungin edustalla sijaitsevan keskinkertaisen hiekkarannan vetovoima todella ylläpitää niitä valtavia täyden palvelun hotellikolosseja vai oliko alueella rehottava seksikauppa myös niiden suuri kannattaja.

Kulkiessani betoniseinien puristuksessa saatoin kyllä todeta, että maaseudun kylistä kaupunkiin saapuneiden tyttöjen pehmeät muodot näyttivät katujen varsilla inhimillisyydessään hyvin kauniilta, kuin ainoalta kosketettavissa olevalta eloisuudelta keskellä kuollutta karuutta. Kun me ihmiset olemme vankeina tällaisia hirvittäviä elinympäristöjä ja väkivaltaisia toimintamalleja rakentavissa peloissamme, ei ole yllätys, että draaman ja kiihkeiden nautintojen kaipuu ajaa monet meistä miehistä etsimään vapauden tuntemuksia ja täytettä sydämen tyhjään paikkaan vastakkaisen sukupuolen antimista. Ja luonnollisesti tytöt omalla tahollaan etsivät aivan samalla tavalla omia haaveitaan, täyttääkseen omassa sydämessään jollakin tavalla samaa, kaikkien ihmisten jossain vaiheessa kokemaa ja jakamaa lohduttomuutta.

Rauhaton kuskimme vaihtoi koko ajan musiikkia soittimessaan, mutta ei kertaakaan löytänyt etsimäänsä kappaletta, joka olisi iskenyt hänen mielentilaansa mukaansa tempaavalla rytmillä. Kolmekymppinen pyöreävatsainen ja syvän tumma mies, jolla oli jo perhettä, parikin ex-vaimoa ja tyttöystäviä kuulemma isompikin liuta, kertoili meille, mitä naiset Fortalezassa maksavat yötä kohden ja kuvaili sitä valtavaa muutosta pikkukaupungista betonihelvetiksi, jonka tämä nopeasti kasvanut kaupunki oli käynyt lävitse hänen elinaikanaan. Saimme vasta kolmannen pankin automaatista rahaa ja palasimme hotellille. Ei puhettakaan, että mies olisi vastaanottanut minkäänlaista korvausta pitkästä kaupunkikierroksestamme.

Illalla kävimme syömässä toisen keittiövälinekauppiaan kanssa sivukujan mainiossa ja hyvin edullisessa pikkuravintolassa. Tämä äärimmäisen puhelias, pullea ja tavattoman iloinen velikulta ei ollut hetkeäkään hiljaa tai kysymättä jotakin, vaikka emme ymmärtäneet vähääkään hänen moottoriturpansa puheesta. Olin jo niin turtunut kuulemaan aivoilleni uutta kieltä kovasti keskittyen, että hotellille saapuessani ei päässäni virrannut enää ajatuksen ajatusta ja saatoin vain painaa pääni tyynyn nukahtaakseni.

Emme olleet vieläkään löytäneet Tomin mielimää klassista kaksieväistä retro-fish-surffilautaa, mutta seuraavana aamuna yhdestä suurehkosta lautojen sheippaamosta Tomin onnistui löytää sheippaajan, Fabiano Diaksen oma vanha, 5´11 hybridlauta. Työpajassa meille tarjottiin lounas ja saimme myös aimo annoksen vinkkejä tulevan taipaleemme varrella olevista parhaista surffibreikeistä. Poljimme iltapäivällä vielä muutaman kilometrin päähän hankkimaan viimeiset matkatarpeemme, jotta saisimme Brasilian pyöräilymme vihdoinkin käyntiin.

Uutena ajamisen haasteena meillä oli surffilautojen ehjänä

pitäminen. Poljimme lyhyen matkan ajan kohti etelää mahdollisimman lähellä rantaa kulkevilla pienillä teillä. Valitsimme joenylityksen jälkeen aivan rannan tuntumassa kulkevan pienen tien. Parin tunnin polkemisen jälkeen tunsimme, että olisi jo aika levätä, joten kysyimme pikkuruisesta, ainoastaan juomia myyvästä rantabaarista, voisimmeko telttailla sen pihalla. Kasvojaan pehmeälle kestohymylle vuokraava mies antoi meille hyväksynnän. Ostimme häneltä virvoitusjuomat ja tarkastelimme valtameressä tyrskyävien aaltojen sopivuutta surffaamiseen. Tomi päätti mennä heti testaamaan, miten aallot kuljettaisivat hänen uutta lautaansa. Minä pistin sillä välin leirin pystyyn ja tein voileivät. Tomin palattua kuivalle maalle suuntasin itse kovassa tuulessa villisti rikkoutuvien aaltojen joukkoon. Eipä ollut vuorilla vahvistuneista jaloistani lainkaan apua meloessani hartiani hapoille. Ilokseni muutaman Balilla aikanaan surffaamani kuukauden aikaiset opit eivät olleet täysin kadonneet lihasmuististani ja yllätyksekseni sain napattua uudella, mainioksi valinnaksi heti osoittautuneella surffilaudalla kolme aaltoa lyhyessä ajassa. Hyvin pian silmäni oli jo väsyneet aaltojen tarkkailemiseen heiluttavassa merenkäynnissä ja meloin suosiolla takaisin rannalle.

Eteneminen Atlantin rannalla kohti etelää oli nyt alkanut. Pystyin jo joten kuten kommunikoimaan portugalin kielellä ihmisten kanssa. Lisäksi kehoni oli tottunut trooppiseen ilmastoon, olin oppinut tuntemaan osasia brasilialaisen kulttuurin tarjonnasta ja olimme vihdoin saaneet käyntiin ideamme siitä, että yhdistäisimme surffaamisen ja pyöräilyn.

Kaikki oli tapahtunut rauhallisesti omalla painollaan, mutta tunsin koko olemuksessani, että olin menneen kahden viikon aikana käynyt lävitse valtavan määrän uusia asioita ja niihin liittyviä ajatuksia. Väsymys ei kuitenkaan tuntunut syvältä, sellaiselta, jonka saa osakseen viikkojen mittaisen vuoritaipaleen päätteeksi. Tiesin, että yksi hyvin nukuttu yö kyllä piristäisi. Painettuani pääni tyynyyn kehoni jokainen sopukka nautiskeli raskaan rennosta rauhallisuudesta ja ainoa mahdollinen kohtaloni oli nukahtaa välittömästi. Heräsin kuitenkin pian kuultuani ääniä. Joku asteli telttaamme kohti horjuvalla askeleella ja tuli sen vierelle pitämään meteliä. Olisin rentoudessani tietysti mieluusti kuunnellut miehen örinää pää tyynyssä, mutta meidän oli nyt noustava kuulemaan, mitä vieraalla oli mielessään. Humalassa oleva aggressiivisen oloinen mies kyseli kiivaasti, miksi olimme paikassa. Hän kyllä ymmärsi että olimme saaneet omistajalta luvan yöpyä ravintolan edustalla, mutta jatkoi edelleen örinäänsä. Sitten hän veti selkänsä takaa jotakin salamannopeasti eteeni. Näin rintani edessä nyt sandaalin, mutta tajusin vasta muutaman päivän kuluttua, että hän testasi pelkoamme pitämällä käsiään selkänsä takana ja vetämällä sandaalin housuistaan eteemme kuin pistoolin.

Tomi huomasi miehen käden olevan paisunut ja kivulias. Hän tutki sen, antoi miehelle ensiapua särkyyn ja pisti kipugeelituubin hänen taskuunsa. Miehen aggressiivinen murina ja sanoilla painostaminen ei ollut ihan heti loppua. Aivan kun hän olisi jatkanut vastustusta vain siksi, ettei mikään muu sopinut hänen hahmonsa imagoon. Kun hän ymmärsi, ettemme halua muuta kuin nukkua, alkoi hän itsekin pikkuhiljaa rauhoittua. Laskeuduimme alas telttaan. Olimme sen aikaa vielä hereillä, kunnes mies lähti itse nukkumaan saman talon toiselle kulmalle. Sitten pistimme korvatulpat ja silmälaput päähän, etteivät kaikkein pienimmät häiriöt enää herättäisi meitä.

No, keskellä yötä pissahätä herätti minut kuitenkin. Nousin ulos teltasta ja huomasin paikan omistajan istuvan ravintolan matalan tiiliaidan päällä, vaikka hän oli sanonut menevänsä yöksi kotiinsa hyvän matkan päähän. Tervehdin miestä ja sanoin, että pissahätä pirulainen herätti minut. Hän käski pissata siihen vaan palmulehtisen aurinkokatoksen alle, juuri siihen kohtaan hiekkaista maata, jossa päiväsaikaan sijaitsevat hänen ravintolansa pöydät ja tuolit. Kysyin ihmetellen pariin kertaan, että tähänkö tosiaan pissaan, oletko tosissasi? Olisinhan voinut kävellä vain parikymmentä metriä pusikon puolelle, mutta hänen ehdotuksensa kuulosti niin absurdin typerältä, etten voinut muuta kuin kusta hänen ravintolansa lattialle ja nautiskella siitä täysin siemauksin.

Tarpeeni toimitettuani pysähdyin miehen kohdalla, toivotin hyvää yötä ja sanoin painuvani takaisin pehkuihin. Miehellä oli pimeässä yössäkin poskillaan sellainen samanlainen kevyt kestohymy, jollaisen voisin olettaa löytyvän vuosia meditoineelta joogilta, joka ajattelee saavuttaneensa valaistumisen tavoitteensa ja sitä myötä olevansa maallisten ongelmien yläpuolella. Nyt hän alkoi silitellä hellästi poskeani ja katsoi minua syvälle silmiin vienolla, haluavalla hymyllään. Enpä halunnut jäädä katsomaan mitä temppuja hänellä oli mielessään ja mikä oli ajanut hänet istuskelemaan telttamme vierelle keskellä yötä. Taputin häntä lämpimästi olalle, toivotin uudestaan hyvää yötä ja painuin takaisin nukkumaan. Pistin taas korvatulpat korviini ja nukuin aurinkoisen aamun antamaan aikaiseen herätykseen asti. Eipä niitä unitunteja kaikkinensa sitten paljoa kertynyt, mutta Tomi meni reippaana poikana heti surffaamaan ja minäkin tunsin oloni varsin virkeäksi.

Nousuveden aaltojen lyödessä rantaan emme uskaltautuneet kulkemaan asumattoman dyynialueen eteläiselle puolelle pehmeää rantaa pitkin, joten päätimme polkea eteenpäin sisämaan kautta kulkevaa tietä.

Monien jyrkkien mäkien ja kymmenien kilometrien kuluttua saavuimme takaisin rantaan. Vieressämme levittyi massiivinen hotellikompleksi monine uima-altaineen, tekolampineen, pelikenttineen ja ravintoloineen. Muuten loma-alueella ei ollut kuin pari pikkukauppaa, apteekki ja betonimuurien suojassa ihmisiä tyhjillään odottavia loma-asuntoja hiekkaa pöllyävien karujen katujen varsilla. Emme nähneet kaduilla ketään. Kaikki palvelut taisivat olla täyden palvelun hotellin muurien sisäpuolella, jonne lentokenttätaksi kuljetti asiakkaat mennen tullen.

Valtavan Beach Park -vesipuiston ympärillä kävi kuhina kuin muurahaispesässä. Emme nähneet monimetristen aitojen takaa kuin korkeimpien vesiliukumäkien huiput ja niille kulkevat satojen ihmisten mittaiset jonot. Muut kävelivät vapaasti sisälle vesipuistoon, mutta kun me pyörinemme aioimme syödä eväitämme sen tiheässä palmulehdossa, soi vartijan pilli välittömästi pyöriemme notkahdettua vähänkin puiston muurien sisäpuolelle. Vartija taisi aistia aiheellisesti, että olimme tässä paikassa outoja lintuja. Beach Parkin ulkopuolella oli rakenteilla lukuisia pienempiä, silti valtavan kokoisia hotelleja. Hotellien tieltä luonto oli työnnetty tasaiseksi maansiirtokoneilla, ja niin mäet kuin kasvit olivat kuolleet. Uudet modernin uljaat rakennukset kohoaisivat tehtaista tulevin tiilin, rautatangoin ja betonielementein kuin feenix-lintu tuhkasta. Vai miten sen nyt kuvaisi.

Olimme kai vieraantuneet todellisuudesta, kun jatkoimme

mielellämme matkaa kohti vähemmän loisteliaita ja edullisempia olosuhteita. Poljimme rakenteilla olevan lomakylän jälkeen upeassa dyynimaisemassa kohti seuraavaa kylää, josta toivoimme löytävämme kohtuuhintaisen ravintolan. Prainhan kauniin hiekkarannan edustalla ulkoisilta puitteiltaan vaatimattomien oloisten ravintoloiden sisäänheittomiehet mainostivat meille halpaa ruokaa. Aterioiden parinkymmenen euron hinta sai meidät syömisen sijaan kuitenkin tuumimaan, että Brasiliassa pitää olla valtava määrä maksukykyisiä asiakkaita, kun hinnat turistipaikoissa olivat karanneet taivaisiin verrattuna katujen hintoihin.

Pienen matkan päässä näin pienen ravintolan sisämaan puolella ja huokaisin, että vihdoin taisimme löytää etsimämme. Nautimmekin kolmella eurolla täyttävän, ravitsevan ja erittäin maukkaan lounaan. Kysyimme ravintolan pitäjältä, joka itsekin surffasi, mistä saattaisimme löytää halvan majapaikan. Hän sanoi, että voisimme asua hänen luonaan. Saimme huoneen hänen yksinkertaisesta mutta mukavasta kerrostalokolmiosta. Päätimme olla kohtuullisen surffibreikin paikassa alkuun ainakin viikon ajan ja sovimme maksavamme Jorgelle vuokraa 13 euroa päivässä, josta hän oli ilmiselvästikin äärimmäisen tyytyväinen. Se oli hänelle niin suuri raha, että hän pisti tohinalla aluksi sotkuisen kodin siistiksi, kävi ostamassa meille pöytätuulettimen ja lupasi vielä kaupanpäälle päivittäisen lounaan ravintolassaan!

Prainha oli kerrassaan valloittava kylä. Oma kerrostalomme oli heikonlaisessa kunnossa ja sen viereiset rakennukset olivat osittain jo sortuneet ja autioituneet. Kylässä roskat heitettiin suoraan kadunkulmiin, josta osa niistä pöllähti taivaan tuuliin ja loput roskamiehet sitten keräsivät kuorma-autoihinsa. Biojätteen kierrätyksen hoitivat katujen asukit: hevoset, aasit, koirat ja kissat. Kaduilla ihmiset kävelivät hitaasti ja lähes kaikkien talojen edustalla istuskeli useimmiten vähintään yksi kyläläinen päivää paistattelemassa. Käveltyämme talolta rannalle tervehdimme matkalla useampaa tutuksi tullutta kasvoa. Iltapäivisin kylän pojat ja miehet suuntasivat joukolla surffaamaan. Poikaporukassa pari tyttöäkin pelasi jalkapalloa laskuveden paljastamalla kovalla rantakaistaleella. Pienimmät pojat potkivat palloa betonisella pikkustadionilla. Auringon laskettua kylän mäkien taakse käveli joukko urheilusta väsyneitä ja nälkäisiä kyläläisiä kukin omaan kotiinsa syömään, me heidän mukanaan.

Kuten koko ympäristö kylässä, olivat monien ihmisten kasvotkin karun ja kovia kokeneen oloisia. Rapistuneiden talojen joukossa oli joitakin suuria, muurein aidattuja kaupunkilaisten lomahuviloita, jonne näin pariin kertaan ajavan tummin lasein varustettuja luksusautoja. Aina kun muurien takana soi r&b tai rap-musiikki, sanoin Tomille timantteihin ja kultakelloihin pukeutuneiden lihaksikkaiden miesten nauttivan taas aurinkotuoleissaan drinkit kädessä maaten heidän edessään uima-altaan reunalla tanssivien upeiden tyttöjen tissien ja peppujen heilunnasta. Tomi höpötti, että muka kuvittelin vain, mutta tähdensin hänelle nähneeni musiikkivideoita ja tietäväni siten kyllä tasan tarkkaan, mitä tuollaisten aitojen takana tehdään moisen musiikin soidessa! Brasiliassa musiikki virtaa ihmisten suonissa, ja jo osittain sortuneistakin taloista kantautui musiikkia parvekkeellemme asti suurimman aikaa päivästä.

Surffasimme niin paljon kuin kroppamme kestivät ja minä kävin lisäksi polkemassa lyhyitä mutta vauhdikkaita polkaisuja hiekkarannalla. Päivittäin lounasaikana laskimme mäen alas Jorgen ravintolalle, söimme lounaan ja saatoimme juoda rantabaarissa kahvit ja kookokset.

Saimme päivien aikana myös uusia ystäviä. Tummassa, valottomassa porraskäytävässämme pyöri hylätty ja sairas kissanpentu. Koska naapureilla oli jo kuulemma liiaksi kissoja, ei kukaan halunnut ottaa sitä omaksi riesakseen. Tomi alkoi hoitaa pikkuruista kissanpentua. Viikon aikana hän kylvetti Rääpälettä, hoiti sen tulehtuneet silmät tipoilla ja antoi vatsalle matokuurin. Tomi valmisti katille ruokaa ja vietti sen kanssa paljon aikaa. Katti kasvoi ja vahvistui nopeasti. Toinen ystävämme oli jo kahdeksan vuotta pihalla asunut pieni, periaatteessa valkoinen, todellisuudessa likainen ja takkuinen koira, Vanha Rouva. Vanhalle Rouvalle naapurit antoivat ruokaa. Se oli niin tapoihinsa kangistunut koira, että vasta tunnettuaan meidät lähes kahden viikon ajan, se uskaltautui kanssamme betoniaitojen ulkopuolelle seuraamaan meitä lähes sadan metrin matkaksi! Sitten yksi koira haukahti sille ja Vanha Rouva juoksi pelästyneenä takaisin tuttuun ja turvalliseen monttuunsa kerrostalomme muurin oven pieleen. Vanhalla Rouvalla oli niin paljon kirppuja turkissaan, että se käytti noin kolmanneksen elämästään rapsuttamiseen. Se taisi elää elämänsä parasta aikaa niinä hetkinä, kun minä rapsutin sitä päivittäin puukepillä. Mitä kovempaa rapsutin, sen parempi oli.

Hennonlainen Jorge, joka oli kylän lähin ihmisystävämme, surffasi töiden jälkeen lähes päivittäin. Hän oli äärimmäisen taitava surffari ja yhdisteli maagisella lennokkuudella Prainhan sotkuisia aaltoja. Hän oli jättänyt taakseen huumeiden, juhlien ja viinanhöyryisen nuoruuden. Niin monet miehet olivat särkeneet hänen sydämensä, että hän oli päättänyt pysyä sinkkumiehenä ja elää elämäänsä yksinkertaisessa selkeydessä. Hän sanoi olevansa tyytyväinen pelkästään siitä, että oli hullun nuoruutensa jälkeen yhä elossa. Vaikka hän meitä silloin tällöin sättikin ja vaikutti toisella majoitusviikolla ajoittain toivovan, että olisimme jo polkemassa omaa elämäämme, saatoimme nähdä myös toisen puolen kolikosta: Sen, kuinka hän selvästi nautti siitä hyvänolontunteesta, jonka hän koki antaessaan meille seuraa, pitäessään meille järjestystä, auttaessaan meitä monella tavalla ja hemmotellessaan meitä yksinkertaisella ja ravitsevalla kasvisruualla.

En tiedä, mihin me tuottamattomat lurjukset olimme taas haaskanneet kaksi viikkoa, mutta niin se vain oli, että olimme maksaneet Jorgelle 14 päivän majoituksen ja nyt päivät olivat loppu. Päätimme jatkaa matkaa vaikka olisimme toki saaneet viettää samalla hinnalla Jorgen luona pidempäänkin. Rääpäle oli jo vahvistunut niin, että se läppäsi Vanhaa Rouvaa kämmenellä turpaan sen tultua häiritsemään. Eiköhän se pärjäisi jo omillaan, kun yksi naapurin lapsistakin oli jollain tavalla tykästynyt siihen. Kenties se oli saanut pojasta uuden hoitajan, kukapa tietää. Toivottavasti joku naapurustossa oli kuitenkin pannut merkille kuinka Tomin antama huomio ja hellyys Rääpäleelle oli tehnyt ihmeitä lyhyessä ajassa. Vanhasta Rouvasta ei olisi huolta, sillä se pysyisi tyytyväisenä, kunhan saisi pitää oman kuoppansa portin pielessä ja tassut nousisivat tarpeeksi ylös korvantaustoja rapsuttamaan.

Laskimme mäen alas Jorgen ravintolalle ja tervehdimme matkalla niitä talojen edustoilla istuvia puolituttuja, joita olimme tervehtineet jo lukuisia kertoja, mutta ujoina poikina emme olleet koskaan uskaltautuneet tutustua heihin paremmin. Ravintolalla jätimme jäähyväiset Jorgelle. Hän oli omaan katuvaan tapaansa pahoillaan kaikesta, mitä oli tehnyt meille, mutta sanoi olevansa mielissään vierailustamme, toivotti tervetulleeksi takaisin ja käski soittaa hänelle, jos kohtaisimme hankaluuksia. Työnsimme pyörämme pehmeän rantahiekan yli kovalle laskuveden paljastamalle ja aaltojen paineen koventamalle maalle. Lauantaina aamupäivänä ranta kuhisi Fortalezasta tulleita kaupunkilaisia. Surffilautoinemme keräsimme paljon katseita ja meitä kannustettiin pystyyn nostetuin peukuin. Kylän ahkerin surffaaja, aggressiivisella tyylillä aalloilla kulkeva salamannopea Oso, oli nyt ainut vedessä oleva surffaaja. Laskuveden vuoksi hänkin tosin leija-surffasi. Hän oli pienikokoinen ja kiharatukkainen ja hänen kasvonsa olivat arpiset ja silmät hieman lasittuneen oloiset.

Oso huomasi meidät ja lähti surffaamaan meitä kohden. Hän saapui niin lähelle rantaa kuin mahdollista ja surffasi vierellämme saattaen meitä eteenpäin hänen kotikylästään. Oso toivotti meille hyvää matkaa ja palasi aaltojen yli pomppien takaisin ulapalle tekemään sitä mikä oli hänen kaikkein suurin intohimonsa. Vastatuuli leveällä rannalla oli kova, humina korvissa jatkuva ja rannan pehmeissä kohdissa meno tahmeaa. En ollut nähdä eteeni aurinkolaseihin kuivuvien suolaisten meren pisaroiden takaa. Pehmeimpiin kohtiin etupyörämme tökkäsivät ja kaaduimme rannalle. Poljimme keskimäärin yhdeksän kilometrin tuntivauhtia, mutta työskentelimme kovaa. Vain seitsemän kilometrin polkemisen jälkeen meidän oli pysähdyttävä syömään aurinkovarjon alle ja juomaan rannan kioskista ostamamme vihreät kookokset. Olin keskipäivän kosteassa kuumuudessa niin märkä hiestä, ettei aurinkorasva uponnut ihooni.

Jatkoimme rannalla polkemista. Kirosin, että olin sahannut surffilaudan telineeni vaakaputket liian lyhyiksi ja nyt sen heiluva etupää hakkasi sääreeni. Potkin sitä tuon tuosta sivummalle ja tasapainoni horjui. Pian oikea jalkani ei enää mahtunut polkemaan lainkaan ja heitin koko pyöränpaskan hiekalle. Ilokseni huomasin, että telineestä olikin irronnut vain liimaus, eikä kyseessä ollut täydellinen munaus suunnittelussa. Kuinka sattuikaan, teline hajosi juuri sellaisessa kohdassa, jossa vieressämme rullasi rightin pehmeä, tuulensuojainen ja pitkä pointtibreikki! Kaksi surffaajaa käveli luoksemme. Toinen heistä oli varsin puhelias mies. Kypärineen, kameroineen ja asusteineen hän näytti kuin joltain surffirobotilta. Hän oli myös äärimmäisen innokas ja piti meitä kuin jonain puolijumalina, kun sanoi meidän harrastaman kulkemistyylin olevan suurta elämää ja meidän olevan todellisia, aitoja surffaajia. Ihmettelimme Tomin kanssa, mitä pirua tämä italialainen surffiopettaja oikein puhui, mutta olimme mielissämme siitä, kun hän kutsui meidät luokseen – saisimme asua hänen surffileirillään. Aallot meressä olivat niin kertakaikkisen kauniita pehmeydessään, että jätimme lautamme viereiseen kahvilaan odottamaan meitä ja poljimme kilometrin verran takaisin päin Ugon kämpille. Pyöräilypäivillämme oli näemmä tapana päättyä lyhyeen; sinä päivänä olimme edenneet kahdeksan kilometriä ja päädyimme Iguapeen!

Vuorilla pyöräiltyämme tunsin olevani ylivertainen, huomattavasti kehittyneempi ja elämässäni paremmin onnistunut ihminen kuin Tomi, mutta Atlantin aallot näyttivät nyt toisin. Siinä missä minä tanssin vuorilla, tanssi Tomi nyt aalloilla. Yli kymmenen vuoden surffikokemus vahvoissa hartioissaan Tomi meloi helposti takaisin lineupiin ja minä ruipelo jäin selkä hapoilla räpiköimään metrin korkuisiin pikkumaininkeihin. Täällä Iguapen puhtailla laineilla olimme nyt kahdestaan. Suuri hiekkadyyni laguunimaisen lahden pohjukassa esti tuulta rikkomasta aaltoja. Laineet saapuivat ulapalta niin selkeinä, että minun haparoiva silmänikin saattoi ymmärtää, mistä kohtaa niitä olisi hyvä napata. Tasapainoilin useita pehmeitä ja helposti luettavia aaltoja pitkälle, kerran lähes rantaan asti. Nautinnollisen session jälkeen naureskelimme, kuinka pyöräni teline olikaan rikkoutunut juuri tähän paikkaan. Internetin ennustukset lupasivat voimakasta swelliä, eli meren kaukaisten myrskyjen aikaansaamaa suurten aaltojen ajankohtaa saapuvaksi rannalle muutaman päivän kuluttua. Sen tiedon saatuamme emme voineet tehdä muuta kuin jäädä odottamaan korkeita aaltoja.

Aaltojen kohottua voimakkaiksi, täyttyi lineup kymmenistä surffaajista. Taitavammat kaverit popsivat useimmat aallot nenäni edestä, mutta kun satuimme Tomin kanssa samalle laineelle, jatkoimme yhtä matkaa eteenpäin, toinen toiselle tilaa antaen. Oli kuin olisin osannut surffata ensimmäistä kertaa elämässäni mutkitellessani eräässä pitkässä ja mukavasti kuljettavassa aallossa Tomin ohitse yläkautta, sitten alakautta, välillä vauhtia hidastaen ja toisaalla yrittäen ottaa Tomia kiinni. Tanssimme noin 200 metriä pitkällä aallolla laudat toistuvasti toisiaan niin läheltä hipoen, että sivusta seuraavat huusivat meille varoitushuutoja. Oli kuin Tomi olisi ohjannut minut aina oikeaan paikkaan tai ehkä se oli vain yhteinen kommunikointimme, joka sai minut siihen suuntaan, missä aalloilla on kaikkein mukavin kulkea. Olimme molemmat fiiliksissä maagisen party-aallon jälkeen, löimme ylävitoset valtavat hymyt huulillamme ja totesimme yhteen äänen, että sessio on päätettävä tähän aaltoon.

Ugon tiluksilla seurailimme elämän eriskummallisuutta. Ensi alkuun saimme käyttää melko vapaasti paikan palveluja, mutta päivä päivältä elämämme koki enemmän ja enemmän kieltoja. Ensin meiltä kiellettiin keittiön käyttäminen, sitten jääkaapin; lopulta emme saaneet käyttää edes paikan juomavettä. Kun olimme siirtäneet tavarat jääkaapista toiseen huoneeseen, Ugo tuli tiuskimaan meille siitä, ettei ruokaa saisi jättää pöydälle homehtumaan. Hän käski meidän vaihtaa telttamme paikkaa tuon tuosta oman mielensä mukaan. Me vain pyörittelimme päitämme ihmetyksestä ja vastasimme: ”Selvä, mikäs siinä.”

Ugolle mikään ei vaikuttanut olevan tärkeämpää kuin ammattimaisuus, siitä hän ei lakannut puhumasta. Hänen ammattimaisuutensa ansiosta hän olikin leijasurffauksen mestari ja luonut surffileirin upean aallon edustalle. Hän opetti ammatikseen italialaisia surffikoululaisia. Hänellä oli hienot tilukset ja varastossa pelit ja vehkeet. Nuori paikallinen tyttöystävä auttoi häntä pyörittämään surffikoulun arkea. Ugo oli saavuttanut vuosikymmenien takaiset unelmansa.

Vietimme paljon aikaa italialaisen, valloittavan hauskan surffikoululaisen Zappan kanssa. Hän oli vitivalkoinen, mustatukkainen ja huonoryhtinen langanlaiha surffaaja, joka ei ulkomuodoltaan näyttänyt yhtään tavanomaiselta surffaajalta. Jaoimme usein hetkiä myös kahden fortalezalaisen muusikon kanssa, jotka kävivät Iguapessa rentoutumassa kaupunkielämän hektisyydestä eli polttamassa kannabista ja surffaamassa. He kaikki olivat kuvailleet jo useampaan kertaan, kuinka he tahtoisivat matkustaa vapaasti kuten me olimme Tomin kanssa tehneet. He kuitenkin epäröivät miten tehdä se, kun heillä ei ollut rahaa. Aiheesta syttyi mielenkiintoinen keskustelu välillemme.

Kerroin kolmelle ystävälle, ettei matkustamiseen tarvita yhtään rahaa, vaan kun on puhdas halu kulkea, se kyllä vie eteenpäin ja tuo myös rahaa mukanaan, kuten kaiken muunkin tarvittavan. Tuota meille hyvin yksinkertaiselta kuulostavaa seikkaa heidän oli hyvin vaikea ymmärtää. Ystävämme sanoivat, että kaikki eivät ole yhtä onnekkaita kuin me, joilla on rahaa ja vapautta, eikä vastuuta työstä tai perheestä. Jotkut tekevät kuulemma kovasti töitä vuosikausia, mutta eivät pysty millään säästämään rahaa toteuttaakseen unelmiaan.

Sanoimme Tomin kanssa kuin yhdestä suusta: ”Jos haluatte ensin paljon säästössä olevaa rahaa ja vapauden kaikesta vastuusta ja sitten vasta matkustaa; on se mitä todella haluatte; paljon säästössä olevaa rahaa, vapauden kaikesta vastuusta ja vasta sitten kun ne ovat olemassa, matkustaa. Jos teillä olisi luonnostaan puhdas halu kulkea, lähtisitte kyllä matkaan, vailla vaadetta siitä, että tulevan matkan käänteet olisivat taloudellisesti turvatut. Sekin on hyvä mainita, että matkaaminen ei vapauden suhteen poikkea mistään muusta asiasta elämässä, sillä sekin vaatii huomiota ja hellyyttä. Tuota seikkaa ette kenties kuitenkaan halua katsoa, sillä se ei tukisi ajatuksianne siitä, kuinka matkatessanne olisitte vapaampia ja onnellisempia kuin kierteessä, jota nyt kutsutte kaupunkilaisen oravanpyöräksi. Mutta olkaamme kaikki huoleti, jos teidän tulee kokea maailman tarjoamia seikkailuja samoamalla paikasta toiseen, se tulee kyllä tapahtumaan, kun sen aika on!”

Ehkä pojat halusivat sittenkin ainoastaan jotakin puhuttavaa yhteisestä mielenkiinnon kohteestamme matkailusta ja sydämellistä kommunikaatiota uusien ystävien välillä, mutta minkäs mekään sille voimme, että me syydimme heille tuutin täydeltä vain filosofista paskaamme.

Viiden päivän kuluttua olimme yhä Ugon tilalla. Hetkeä aiemmin Ugo oli laskeutunut valtavalla liitovarjollaan taivaalta hiekkarannalle kuin lentävä vapahtaja. Olin komean, yläkropaltaan lihaksikkaan viisikymppisen kanssa nyt siinä, missä vuosi vuodelta nousevan Atlantin valtameren maininkien sortama betoniaita oli aiemmin turvannut häntä ja hänen omaisuuttaan. Nojasin palmuun, meren laineet murtuivat rannan tuntumassa kauniina taideteoksina ja vaikka kysyinkin häneltä muutaman kysymyksen, kuuntelin pääasiassa Ugon monologia. Hän kertoi haluavansa elää yksinkertaisempaa elämää, olla loppuelämänsä ajan vaatimaton kalastaja. Hänen tiluksensa Iguapessa olivat jo myynnissä. Pian hän kertoi suunnitelmistaan muuttaa Kolumbiaan, jossa ihmiset ovat kuulemma luotettavampia ja ystävällisempiä kuin Brasiliassa. Seuraavana päivänä meidän oli aika jatkaa matkaa, ja oli myös selvää, että Ugon matka kohti yksinkertaisempaa elämää tulisi jatkumaan. Pihamaalta mahdottoman laajana avautuva valtameri oli antanut varoituksensa. Ilmoilla leijui tieto siitä uhasta, merenpinnan noususta, joka tulisi tuhoamaan jo toteutuneiden unelmien aikaansaannoksia.

Atlantin maininkien terävin voima oli jo lakannut, kuten oli hartioidemmekin voima. Meidän tuli palata tien päälle käyttämään jalkoja. Ystävämme saattoivat meidät lämpimästi matkaan ja Ugo sieti yhä mainita siitä, kuinka hienoa elämää me Tomin kanssa vietimme. Kiersimme rantakivikot sisämaan kautta, laskimme kylästä alas vihreään purojen halkomaan metsään, josta etsimme yrityksen ja erehdyksen kautta tien takaisin rantahiekalle. Tauotta puhaltava merituuli oli kasannut rantahiekkaa loiviksi dyyneiksi satojen metrien matkalta sisämaahan ja paluumme kovalle rantakaistaleelle oli raskas työntöurakka upottavassa hiekassa. Kovalla rantahiekalla poljimme kuin maailman vapaimmalla tiellä. Poljettava kaistale oli kymmeniä metrejä leveä ja vaalea ranta muutamaa kalastajaa ja heidän paattejaan lukuun ottamatta autio. Vastatuuli pysyi periksi antamattomana ja päiväntasaajan läheisyydessä keskipäivän aurinko oli polttavan kuuma. Kalastajat heittivät verkkojaan matalaan rantaveteen ja korppikotkat söivät aaltojen rantaan tuomia kuolleita mereneläviä. Pysähdyimme erään kalastajan pieneen ravintolaan juomaan paikalliset urheilujuomat, kookokset. Kookoksen mineraalipitoinen neste upposi hikoileviin ruumiisiimme kuin vesi kuivaan pesusieneen.

Olimme ensin majoittautua autioon taloon, mutta viereisen laiturin vanha herra kyyditti meidät laguunin toiselle puolelle. Hän työnsi pitkällä kepillä puista lauttaa ja olimme ylittäneet leveän jokisuiston jo samana iltapäivänä. Siellä olimme nousuveden aikaan saarrettuja. Joka puolella oli kuljettavana vain pehmeää hiekkaa. Illan tullen kuun vetovoima alkoi kasata Atlantin valtameren vettä toiselle puolelle maapalloa. Silloin kuivuva laguuni oli enää kapea kaistale ja siinä missä olimme aiemmin käyneet pesulla, oli muistona ainoastaan matalia, pian hiekkaan imeytyviä lammikoita. Toisella puolella olevan pikkukaupungin iltavalot heijastuivat lammikoihin. Jäimme yöksi olkikaton suojaamaan avonaiseen majaan.

Säpsähdimme yhtäkkiä hereille hiljaisessa ja pilkkopimeässä yössä. Teltan ulkopuolella, aivan korviemme juuressa mies löi kätensä lujasti yhteen muutaman kerran. Nousimme ylös katsomaan mitä asiaa miehellä oli. Juovuksissa ollut, paksuista käsivarsista ja urheilullisesta olemuksesta päätellen kalastajamies alkoi osittain anovalla ja toisaalta uhkaavalla äänensävyllä pyytää meiltä vuokraa majassa telttailemisesta, jonka hän kertoi itse rakentaneensa. Hän selitti olevansa köyhä perheellinen kalastaja ja kertoi majan rakentamisen maksaneen paljon. En kuitenkaan tahtonut maksaa hänelle pyydettyä 50 reilia (16 euroa) ja sanoin meidän siirtyvän muualle telttailemaan, ellei maksamani 20 realia riittäisi hänelle. Mies oli oikein tyytyväinen parista kympistä ja halasi meitä molempia kiitokseksi. Sen jälkeen hänellä oli niin paljon kerrottavaa, ettemme päässeet nukkumaan vielä pitkään aikaan. Pääsin selville vain harvojen tarinoiden sanomasta, mutta ymmärsin hänen kutsuneen meidät rapujahtiin tulevana aamuna kello viideltä. Kun en enää lainkaan jaksanut keskellä yötä haukotellessani keskittyä ylitse pursuavan energisen miehen tarinoihin, kättelin häntä ja ehdotin reippaasti, että jospa miettisimme sitä rapujahtia sitten aamulla uudestaan! Saimme taas rauhan nukahtaa pehmeälle hiekalle trooppisen yön lämmössä.

Miehellä oli ilmeisesti heti hyötykäyttöä rahoille, sillä yön aikana hän palasi teltallemme vielä yhden kerran yhä humalaisempana. Nyt hän toi teini-ikäisen poikansa esiteltäväksi. Poika häpesi isäänsä ja yritti sanoa hänelle, että päästäisi meidät nukkumaan. Pääsimmekin lopulta nukkumaan, mutta aamulla herätessämme kalastajasta ei ollut tietoakaan. Naurahdimme, että hänellä taisi olla niin kova krapula, että oli aamulla päättänyt rapujahtiin lähtemisen sijasta kääntää vain kylkeään.

Aamulla meillä ei ollut pienintäkään hoppua jatkaa matkaa, sillä merenpinta oli laskusuunnassa ja tunti tunnilta ranta muuttuisi helpommaksi polkea. Matkamme jatkui jadenvihreän jokisuiston rannalla, jossa valtavan laaja, pieninä dyyneinä kumpuileva rantahiekka yhtyi kovana kaistaleena vedenrajaan. Tiheät pusikot peittivät viereisiä mäkiä ja niiden taustalla kohosi majesteettisia kookospalmuja.

Kuinkas muuten, vastatuuli oli jälleen rajunlainen. Paikoin koralliriutat kavensivat rannan kovan kaistaleen olemattomiin ja kompuroimme siten pehmeässä hiekassa. Jouduimme työntämään pyöriämme monin paikoin. Hiekan pehmeille urille ohjaamassa arvaamattomuudessa Tomi loukkasi aran selkänsä lopullisesti ja hänen menonsa oli silminnähden tuskaisaa. Työnsimme pyörämme pois hiekalta läheisen kylän raitille. Kylän kauniissa lehdoissa monet haaveet olivat romahtaneet ja luonto valtasi vihreydellään taloudellisesti kannattamattomia, jo hylättyjä lomakyliä. Kaupungissa asuvien hyvätuloisten prameat loma-asunnot olivat täälläkin muurien taakse suojattuja salaisuuksia. Kyläläisten taloissa ovet olivat auki ja monet heistä istuivat rappusilla, räystäiden suojaamassa varjossa pakenemassa keskipäivän kirkkautta. Joen ja meren yhtymäkohdan muodostamaa vesistöjen verkostoa reunusti lukuisa joukko ravintoloita, jotka olivat nyt brasilialaisten loma-aikana täynnä paikallisia, pääosin sisämaasta merta ihastelemaan saapuneita turisteja. Merituulen suhinaa ei voinut kuulla valtavan kovaa soivan musiikin taustalta. Tuttujen listahittien myötä ainakin ihmisten äänimaailma pysyi tutun turvallisena, minne ikinä he kulkivatkaan lomallansa rentoutumaan. Söimme jäätelöt suuressa ravintolassa ja mietimme, miten voisimme jatkaa matkaa Tomin selän antamien rajoitteiden kanssa.

Kiertoreitti seuraavalle sillalle olisi ollut pitkä, joten jatkoimme lyhyellä työntöurakalla yli joen vesistön. Kahdessa syvimmässä kohdassa saimme kyydin puulauttojen avuliailta ja vahvavartaloisilta miehiltä. Pyöriemme lastia heidän oli helppo työntää puukepeillään, mutta nämä vahvat miehet joutuivat ponnistelemaan äärimmilleen kuljettaessaan leveärenkaista hiekkaranta-autoa, jossa istuvat pitkälti yli satakiloiset ihmiset eivät suostuneet edes astumaan alas kulkuneuvostaan. Joen toisella puolella Tomin pyörä ei tahtonut kulkea ja takaa katsottuna vaiva näytti silmilleni rikkoutuneelta vapaarattaalta. Tarkemmin asiaa tutkittuani löysin takanavan syvyyksiin sotkeutuneet Tomin kadoksissa olleet nappikuulokkeet. Minä mekaanikkonamme huokaisin helpotuksesta, Tomi ei niinkään.

Saavuimme Morro Brancon kuuluisille, punertavin sävyin kumpuileville ja kanjonien halkomille rantajyrkänteille. Paikassa oli bussilasteittain turisteja, mikä oli meille täydellisen hyvä syy jatkaa heti matkaa kohti sisämaassa olevaa Beberiben pikkukaupunkia. Beberibe oli sunnuntai-iltapäivänä kuin suljettu kaupunki. Oikeastaan vain supermarketin edustalla oli elämää, sillä markettiin ihmiset saapuivat verkkain askelin. Kaikki on kuitenkin suhteellista. Suomen pienissä kaupungeissa yhtä hiljaiset kadut olisi nimetty viikon vilkkaimmaksi päiväksi. Oli sitten pieni kylä tai suuri kaupunki, Brasiliassa ihmiset elävät ja liikkuvat hitaammin ja rennommin kuin Suomessa. Kun istuimme Tomin kanssa marketin rappusilla syömässä eväitämme, emme olleet elämänrytmiltämme outoja lintuja, kuten matkoillani jossakin Amerikan keskilännen kaupungissa, jossa työpäivän jälkeen kiirehtivät perheet rynnistivät markettien ulkopuolella ohitseni korkeintaan vähättelevän katseen saattelemana.

Emme löytäneet majapaikkaa kylästä, joten jatkoimme matkaa valtatietä pitkin kohti etelää toiveenamme löytää sieltä mukava telttapaikka. Olimme pitkästä aikaa asvaltoidulla tiellä ja oli uskomattoman piristävää, kun tuuli ei riepottanut meitä, suola maistunut suussa ja hiekka rapissut ketjuissa. Ympäristökin oli raikkaan vihreä. Pyörämme kulkivat asvaltilla niin nopeasti, että päätimme polkea vielä kaukaiseen Prainha do Canto Verden kylään asti, jossa meitä odottaisi majoitus sohvasurffarin luona. Seitsemän aikoihin pistimme otsalamput päähämme. Pimeässä vauhti vaikutti tavanomaista kovemmalta, luonnon tuoksut tuntuivat päiväsaikaa voimakkaammilta ja synkän pimeyden raskas varjo oli raikastavan viileä kokemus.

Pääsimme monen mäen kautta tuuliseen ja hiekkaiseen, pilkkopimeään kalastajakylään. Aloin kysellä ihmisiltä, missä Alex asui. En tiennyt hänestä juuri muuta kuin nimen ja sen, että hän puhuu monia kieliä. Ihmiset ymmärsivät pojan olevan sama henkilö, joka oli nähty kylän raitilla gringojen seurassa aiemminkin. Olimme jo lähes kylän kaukaisimmassa laidassa, kun saimme eräästä talosta vinkin kulkea kohti rantaa. Jätin pyörän tielle kohtaan, jossa oli jo liian pehmeää hiekkaa pyöräilemiseen ja lähdin kävelemään pilkkopimeässä ja upottavassa maassa kohti laineiden kaukaista liplatusta.

Kymmenien kookospalmujen varjot synkkenivät kuun valossa aaltoilevan vaalean hiekan pintaan. Tuuli riepotti korviani. Kävelin sisään pienen talon porstuaan ja koputin auki olevan keittiön oveen. Sisätiloissakin tuulen voima heilutti sähköjohdon päässä pöydän yllä roikkuvaa korutonta lamppua. Pieni hehkulappu antoi himmeän lämmintä valoaan päivittyneille oransseille seinille. Perhe söi illallista hiljaisesti pöydän ääressä ja he kääntyivät kaikki minun suuntaani. Suoraan edessäni, selkä minuun päin korkeaselkäisellä puutuolilla istunut tumma nuori nainen suuntasi kasvojensa järisyttävällä tavalla puoleensa vetävän kauneuden minun suuntaani ja oli rauhallisuudessaan vastaanottavainen kuulemaan minua. Kerroin hänelle etsiväni Alex-nimistä poikaa. Perhe keskusteli hieman aikaa, mutta he eivät osanneet vastata kysymykseeni. Kylässä minua neuvonut rouva oli kuitenkin kävellyt minut kiinni ja saapui talolle. Hän lupasi viedä minut Alexin luo.

Lopulta saavuimme perille. En ollut saanut matkalta yhteyttä Alexiin, eikä hän ollut edes kotona, mutta perheessä tiedettiin, että Alex oli ollut välikappaleemme internetin maailmassa. He toivottivat meidät lämpimästi tervetulleiksi. Teimme yhdessä ruokaa ja juttelimme paljon. Perheen äiti ja isä olivat tavattoman kiinnostuneita meistä ja monista muista asioista. Perheen 17-vuotias tytär seisoi koko alkuillan ajan vessan kulmalla paikoillaan ja katseli meitä herkeämättä rauhallisesti mutta intensiivisesti. Hänen avoin katseensa ei hievahtanutkaan kun katsoin häntä silmiin ja hänen yksinkertainen, puhdas kiinnostuksensa vieraita kohtaan oli harvinaislaatuisuudessaan sävähdyttävää. Alex saapui myöhemmin kotiin ja oli meidät nähdessään kauhistuneen oloinen. Pian tunteellinen kaveri kuitenkin rauhoittui yllätyksestä ja oli mielissään siitä, että olimme saapuneet omaehtoisesti perille.

Perheen muutaman makuuhuoneen kokoista, kauttaaltaan siniseksi sisäseiniltään maalattua siistiä ja yksinkertaista taloa viilensi jatkuvasti puhaltava navakka tuuli, joka suhisi taukoamatta kattorakenteissa ja kuorrutti lattiat hienolla hiekkapölyllä. Illalla perheen vanhimmat tyttäret menivät yöksi kuulemma ”isoäidin luokse” ja me saimme siten oman huoneen ja pedin sen kovalta lattialta.

Kun heräsimme seuraavana aamuna, talossa oli jo täysi touhu päällä. Alex oli lähtenyt yliopistolle ja perheen äiti ja kotiin aamuvarhaisella palanneet siskokset hoitivat kotia. Nelivuotias Ana alkoi opettaa Tomille portugalia ja minä istuin ulkona perheenisän seurassa, joka ei sinä päivänä lähtenyt kalastamaan kovan tuulen vuoksi. Mies oli pienikokoinen, vahvan kiinteä ja kasvoiltaan auringon ja merisuolan rypistämä. Hän painotti sanoissaan usein sitä, kuinka köyhästi he elivät. Hänellä vaikutti olevan mielessään haikeaa kateutta meidän länsimaalaisten oletettua korkeaa elintasoa kohtaan. Innokkaimmin hän puhui kertoessaan haluavansa kaikuluotaimen tehostamaan kalastamista tai sellaisen älypuhelimen, jollainen minulla oli kädessäni. Isä kalasti nimittäin yhä perinteisin käsityöläiskeinoin. Hänen uusi, vain vuosi sitten laajennuksen saanut talonsa oli kuulemma maksanut noin 10 000 euroa ja siinä oli sähköt ja kaakeloitu kylpyhuone vesivessalla. Hän oli kasvoiltaan pikkupoikamaisen iloinen, mutta varsin vaitelias ja tuulisen kylän kalastajana hänellä oli ollut paljon aikaa istuskella. Rauhallisen istuskelun lomassa hänen jalkansa ja sormensa tekivät alinomaan pientä liikettä, aivan kuin viestien hänen suunnittelevan jotakin. Muistin, kuinka olin vain muutamaa päivää aiemmin seisonut surfiguru Ugon kanssa palmun alla ja kuullut, kuinka hän haluaisi jättää kaiken taaksensa ja elää loppuelämänsä yksinkertaisena kalastajana. Nyt kuuntelin materiaalisesti yksinkertaisesti elävää kalastajaa, joka kertoi haluavansa lisää.

Alex kertoi, ettei hän ollut koskaan astunut jalallaan

kalastuspaattiin, eikä hän osannut kuulemma keittää edes riisiä itse, saati tehdä muitakaan kotitöitä. Hän oli kuitenkin menestynyt yliopistossa ja opetellut itsenäisesti puhumaan neljää vierasta kieltä sujuvasti. Hän ihannoi länsimaista sivistystä, hyviä käytöstapoja ja korkeaa koulutusta, oli suorasanainen ja kieleltään terävä. Hän huomautti minua epäsiisteistä ja kampaamattomista hiuksistani ja korjasi kielioppivirheitä sanoissani. Minun sopimattomat vastaukset hänen kysymyksiinsä ja käytöstapojeni suoruus saivat hänet kutsumaan minua itsekeskeiseksi boheemiksi.

Perheen toinen poika, joka oli 16-vuotias, makoili sohvalla rennosti, vaikka muut olivat matkanneet kouluihinsa ajat sitten. Kysyin, eikö hänellä ollut koulua tänään. Poika vastasi, ettei menisi kouluun. ”Etkö pidä koulusta?” kyselin. Poika vastasi lyhyesti ja ytimekkäästi: ”En.” Tämä kirkassilmäinen poika eli perheessä kuin kaiken tapahtuvan taustalla ollen ja tarkkaili koko ajan. Kun kysyin häneltä jotakin, hän kyllä vastasi reippaasti, mutta muuten hän ei juurikaan puhunut. Kysyin häneltä vielä, mistä hän sitten tykkää. Hän vastasi ytimekkäästi: ”Jalkapallosta.”

Myöhemmin iltapäivällä perheen äiti kertoi minulle moittivalla ja vähättelevällä sävyllä kuinka tämä nuorimmainen poika oli laiska ja tyhmä, eikä tahtonut päästä koulunsa kursseista läpi. Fiksu ja kielitaitoinen Alex oli äidin mukaan ollut aina eri maata. Kuulin äänensävystä hänen olevan ylpeä vanhimmasta pojastaan.

Iltapäivällä Alex palasi muutamaksi tunniksi kotiin ja teimme hänen kotikylässään silmiä avartavan kävelyretken. Sen jälkeen me aloimme kokkaamaan ja Alex palasi kouluun tällä kertaa englanninopettajan roolissa. Söimme ja vietimme iltapäivän ja illan perheen parissa. Silmiemme iloksi taloon tulvi myös tyttärien kauniita ystäviä.

Lieneekö Alex taas opiskellut yöllä, en tiedä, mutta aamulla hän oli jo kulkenut bussilla kaukaiseen yliopistoon. Perheessä syötiin aamulla jälleen kanaa ja riisiä, mutta meillä oli edessämme pitkä ajopäivä, joten keitimme lisukkeeksi vielä kaurapuuroa. Perheen naisilla oli tänäkin aamuna tuntikausia aikaa puuhailla rauhallisesti, istuskella riippumatossa, olla yhdessä ja tarkastella minun ja Tomin lähtöpuuhia. Saimme jakaa heidän kanssaan elämänrytmin, joka oli omaan tahtiimme oikein sopiva.

Astuimme ulos perheen pihapiiriä rajaavan puuaidan ovesta, sanoimme perheen naisille lämpimät jäähyväiset ja aloimme työntää pyöriämme pehmeässä hiekassa kohti uutta tietä. Näin jo kaukaa, miten edellisenä päivänä kylän raitilla minulle hymyillyt tyttö odotti talonsa porstuan betonisella kaiteella istuen. Oli vaikuttavaa, kuinka tyttö halusi nähdä minut uudestaan niin palavasti, että oli päättänyt istua aidalla, kunnes kulkisin hänen ohitseen. Ohi kävellessäni katsoimme toisiamme terävästi silmiin ja hymyilimme molemmat vienosti. Sanoimme toisillemme ainoastaan ”Ola!”. En pysähtynyt, saati hidastanut vauhtia, mutta tarkastelimme toisiamme niin pitkään, kunnes katosin talon kulman taakse. Odotin Tomia ja kun hän sai minut kiinni, jatkoimme matkaa yhä vaivalloisemmin pyöriämme hiekassa työntäen.

Kun olin kävellyt jonkin matkaa, tunsin tytön olemuksen takanani. Käänsin pääni. Nyt tyttö nojasi rennon seksikkäästi ovenkarmiin talon toisella puolella. Hänen auringossa kylpevä kauneutensa piirtyi pimeän sisätilan mustaa taustaa vasten. Vaihdoimme katseet. Kävelin pienen matkaa ja käännyin ympäri vilkuttaakseni hänelle. Katselin häntä hetken ajan. Jylhän puhuva olemus tytössä muuttui avoimen iloiseen vilkutukseen. Toistimme saman vielä muutaman kerran. Sitten saavuimme tielle, josta alkaisimme polkemaan. Juuri kun olin kulkemassa näköyhteyden peittävän talon taakse, lähetin tytölle lentosuukon, johon hän vastasi samanmoisella. Vilkutimme ja matkani jatkui.

Surffaajat olivat vakuuttaneet meille, ettei rannikon seuraavilla sadoilla kilometreillä olisi mainittavia aaltoja ja kun Tomin selkäkin vihoitteli niin että pyörän rannalla työntäminen olisi hänelle kovin hankalaa, päätimme ottaa bussin etelämmäksi, kunhan saapuisimme seuraavan kaupunkiin. Sieltä matkaisimme bussikyydillä Natalin kaupunkiin asti, josta suurempien ja puhtaampien aaltojen rannat taas alkaisivat. Poljimme parissa tunnissa sisämaan asvaltoidulla päätiellä Aracatin kaupunkiin. Joimme kaupungin laidalla herkulliset tropiikin marjoista valmistetut Acai-juomat. Kioskin tyttö neuvoi meidät bussiaseman suuntaan. Asemalle saavuttuani kysyin eräältä mieheltä, mistä löytäisin bussin Nataliin. Hän sanoi bussin olevan hänen selkänsä takana ja se lähtisi kello 14.30. Pyöränmittarini kello näytti tasan 14.30. Kuinkas sattuikaan! Hymyilin Tomille ja lipunmyyjän piiskaamana hoputin häntä paiskaamaan tavaramme bussin alakertaan ja jatkoin itse matkalippujen ostamista. Nopean sykäyksen jälkeen istuimme alas mukavalle penkille. Näkymä bussin ikkunasta oli koko matkan ajan kuumaa ja yksitoikkoista maatalousmaata ja olimme molemmat tyytyväisiä, että kuljimme tämän matkan bussilla. Saavuimme illalla Natalin bussiasemalle ja Tomin selkä oli nyt niin kipeä, että käveleminen teki hänelle pahaa. Kirjauduimme ensimmäiseen löytämäämme hotelliin yöksi.

Aamulla Tomin selkä oli iloksemme ajokunnossa ja lähdimme

polkemaan ulos suurkaupungista. En varsinaisesti eksynyt tuhansien autojen joukossa, mutta älypuhelimen karttojen avulla suunnistaminen vaati oman sähläyksensä. Ennen älypuhelinten aikaa suunnistin ulos suurkaupungeista ottamalla suunnan haluamaani ilmansuuntaan ja kysymällä ihmisiltä reittiä eteenpäin silloin, kun en tiennyt, missä olin. Pinnani kiristyi entisestään, kun Tomin ketjut katkeilivat tuon tuosta ja korjailin niitä kärsimättömästi hutiloiden huonolla työkalulla. Minulla oli jaloissa voimaa ja kuulin ajatuksissani, kuinka voisin yksinäisenä matkamiehenä polkea kaikki rannan kilometrit, sen pehmeydessä ja vastatuulessa, oli surfiaaltoja tai ei, kulkien yksinkertaisesti omien jalkojen tahdissa ilman bussimatkoja. Nyt meidän oli parempi pysähtyä syömään ja vetää henkeä.

Ruokailun jälkeen olin yhä apea, mutta ymmärsin, että ajatukseni vain tarrasivat vanhoihin tottumuksiini. Olin hiljaa ja tiesin kyllä, ettei minulla todellisuudessa olisi enää halua edetä samalla tavalla kuin olin aiemmin matkannut vuorilla. Kun olin tottunut kulkemaan aina jalkojeni voimien mukaan, oli selvää, että ajatustottumuksilleni se, miten nyt etenimme saattoi tuntua resurssien haaskaukselta. Nyt saatoin kuitenkin kokea toisenlaisen matkaamisen rikkaan luonteen, jossa en ollut jatkuvasti kerääntyvän rasituksen uhri. Ei uutta kohden kulkemisessa ole sinänsä mitään hankalaa, mutta vanhat tavat ja asiat alkavat taakse jäädessään huutamaan, ettei niitä jätettäisi!

Kaupungin laidalla pysähdyimme Brasilian ilmavoimien museon ulkopuolelle. Isänmaalliset iskulauseet juhlistivat tappamisesta tai tappamisen harjoittelemisesta vetäytyneitä hävittäjiä ja ilmatorjuntakalustoa. Totesimme taas kerran, että kaikkialla maailmassa ihmisiä tappaneet väkivallan soturit ovat sankareista kaikkein juhlituimpia. Vihollisia isänmaan tehtaiden ammuksilla kukistaneille pystytetään patsaat, heidän aseensa löytyvät museoista ja heidän teoistaan luemme historiankirjoista.

Natalin etelänpuolisilla paratiisimaisilla rannoilla kohosi loistohotelleja. Kaupunkiympäristö oli siistin ja varakkaan oloinen. Kasvillisuus oli täällä huomattavasti tiheämpää ja vihreämpää kuin Fortalezan alueella. Kalastajien paatit lepäilivät jokien penkoilla. Kalastajakylien rauhallinen ja arkinen elämänrytmi vaihettui lähes täydelliseen hiljaisuuteen niissä paikoissa, joissa suurin osa taloista oli kaupunkilaisten loma-asuntoja. Monet taloista olivat tyhjiä ja tuhannet niistä olivat myynnissä. Puutarhojen kukat olivat kuivuneet risuiksi ja suljettujen kyläkauppojen peltiovet olivat alhaalla. Idyllinen tie kulki lähellä rantaa ja oli hiljaisuudessaan nautinto pyöräillä.

Löysimme majapaikan hylätystä loistohotellin rungosta. Pihassa oli valtava tyhjä uima-allas. Rappuset olivat jalopuuta. Korkealta mäeltä avautunut 180 asteen näkymä Atlantin rannalle oli silmiä hivelevä. Osa rakennuksen kylpyhuoneista oli kaakeloitu, mutta oli tapahtunut jotakin, mikä oli yhtenä hetkenä keskeyttänyt rakennustyöt. Kokkasimme, katselimme auringonlaskun maalaamaa merellistä maisemaa ja kehittelimme omia hauskoja tarinoitamme siitä unelmasta, joka sai rakennettua suuren loistohotellin vain harmaaseen runkoon asti.

Tulevana aamuna elämämme oli tavattoman kiireetöntä. Nousuvedessä kylpevä ranta oli polkijalle kuin läpipääsemätön muuri ja kiertotie seuraavan joen ylittävän sillan kautta olisi ollut 60 kilometrinen. Odottelimme uneliaasti monta tuntia brasilialaisittain hiirenhiljaisen kylän jäätelöbaarissa. Meren laskettua poljimme viisi kilometriä luonnontilaisella rannalla. Saavuttuamme joelle nostimme polkupyörät lossiin ja ostimme kuljettajalta juotavat kookospähkinät. Delfiinit saattoivat meidät joen toiselle puolelle. Aurinkotuolien peittämältä turistirannalta tie kohosi murhaavan jyrkkänä mukulakivitienä dramaattisten rantakallioiden ylle. Kaukana alhaalla Atlantin laineet saapuivat kallioiden suojaamille rannoille kauniina riveinä. Naurahdimme ja tiesimme saapuneemme taas aalloille, joiden kanssa tulisimme leikkimään pitkän tovin.

Pipan mukulakivipintaisen pääkadun ahtaus piti vauhtimme alhaisena ja meillä oli siten aikaa ihastella kauniita ihmisiä ja tyylikkäästi toteutettuja kauppoja ja ravintoloita. 1970-luvulla surffaajat olivat löytäneet tästä paratiisimaisesta kalastajakylästä laadukkaita aaltoja. Paikka henki yhä tänä päivänä luksuslomakohteen, surffiparatiisin ja hippikylän sekoittunutta tunnelmaa. Delfiinikujalla saavuimme talolle, johon Perussa tapaamani argentiinalainen pariskunta Azul ja Gustavo oli meidät kutsunut. He vuokrasivat huonetta espanjalaisen miehen rakentamasta luonnonmukaisesta talosta, josta mekin saimme oman viihtyisän huoneen muutaman euron päivävuokralla.

Uusi isäntämme Rafael antoi meille tutustumiskierroksen tontillaan. Katseemme ihastelivat hänen taidokasta työtään ja älykkäitä ideoitaan. Suuri, sisältä avoin talo oli rakennettu puusta, heinäpaaleista ja savesta. Kuumassa säässä talo pysyi Rafaelin mukaan perinteistä tiilitaloa viileämpänä ja kuulemma erilaisin ikkunoin varustettuna paksuseinäinen talo pysyisi lämpimänä Suomenkin ilmastossa. Puutarhassaan hän kasvatti hedelmiä ja hänen kaivonsa, silloin kun se toimi, nosti vettä tuulivoimalla. Olen nähnyt, miten huonolaatuisesti taloja eri puolilla maailmaa rakennetaan ja miten monissa paikoissa ihmiset typerien säädöksien mukaiseksi niitä tehdessään kantavat hartioillaan kymmenien vuosien mittaista pankkilainaa. Siksi olenkin joskus pohtinut tapoja, joilla laadukkaan asuintalon saattaisi rakentaa yksinkertaisesti. Rafaelin esimerkki ei nyt ehkä varsinaisesti nostattanut halujani rakentaa taloa, mutta inspiroi minua taas oppimaan ja näkemään tiettyjä asioita uudessa valossa.

Noin viisikymppinen Rafael oli 90-luvun puolivälissä vieraillut Pipassa espanjalaisen ystävänsä luona. Hän oli jo aiemmin miettinyt muuttavansa pois Espanjasta ja investoivansa pienet varansa Euroopan ulkopuolelle. 2000-luvun vaihteessa Espanjan taloudella meni lujaa ja hänen ystävänsä menestyivät. Rafael kuitenkin näki touhun kotimaassaan olevan pähkähullua ja ajatteli romahduksen koittavan ennemmin tai myöhemmin. Hän tunsi olevansa kotimaassaan säädösten vanki ja tahtoi muuttaa paikkaan, jossa saisi elää, olla ja rakentaa vapaammin. Hän oli ihastunut Pipaan ja päätti muuttaa Brasiliaan. Vuonna 2015 Espanjan talous romahti ja samaan aikaan Rafael sai Pipassa vihdoinkin hitaasti rakentamansa talon valmiiksi.

Hän oli villissä avioliitossa paikallisen naisen kanssa ja vaikutti elävän kuten kuka tahansa kyläläinen. Hän ei kaiketi aina tiennyt, mistä saa seuraavan päivän riisinsä, mutta kun ruokaa oli tänään pöydässä ja taskussa vielä vähän rahaa, oli jälleen hyvä syy ostaa muutama gramma marihuanaa ja viettää aikaa ystävien seurassa. Hymyilevä, pilvipäissäänkin ihmeellisen nopealiikkeinen ja terävä Rafael sai edelleenkin keskimääräistä kyläläistä enemmän paikallista valuuttaa, sillä niinä päivinä kun olimme hänen luonaan, hän oli pilvessä aamusta iltaan ja päivästä toiseen. Näin suuri osa pipalaisista kuulemma eli ja hän vaikutti olevan kuin kotonaan.

Sambakarnevaalien lähestymisen oli aistinut energiasta ihmisten olemuksissa jo viikkokausien ajan. Ystävämme olivat kuvailleet, kuinka juhlat jatkuisivat neljä vuorokautta. Alkoholia, sambaa, tyttöjä, suudelmia ja seksiä olisi puheiden mukaan tarjolla rajattomasti. No mutta, sehän ei tietystikään ollut yllätys, että me satuimme olemaan juuri siinä kylässä Brasiliaa, jossa ei vietetä karnevaaleja ja johon sitä välttelevät ihmiset tulevat lomailemaan. Karnevaaleja vietettiin Pipassa kuitenkin omalla tavalla niiden viimeisenä päivänä. Tänään miehet pukeutuivat naisiksi ja naiset miehiksi. Liikkeellä oli tuhansia ihmisiä. Talojen edustoilla oli asukkaiden omia pieniä baareja ystäväporukalle. Katukojuista myytiin olutta, caipirinhoja ja caipiroskia vierailijoille. Paikalliset ihmiset ottivat alkuillasta tanssiensa ensiaskeleita omissa pienissä ryhmissään ja vierailijat kävelivät ympäri Pipan katuja aistimassa illan purkautumassa olevaa energiaa. Istuimme suljetun liikkeen rappusille ihmettelemään. Samban jyske työntyi sisäelimiini asti. Istuin kovan kiven päällä kevyenlaisesti leijuen ja olin täysin paikoillani. Vieressäni istunut Tomi oli käynyt ostamassa jo toisen oluen, hän hymyili ja hänen lanteensa keinuivat musiikin tahdissa.

Trooppinen yö oli musta ja kostea. Karnevaalien rytmi kiihtyi. Päätin itse palata talolle syömään ja huilaamaan. Ihmiset tanssivat suurena joukkona kapealla kadulla. Kävelin heidän ohitseen katsellen ja kuulostellen kuin hidastetussa filmissä. Silloin tällöin pysähdyin tarkastelemaan ihmisten kasvoja. Rauhallisesti kävellessäni tekemäni väistöliikkeet tuntuivat ihmisvilinässä kuin rytmikkäältä tanssilta meren aalloilla. Ihmisten mielestä en kuitenkaan tanssinut, eikä kukaan vaikuttanut noteeraavan minua ennen kuin kaksi tyttöä pysähtyi eteeni ja toinen heistä huusi teatraalisesti käsillään sanomaansa korostaen: "Herää mies! Nyt on karnevaalit!" Kenties hän ajatteli minun olevan hiljaisuudessani masentunut ja tylsistynyt ja käskytti minua tiukasti heittäytymään karnevaalin tempoon. Katselin tyttöä vain hiljaisesti hymyillen ja hänen huomattuaan minun olevan toivoton, menetetty tapaus, hän pyöritti päätään ikään kuin periksi antaen, nappasi kaverinsa kädestä mukaansa ja jatkoi juhlimista.

Kylän pääaukiolla pipalaiset tanssivat livebändin soittaessa sambaa huiman kovalla volyymilla. Lapset suihkuttivat vaahtoa spray-pulloistaan ja heittivät ilmoille serpentiiniä. Oli kuin koko vuoden mittaisen odotuksen energia olisi purkautunut tähän lyhyeen yhteiseen juhlahetkeen. Ihmiset olivat niin juhlatunnelman pauloissa, että itse saatoin kulkea ihmisvilinässä kuin näkymättömänä. Katseeni kohtasi ainoastaan yhden ihmisen silmät. Kioskin edustalla istuskellut hippityttö huomasi minun olevan omalla tavallani täysillä juhlassa mukana. Hän lähetti minulle valloittavan leveän hymyn, joka seurasi minun samanmoista iloani niin pitkään kunnes minun tuli kääntää kulkiessani huomioni taas eteenpäin.

Kadunvarren seurakunnassa oli menossa iltamessu. Pappi piti saarnaansa suurten lasiovien takana olevassa ilmastoidussa ja vitivalkoisessa loisteputkien valaisemassa modernissa kappelissa. Parhaimpiinsa pukeutuneet ihmiset istuivat tuoleillaan vakavanoloisina ja pappi puhui heille kuin olisi sotaa julistamassa. Kenties tämä pyhä tapahtuma taisteli kappelin ovien ulkopuolella villinä juhlimisena karkeloivaa pahuutta vastaan ja uskovat ihmiset rukoilivat tietämättömien juhlijoiden pääsevän irti heitä riivaavasta pahasta ja ottavan Jeesuksen sydämeensä.

Muutaman sadan metrin päässä olin jo hiljaisella valottomalla tiellä eikä karnevaalien keskuksesta kantautuva vaimea pauke enää peittänyt illan sirkuttajien laulua. Juuri kun olin astumassa talomme tontille, aistini kirkastuivat ja soluni täyttyivät energiasta. Tunsin halun hypätä tanssin rytmiin ja antaa sambamusiikin biittien liikuttaa jalkojani. Huomioni, joka saattoi aiemmin vain kuunnella ja katsella, tahtoi nyt kokea, kuinka maailman suurimpiin juhliin ladattu energia tanssittaa. Pyysin terassilla rauhallista iltaa viettänyttä Gustavoa liittymään seuraani ja sanoin, ettei hän voisi kieltäytyä historiallisesta kutsusta, sillä tarjoaisin hänelle oluet! Söin ja jatkoimme yhdessä matkaa takaisin kylälle.

Juhlat pääaukiolla olivat jo päättyneet, mutta baarien edustoilla kadut olivat edelleen täynnä ihmisiä. Etsimme Gustavon kanssa Tomin ja aloimme ottaa ensimmäisiä tanssiaskeleita. Tomi kuljetti rauhallisesti lanteitaan ja keikutti kevyesti sormiaan. Itsekin tanssahtelin alkuun kevyenlaisesti. Gustavo oli lähtenyt etsimään toisessa ravintolassa töissä olevaa vaimoaan, eikä ollut siten enää vahtimassa minua. Kun olin juonut jo kaksi olutta, ei ollut mikään ihme, että tanssiliikkeeni saivat hieman lisälaajuutta. Annoin musiikin voiman ja alkoholin energian viedä minut sinne, minne minun tuli sinä iltana kulkea. Olimme ahtautuneet pieneen ja kuumaan baariin. Olin tanssini kanssa omissa maailmoissani. Välillä huomasin erään tytön, joka oli baariin saapuessamme tervehtinyt meitä. Hän tuntui pelaavan silmäpeliä kanssani ja aina kun tanssiaskeleeni alkoivat hiipua, hain kylmälaukkumieheltä energiaksi uuden oluen.

Muuan tyttö tuli yllättäen tanssimaan kanssani. Tumma, enemmänkin aggressiivisen kuin viehättävän oloinen tyttö johdatti minua villisti, hankasi itseään minua vasten, työnsi minut päin seinää ja alkoi suudella. Vastasin kaikkeen tapahtuvaan välittömän nopeasti, aivan kuten jalkani liikkuivat musiikin tahdissa. Hän tanssitti minua kuin viimeistä päivää. Kun hän kosketti kalleuksiani kokeillen, minä vastasin pakaroille läpäyttäen. En osannut antautua leikkiin ja olin kuin sivusta seuraaja ja siten tanssin pian taas yksinäni. Pysähdyin silloin tällöin paikalleni katsomaan. Tarkastelin ihmisiä ja näin, kuinka he liikkuivat tanssilattialla. Kun pysähdyin baarissa spontaanisti vain katsomaan, oli siinä, kenties ulkoapäin näyttävässä vakavuudessa läsnä aivan samanlainen taustatuntemus kuin iloiselta vaikuttavassa tanssissani.

Jatkoin tanssia ja pian edessäni elehti valtavalla lottovoittajan epäuskoisella hymyllä se sama pienikokoinen tyttö, joka oli aiemmin illalla ollut edessäni sättimässä minua siitä etten ollut juhlinut karnevaalien tahdissa. Hän katsoi minua suoraan silmiin, hymyili ihmetyksestä, eikä vaikuttanut ymmärtävän näkemäänsä. Aiemmin illalla hän oli nähnyt minut juhlien masentuneimpana miehenä ja nyt näyttäydyin hänelle iloisena tanssilattian partaveitsenä. Hänen kasvoiltaan paistoi suuri kysymys. Hymyilin hänelle takaisin aivan yhtä salamyhkäisesti kuten aiemmin illalla. Sitten tanssin hänen kanssaan muutaman askeleen.

Tanssin omaa tanssiani ja vilkaisin ohitseni kävelevää tyttöä, joka oli tervehtinyt minua baariin saapuessani ja joka oli ollut jossakin lähelläni koko illan ajan. Tämä tumman topakka tyttö tokaisi minulle, että minulla oli jo seuralainen, viitaten tyttöön, jonka kanssa olin tanssinut aiemmin. Aivan kuin minusta olisi kilpailtu. Pysähdyin taas katsomaan tanssilattian meininkiä ja näin läheisyydessäni ainakin viisi tyttöä, joista jokainen katsoi minua kutsuvasti.

En ole koskaan ennen tanssinut tuntemattomien tyttöjen kanssa, eikä kohdalleni ole sattunut vapaan rakkauden nautintoa, mutta nyt tyttöjen kutsuvat kasvot kertoivat, että jopa minulle sitä olisi tarjolla, kunhan vain ojentaisin käteni. Nyt minäkin sain vihdoin elämässäni viisitoistaminuuttiseni suosiota! Olin ollut illan ajan hyvin sosiaalinen, kannustanut olemuksellani muitakin tanssiin ja hymyillyt ihmisille tuon tuosta. Vilkaisin nyt ihmisjoukon yli ja annoin katseeni laajeta ulos baarin ovista. Ymmärsin, etten ollut tullut juhliin etsimään minkäänlaista kumppania ja tunsin hiljaisesti ja kevyen surumielisesti, ettei minulla siten olisi myöskään tarjota sitä, jota nämä tytöt saattoivat kaivata. Haluni tanssia hiipui hiljaisuuteen, enkä tahtonut houkutella räiskyvällä olemuksellani tämän enempää huomiota.

Tomi tanssi edelleen omaa verkkaista steppailuaan, joka ei tänä iltana huomiota puoleensa vetänyt. Itsekin tanssahtelin yhä, mutta nyt rauhalliseen tahtiin silmät puoleksi ummessa, ikään kuin viimeisistä energian rippeistä yksinäni nautiskellen. Ei ollut kulunut pitkäänkään siitä, kun olin vetäytynyt tanssilattian loisteesta, kun ovella baariin saapuessani minua tervehtinyt ja minua koko illan tarkkaillut tyttö puikahti yhtäkkiä selkäni takaa eteeni ja alkoi hangata lantioitaan hitaasti lantioitani vasten. Ai että se tuntuikin mukavalta. Me tanssimme ja hempeilimme. Olin jo niin kännissä, että kaikki näytti kauniilta ja tyttö tuntui kuin elämäni naiselta. Nautin naisen suudelmista ja hänen pehmeydestään.

Tyttö alkoi tehdä pieniä kepposia. Hän testasi kierolla

käytöksellään kuinka suhtaudun häneen. Hän pisti minun rahoillani ostetun oluen vaihtorahat omaan taskuunsa. Saatoin vain katsoa häntä hyväksyvästi syvälle silmiin.

Väki kadulla alkoi jo vähetä. Maassa oli tuhansia oluttölkkejä potkittavana. Kello oli jo niin paljon että tyttö, jonka nimeä en saanut kirjattua muistiini, sanoi että hänen pitää lähteä valmistautumaan työpäivään. Hän pyysi minulta taksirahaa viereiseen kylään asti, mutta kun haluttu summa kuulosti varsin korkealta, en tuntenut halua avata kukkaron nyörejäni. Tyttö tokaisi minulle: ”Vitun köyhä gringo, sinun kanssasi tulisin vain nälkäiseksi.” Tyttö astui taksiin omilla rahoillaan.

Nostin katseeni mukulakiviltä ja siinä samassa näin Tomin ottavan lyhyttä askelta vuoroin vasemmalle ja vuoroin oikealle. Hikat pompauttivat hänet säännöllisesti muutaman sentin kohti taivasta. Hauska ilta oli saanut minut iloiselle mielelle ja kuin seikkailuilta palannut pikkupoika papatin koko kotimatkan ajan hilpeitä tarinoitani tavattoman hitaasti askeltavalle Tomille.

Aamulla herääminen oli hieman normaalia tahmeampaa, mutta valmistin heti raikkaan aamupalan. Tomin herätessä kannoin hänelle pöytään joka aamuisen suuren kipon monenlaisia hedelmiä, kauraa, pähkinöitä, siemeniä, soijamaitoa ja hunajaa. Antaessani sen Tomille kerroin, miten tyttö oli yöllä vähätellyt minua siitä, kuinka olin köyhä gringo ja kanssani hänelle tulisi vain nälkä. Tomi hymyili leveästi ymmärtäen tilanteen täydellisen koomisuuden tietäessään, että ruoka oli viimeinen asia, mistä on pulaa minun kanssani kulkiessa! Naurahdimme yhdessä ja aloimme syömään eloa krapulaiseen aamuun.

Pipassa surffasin jyrkkien ja metsäisten rantakallioiden alla levittyvien palmurantojen aalloilla. Saattaa kuulostaa rennolta elämältä paratiisissa, mutta koin nyt aalloilla niin kovia kasvukipuja, että jumiin mennyt selkäni ja turpaanotot aalloilta saivat minut vastustamaan todellisuutta kuin kiukutteleva pikkupoika. Lopulta olin jo myydä lautani Gustavolle. En ollut samassa rytmissä meren kanssa.

Kymmenentenä päivänä Pipassa tein ostoksia ruokakaupassa, kun tunsin yhtäkkiä vahvasti, että meidän olisi aika palata kotiin. Jo aiemmin samana päivänä olin ounastellut, ettei Bahian osavaltion upeilla rannoilla, jonne seuraavaksi olimme ajatelleet polkea, olisi tarjota mitään sellaista, mitä meidän pitäisi tällä matkalla vielä kokea. Lisäksi olin aistinut saman päivän aamuna Tomin olemuksessa voimakkaasti kasvavaa kaipuuta olla tyttöystävänsä läheisyydessä.

Itse en toden totta muista kaivanneeni kotiin, saati en ollut miettinyt vielä vakavasti paluuta Suomeen. Olin uumoillut polkevani koko Brasilian rannikon pituuden Uruguayihin asti ja kenties jatkavani siitä matkaa aina Ushuaiaan saakka. En olisi kuitenkaan ehtinyt polkea koko Brasiliaa omalla verkkaisella tahdillani olemassa olevalla viisumillani, eikä ajatus maahan jäämisestä ilman viisumia houkutellut minua riittävästi, vaikka ei siitä sen suurempaa rangaistusta saisikaan. Olin lopulta hahmotellut polkevani ainakin Salvador de Bahiaan saakka, mutta nyt, yhtenä aurinkoisen iltapäivän arkisena hetkenä ruokamarketissa päätin, että meidän tuli varata lennot kotimatkalle jo nyt. Tomi ja hänen tyttöystävänsä eivät olleet nähneet toisiaan puoleen vuoteen ristiin kulkeneiden matkojen vuoksi.

Aamulla olin siis aistinut rauhallista surua ja hiljaisuutta Tomin kasvoilla, eikä mikään hänen olemuksessaan ja teoissaan ollut viitannut siihen, että hänellä olisi enää puhdasta halua tehdä vaativia seikkailuja polkupyörällä. Jos olisimme jatkaneet yhä matkaa, olisi kulkeminen tästä eteenpäin ainoastaan kerännyt kiviä Tomin ja hänen tyttöystävänsä sydämelle. En tietystikään ajatellut heitä, mutta tunsin, että jos en viheltäisi seikkailuamme nyt poikki, alkaisin kerätä kiviä omalle sydämelleni. Ei minulla ollut halua matkata kivien paino sydämelläni, joten oli selvää, että käántäisimme nokkamme kohti kotia.

Palasin talollemme ja kerroin Tomille kotiinpaluuajatuksistani. Tomi sanoi: ”Ai nytkö jo? Kyllähän se sopii.” Poljimme kylälle ja varasimme lennot kotiin 230 kilometrin päästä Recifestä ja aioimme nauttia hitaasti kulkemisesta ja surffaamisesta vielä kuuden viikon ajan ja palata sitten Suomeen kevään kynnyksellä huhtikuun alussa.

Myöhemmin Tomi sanoi, että hän oli istunut hiekkarannalla samana iltapäivän hetkenä, kun minä tein ostoksia marketissa. Sillä hetkellä hän oli tuntenut yksinäistä surua ja halua palata heti kotiin. Matkaamisen sijaan hän oli tuntenut suurempaa halua jakaa kokemaansa elämän rikkautta tyttöystävänsä kanssa.

Samana iltana istuin kuistilla ja kuulin iltatuulen kuiskaavan minulle jotakin Baia Formosan suunnasta. Sanoin Tomille tuulen kuiskaavan minulle, että jos jossakin Brasiliassa minua odottaa tyttö, hän on Baia Formosassa. Todellisuudessa tuuli ei kuiskannut sanoin ja lauseeni Tomille oli vain kömpelö, mutta miehelle varsin helposti ymmärrettävissä oleva käännös sille tuntemukselle, että meidän pitäisi viettää aikaa Baia Formosassa. Vaikka olimme jo maksaneet huoneemme kolmen päivän päähän, ehdotin, että jatkaisimme Baia Formosaan jo tulevana aamuna.

Aamulla isäntämme Rafael oli hieman ihmeissään siitä, että olimme lähdössä liikkeelle, vaikka olimme maksaneet huoneen etukäteen pidemmäksi aikaa. Hän kuitenkin ymmärsi meitä kertoessamme kaipaavamme uusia, ylistettyjä Baia Formosan aaltoja. Rafael kehui paikan kalastajakylämäistä tunnelmaa ja sanoi ratkaisumme kuulostavan hyvältä. Hänen äärimmäisen energinen ja temperamenttinen vaimonsa, joka ei vaikuttanut koskaan lakkaavan puhumasta kovalla äänellä, oli lähtenyt omille teilleen kaiketi edellisenä iltana ja heillä lienee ollut edessä avioero. Rafaelin iloisen perusolemuksen ja päihteiden vaikutuksen takaa oli nyt havaittavissa myös hyväksyvää surua. Hän sanoi, että he olivat riidelleet vaimonsa kanssa siitä lähtien, kun he olivat alkaneet olla yhdessä ja totesi näin olevan parempi. Sanoimme jäähyväiset myös ystävillemme Gustavolle ja Azulille ja jatkoimme matkaa viimeisen kerran.

Tuleva päivä oli satumaista polkemista. Ensin nousimme ja laskimme jyrkkiä mäkiä punertavan maan peittämillä rantajyrkänteillä ja sieltä saavuimme pienen kylän kautta jokivarren kookospalmulehtoon. Ylitimme jälleen idyllisen jokisuiston värikkäällä, lautturin pitkällä puukepillä työntämällä puulautalla. Tuntemukseni oli niin kevyt, että aivan kuin olisin polkenut ketjutonta polkupyörää.

Toisella joenylityksellä lossikuski huusi rannalta juttuseuraksemme pyörryttävän kauniit bikinitytöt. Toisen tytön pehmeät ja runsaat muodot näyttivät kauniin symmetrisiltä jokaisesta suunnasta katsottuna. Hänen paksu musta tukkansa hulmusi tuulessa, maitosuklaan värinen iho kimalsi auringossa ja hänen lapsimaisten kasvojensa hymykuopat olivat tuon tuosta pohjattoman syvät hänen iloisilla poskillaan. Aivan kuin tytössä ei olisi ollut lainkaan läsnä elämän raskauttavaa taakkaa. Hänen hoikka, linnunluinen ystävänsä oli taustalla läsnä epävarmempana, ikään kuin tuntien vienoa häpeää ja kateutta hurmaavasti hehkuvan ystävänsä seurassa. Vielä kun pehmeämmän tytön bikinien alaosa oli asettunut paljastamaan kaiken, koin äkkinäisen hormonien huumauksen. Ihan alkoi pyörryttää.

Kaupunkilaistytöt olivat paikassa lyhyellä lomalla vanhempiensa kanssa ja heille meidän tapaamisemme lienee ollut kuin piristysruiske iltapäivän tylsyydessä. Kohtaamisemme sai heidän polvensa tutisemaan ja mielensä jännittymään siitä ajatuksesta, että meillä oli mahdollisuus terästää iltapäiväämme seikkailulla. Koko tilanne vaikutti kuin täydelliseltä brasilialaiselta vitsiltä ja ehdotin tytöille suoraan, että he lähtisivät kanssamme Baia Formosaan. Kuinka nautinkaan hormonipäissäni flirttailusta, sillä tiesin hyvin, ettei se olisi mitenkään mahdollista, kun olimme vielä kaukana autiolla rannalla ja heillä oli mukanaan vain bikinit, eikä minulla ollut oikeasti laisinkaan halua raahata heitä mukaamme. Aivan samoin he olivat mahdottomassa tilanteessa haluttomia kulkemaan kanssamme. Kiusasin heitä kuitenkin miehenä tuona ohitse lentäneenä hetkenä aivan samoin kuin he kiusasivat minua naisellisella taidollaan ja kauneudellaan.

Jatkoin autiolla paratiisirannalla polkemista mieshormonien huumaamana. Nousuvesi alkoi jo lähestyä rantakallioita ja voimakkaimmat aallot iskeytyivät pyörän pinnojemme välistä. Etenimme tasaisen kovaa vauhtia kohti Baia Formosaa ettemme vain jäisi meren saartamiksi. Kapeimmat jyrkänteiden välissä olevat rantakaistaleet kuljimme jo oikeastaan meressä, mutta saavuimme täpärästi perille polkemalla.

Päivän viimeisinä kilometreinä tunsin, etten voi mitenkään kuvailla sanoin sitä rikkautta, kuinka vilpittömästi nautin pyörällä kulkemisesta. Tulevana yönä Baia Formosassa tunsin, että matkamme tulee päättyä tähän kylään. Sen, mitä meidän tuli tällä matkalla pyörien päällä kokea, olimme jo kokeneet.

Vietimme Baia Formosassa eli "Kauniissa Lahdessa", Atlantin rannikon kätketyssä helmessä viisi viikkoa. Surffasimme leikkisillä aalloilla, jotka ovat kasvattaneet kalastajien pojista surffaajia maailman kovatasoisimpiin kisoihin. Viimeisenä iltana olimme lineupissa kahdestaan. Jyrkkien rantakallioiden trooppisen vihreän kuorrutuksen taustalla auringonlasku leimusi monin värein. Odotimme aaltoja lautojen päällä istuen. Vesilinnut humisuttivat siipiään yläpuolellamme. Ohitse paateillaan lipuvat kalastajat näyttivät meille peukkuja pimenevässä alkuillassa. Ulapalta saapui harvakseltaan pehmeitä, hyvällä voimalla kuljettavia aaltoja. Oli jo niin hämärää, että olimme kuin sokkotreffeillä näiden Atlantin kaunotarten kanssa. Otimme monia yhteisiä aaltoja ja opimme taas jaetun rytmin maistuvan kaikkein makeimmalta.

Porton pointtibreikillä tulisi oikeastaan surffata laskuveden aikaan. Nousuvesi oli nyt korkealla ja laineet murtuivat lähempänä korallien muodostamaa aallonmurtajaa ja vielä vaarallisesti kivien päällä. Kaaduin, käteni tarttui Tomin jalan ja surffilaudan välissä olevaan köyteen ja lensimme molemmat kivikkoon. Toisella kertaa ajauduin liian syvälle kohti matalaa riuttaa ja aalto paiskasi minut selkä edellä kiveen ja voimalla ylitseni kulkenut aallon lippa heitti minut pystyyn ja kantapääni suoraan merisiilin päälle. Revin jalkani pohjasta pois arviolta kymmenen usean sentin mittaista merisiilin piikkiä. Ainakin yksi niistä oli osunut kivuliaasti jonkin hermon päähän. Selkänikin sai niin kovan tällin, että koko kehoni oli jäykkänä ja valuin verta. Istuin ja hengitin laudan päällä rauhallisesti niin pitkään, että jäseneni liikkuivat taas. Sitten jatkoin Tomin kanssa yhdessä leikkimistä. Hämärässä laineet tulivat kohdalle yllätyksinä ja huusimme toisillemme, jos olimme aistineet suurten aaltojen saapuvan. Jos suinkin mahdollista, surffasimme aallon aina yhdessä, toinen toistemme läheisyydessä kiemurrellen. Kaiken kruunasi lähes pilkkopimeässä nappaamani, loppuun asti rannan tuntumaan, turvallisesti kivien välistä minut liu'uttanut aalto. Minulla oli piikkejä kantapäässä, kiven naarmuja jaloissani, selkäni valui verta ja käteni oli melottu veltoiksi nuudeleiksi. Löimme eeppisen session päätteeksi kämmenemme yhteen isolla ilolla.

Pidimme vuokraamassamme majassa ovia auki. Viikkojen aikana kyläläiset kävivät kokkaamassa meille brasilialaisia herkkuja ja pysähtyivät terassillemme polttamaan pilveä. Kävimme surffaamassa yhdessä. Ystävillämme oli joka päivä aikaa käydä kylässä. Kaiketi me kaikki vain kaipasimme tarkoituksetonta yhdessäoloa.

Palattuamme nousuvesisurffauksesta odotti meitä luonamme kolme tutuinta ystävää: Biloloia, Anjino ja Irwing. Nuori Anjino haukkui meidät pystyyn, kun olimme surffanneet riskialttiisti nousuveden aikana hänen varoituksistaan huolimatta. Irwing hymyili vain sivusta, ei ottanut osaa eikä arpaa, mutta oli tavoilleen uskollisena hengessä mukana. Ystävistämme vanhin, isällinen Biloloia katsahti haavojani ja naurahti, että minä olin saanut viimeisenä iltana kotiin vietäväksi matkamuistoja hänen kylästään

Baia Formosasta! Tämä tavattoman lihaksikas mies, joka ei ole koskaan käynyt punttisalilla, pyysi saada katsoa haavojani. Hän käski minun istua hoidettavaksi alas terassimme muovituolille. Julman, puhuttelevan vahvan ja aggressiivisen olemuksensa takana herkkä ja hyvin pehmeä mies haki talosta 30 senttiä pitkän keittiöveitsen ja alkoi tonkia sillä merisiilin piikkejä syvältä kantapäästäni. Puolentoista tunnin ajan kivun aallot säkenöivät jalkapohjista auringon vaalentamaan takatukkaani asti.

Ilta hiljentyi ystäviemme kulkiessa vuorollaan koteihinsa. Juhlimme terassilla viimeistä iltaa Tomin kanssa kahdestaan, kertomalla tapahtumia elämästä toinen toisillemme. Huomasimme yhdessä, kuinka tämä kaikki on yksi, ajaton, ääretön tarina.

Syvin haaveeni loppumatkaa varten oli ollut, että matkan tuli kulkea loppuunsa rauhallisesti vaihettuen, rennosti edeten ja hitaasti Brasilian paratiisimaisilla rannoilla elämää maistellen. Tomi sanoi Baia Formosan olevan kuin kylä suoraan niistä hänen nuoruuden haaveistaan, jotka ajoivat hänet aikanaan Aasiaan. Matka ei kuitenkaan päättynyt sen vuoksi, että olisimme löytäneet jotakin, vaan halumme edetä oli vain saanut täyttymyksensä. Ystävämme Anjino ja Biloloia antoivat meille rauhallisen jäähyväishalauksen. Lähtiessämme autokyydillä lentokentälle ja katsellessamme kylän vilisevän silmiemme ohitse tunsimme, että palaamme vielä tapaamaan tämän kylän ystäviämme. Tällä kertaa en saavuttanut matkani suunniteltua määränpäätä, Ushuaiaa, mutta toisaalta, en ole koskaan aiemminkaan saavuttanut määränpäätäni.